国家出版基金项目
NATIONAL PUBLICATION FOUNDATION

国别商务环境研究系列丛书
（第三批）

总主编　蓝庆新

匈牙利商务环境

蓝庆新　唐　琬　主编

对外经济贸易大学出版社
中国·北京

图书在版编目（CIP）数据

匈牙利商务环境 / 蓝庆新，唐琬主编. —北京：对外经济贸易大学出版社，2022.12

（国别商务环境研究系列丛书. 第三批）

ISBN 978-7-5663-2467-2

Ⅰ. ①匈… Ⅱ. ①蓝…②唐… Ⅲ. ①国际商务–经济环境–研究–匈牙利 Ⅳ. ①F735.15

中国版本图书馆 CIP 数据核字（2022）第 229545 号

匈牙利商务环境

蓝庆新 唐 琬 **主编**

责任编辑：谭利彬

对外经济贸易大学出版社

北京市朝阳区惠新东街 10 号 邮政编码：100029

邮购电话：010－64492338 发行部电话：010－64492342

网址：http://www.uibep.com E-mail：uibep@126.com

三河市少明印务有限公司印装 新华书店经销

成品尺寸：170mm×230mm 15.25 印张 282 千字

2022 年 12 月北京第 1 版 2022 年 12 月第 1 次印刷

ISBN 978-7-5663-2467-2

印数：0 001－2 000 册 定价：68.00 元

序　言

匈牙利地处欧洲中部，东邻乌克兰、罗马尼亚，南接塞尔维亚、克罗地亚、斯洛文尼亚，西靠奥地利，北连斯洛伐克，位于东西方交汇处，地理位置优越，区位优势突出。匈牙利铝矾土储量丰富，居欧洲第三，另有少量褐煤、石油、天然气等。匈牙利土地肥沃，水资源丰富，农业基础较好，主要农作物有小麦、玉米、马铃薯等。匈牙利是具有中等发展水平的国家，工业基础较好，在汽车、电子、通信、生物制药、酿酒等行业拥有独特优势。匈牙利旅游资源丰富，拥有独特的自然风光，人文景观服务业、旅游业发展迅速。匈牙利经济发展水平在中东欧地区位居前列。

1997 年，匈牙利完成向市场经济体制转轨，1998 年上半年，私有化进程基本结束。1999 年总体经济首次突破 1989 年水平，2000 年，匈牙利经济快速增长。2008 年金融危机之后，GDP 增速基本保持平稳波动。2014 年，在世界经济特别是欧盟经济复苏的大背景下，匈牙利经济整体表现势头强劲，其人均收入已经达到了欧洲四大国的一半。近年来，匈牙利经济呈良好发展态势，工业生产、外贸、内需持续增长，失业率、通货膨胀率小幅下降，宏观经济各项指标表现良好，积极增长势头明显。

长期以来，中匈两国在平等互利基础上保持和发展友好合作关系。1949 年 10 月 6 日，中国与匈牙利建立大使级外交关系，政府间经济联委会于 1985 年召开首次会议。中国—中东欧国家领导人会晤期间，中国与中东欧 16 国共同发表《中国—中东欧国家合作布加勒斯特纲要》《中国—中东欧国家合作贝尔格莱德纲要》和《中国—中东欧国家合作苏州纲要》，为中匈关系进一步发展做出了规划、指明了方向。匈牙利是第一个与中国签署关于共同推进“一带一路”建设政府间合作文件的欧洲国家。在“一带一路”倡议和“17+1 合作”框架下，中匈关系日益紧密，双边合作不断深化。匈牙利保持中国在中东欧地区第三大贸易伙伴地位，中国是匈牙利在欧洲以外的第一大贸易伙伴。两国在金融、基础设施建设、经贸合作园区建设、高新技术等领域有着广阔的合作空间。目前，匈牙利是中国在中东欧地区最大的投资目的国。

本书从匈牙利概况、法律环境、贸易环境、投资环境、对外关系、社会文化环境等多个方面，深入剖析匈牙利的发展现状及问题，探究匈牙利未来发展趋势，为中国政府、企业、协会与匈牙利开展投资贸易合作提供必要的信息和决策帮助，加强两国经济互动，促进中国国内大循环，带动“一带一路”国际产业链循环发展的联动格局。

感谢中国—中东欧研究院办公室秘书 Eszter Czeglédi 为本书提供的照片。

目　录

第1章
匈牙利概况

1.1 匈牙利简介

1.1.1 地理环境

匈牙利位于欧洲中部的喀尔巴阡盆地，四周为阿尔卑斯山脉、喀尔巴阡山和第纳尔山脉所环绕，多瑙河及其支流蒂萨河纵贯全境。匈牙利是欧洲的内陆国，东邻乌克兰、罗马尼亚，南接塞尔维亚、克罗地亚、斯洛文尼亚，西与奥地利为邻，北同斯洛伐克接壤。匈牙利没有海岸线，边境线总长356千米，国土面积93 030平方千米，水域面积为690平方千米，陆地面积为92 340平方千米。

（1）地形地貌

匈牙利地势平坦，全境以平原为主，84%的国土海拔不足200米，14%的国土面积海拔为200～400米，仅2%的国土海拔超过400米。多瑙河以东的匈牙利大平原，面积约5万平方千米，还有西北部的小平原，大部分海拔为100～150米。山地不足五分之一，北部为喀尔巴阡山脉的一部分，海拔300～1 000米。马特劳山的凯凯什峰为全国最高峰，海拔1 015米。西部外多瑙山地为阿尔卑斯山的余脉，一般海拔300～500米，最高峰为科里什峰，海拔704米。

匈牙利地形地貌

匈牙利地形地貌

匈牙利地形地貌

匈牙利地形地貌

匈牙利地形地貌

（2）气候特征

匈牙利地处北半球温带区内，位处温带大陆性气候、温带海洋性气候和地中海亚热带气候的交汇点，但受大陆性气候的影响最大，整体仍属大陆性温带阔叶林气候。匈牙利四季气候变化明显，国内不同地区之间温度差别也较大。东北部靠近内陆，大陆性气候特征明显，通常夏季多雨、高温，冬季干燥、寒冷；而西部地区则受地中海式气候与大西洋暖流影响较大，冬季较为暖和。全年平均降雨量为 500～550 毫米，月平均气温和降雨量如图 1－1 所示。全年平均气温为 10.8℃。

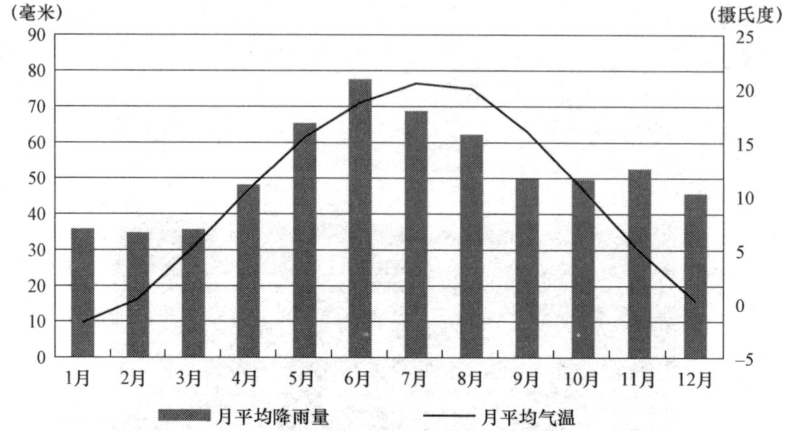

图1-1 匈牙利月平均气温和降雨量

数据来源：World Bank。

夏季平均气温为21.7℃，7月和8月最高气温经常超过30℃；冬季最冷月份为1月和2月，平均气温为-1.2℃。相对的，一年中覆雪的天数很少，降雪量的变化很大。

匈牙利春天一隅

匈牙利秋天红叶

匈牙利冬日雪景

（3）水文分布

匈牙利最重要的三条河流是多瑙河、蒂萨河和德拉瓦河。多瑙河是欧洲最有名的国际河流之一，是仅次于伏尔加河的欧洲第二大河，也是匈牙利境内的最主要河流之一。多瑙河全长 2 860 千米，在匈牙利境内的河段长 417 千米，平均宽度 400～800 米，水深 4～10 米。多瑙河从匈牙利的西北入境，在南部边境的莫哈奇以南出境。在布达佩斯的平均流量是 2 000 立方米/秒。春夏季水位最高，冬季结冰期平均为 40 天。干流全年通航。多瑙河在匈牙利境内的支流有：在小平原的莱陶河和拉包河；在南部边境的德拉瓦河和希欧河；在多瑙河左岸的伊波伊河，是匈牙利和斯洛伐克的界河。

匈牙利境内的多瑙河

多瑙河上的塞切尼链桥

多瑙河上的自由桥（绿桥）

多瑙河上的伊丽莎白桥

蒂萨河也是欧洲的一条国际河流，属多瑙河水系。蒂萨河源出乌克兰西南部东喀尔巴阡山，纵贯匈牙利东部，在塞尔维亚首都贝尔格莱德西北约 42 千米处汇入多瑙河。流域平均海拔仅 85 米，是典型的平原河流，河道弯曲，原长 1 400 多千米，裁弯取直后缩短为 980 千米。蒂萨河流域面积 15.7 万平方千米，在匈牙利境内为 598 平方千米，是匈牙利境内的另一条重要河流。蒂萨河的支流有：左岸的萨莫什河、哈尔毛什—克勒什河和马洛什河；右岸的博德罗奥河、绍约河和曹吉瓦河。

多瑙河夜景

流经匈牙利塞格德的蒂萨河

流经匈牙利塞格德的蒂萨河

德拉瓦河是多瑙河中游右岸主要支流之一。它源于卡尔尼克阿尔卑斯山，东流经奥地利南缘，入斯洛文尼亚、克罗地亚后成克匈界河，在奥西耶克东 17 千米处汇入多瑙河。德拉瓦河长 749 千米，流域面积 4 万余平方千米。河口附近年平均流量 610 立方米/秒。德拉瓦河中上游水能资源丰富，主要由高山雪水补给，已建有多座水电站。下游具有平原河流特点，自河口上溯可通航 151 千米。

匈牙利境内的德拉瓦河

匈牙利境内的德拉瓦河

匈牙利共有 1 200 个自然湖泊和人工湖泊，其中最重要的湖泊为巴拉顿湖。巴拉顿湖被称为“匈牙利海”，是匈牙利最大的湖泊，也是中欧最大的淡水湖。巴拉顿湖地处北纬 46° 50′、东经 17° 45′，位于匈牙利西南部地区，长 78 千米，最大宽度为 14 千米，面积 596 平方千米，平均水深 3～4 米。湖水靠佐洛河和北岸入湖河流供给和调节。该湖夏季平均水温为 26℃，水质清澈，呈微碱性，不同季节有不同的颜色。

巴拉顿湖

巴拉顿湖

巴拉顿湖

1.1.2 国旗、国徽和国歌

1. 国旗

匈牙利国旗呈长方形，长与宽之比为3∶2。自上而下由红、白、绿三个平行相等的横长方形相连而成。红色象征爱国者的热血，还象征国家的独立和主权；白色象征和平，代表人民追求自由和光明的美好愿望；绿色象征着匈牙利的繁荣昌盛，象征人民对未来充满信心和希望。

2. 国徽

匈牙利国徽为一面盾牌。底部成尖形，左右对开。左侧为七条红色和银色横条相间的图案。右侧的红底色里耸立着三座绿色的丘陵，峰顶上为金色的王冠，其上方有着银色的双十字架。盾牌托举着匈牙利圣·伊什特万王冠。

匈牙利国旗

匈牙利国徽

3. 国歌

1844年，匈牙利民族剧创始人、作曲家兼音乐指挥家艾凯尔将诗人克尔切伊的一首长诗中的一小部分段落谱写成歌曲《上帝保佑匈牙利》。这首歌极大地唤起了匈牙利人的民族自尊感，鼓舞他们为反对外族殖民统治而斗争。1903年，这首歌被正式确定为匈牙利国歌。

歌词大意是：

上帝保佑匈牙利，物阜民康称心意。
遇有患难常相助，化险为夷莫抛弃。
人民历尽地狱苦，灾难深重谁能比？
过去未来一切罪，已经赎到底。
喀尔巴阡山上的神，先人依仗你指引。
你把这块安乐地，赐给本得古兹后裔。
蒂萨河水蜿蜒，多瑙波涛汹涌。
阿尔帕德的子孙们，个个是英雄。

1.1.3 行政划分

匈牙利全国划分为首都和19个州，设立24个州级市、274个市、2 854个乡。各州基本信息见表1－1。首都布达佩斯是全国的政治、经济、文化和科技中心。其他主要城市有德布勒森、塞格德、米什科尔茨、佩奇、久尔等。德布勒森曾两次成为国家的临时首都，是发展最快的城市之一。

俯瞰匈牙利

表 1–1　　匈牙利各州基本信息

州名	首府	面积（km^2）	人口	人口密度	镇/乡
佩斯州	布达佩斯	6 391	3 000 076	469	186
包尔绍德—奥包乌伊—曾普伦州	米什科尔茨	7 247	654 402	90	355
索博尔奇—索特马尔—贝拉格州	尼赖吉哈佐	5 936	562 058	95	228
豪伊杜—比豪尔州	德布勒森	6 210	532 399	86	82
巴奇—基什孔州	凯奇凯梅特	8 445	508 017	60	119
杰尔—莫松—肖普朗州	杰尔	4 208	457 344	109	182
费耶尔州	塞克什白堡	4 358	416 215	96	108
琼格拉德州	赛格德	4 263	401 469	94	60
加慈—纳杰孔—索尔诺克州	索尔诺克	5 582	373 631	67	75
巴兰尼亚州	佩奇	4 430	365 726	83	301
维斯普雷姆州	维斯普雷姆	4 464	342 501	77	217
贝凯什州	贝凯什乔包	5 630	342 438	61	75
绍莫吉州	考波什堡	6 065	306 698	51	244
科马罗姆—埃斯泰尔戈姆州	陶陶巴尼奥	2 264	297 381	131	76
赫维什州	埃格尔	3 637	296 927	82	119
佐洛州	佐洛埃格赛格	3 784	272 798	72	257
沃什州	松博特海伊	3 336	253 109	76	216
托尔瑙州	塞克萨德	3 703	221 799	60	108
诺格拉德州	绍尔戈陶尔扬	2 544	192 573	76	129

北匈牙利大区

北匈牙利大区，由赫维什州、包尔绍德—奥马乌伊—曾普伦州、诺格拉德州组成。2018 年，该区人口占匈牙利总人口的 11.7%。该大区的机械工业、化工业、金属产业、农业等传统产业发达，信息通信、纳米技术等新兴产业也有较强优势。北匈牙利大区内大学院校及科研中心资源丰富，创新潜力巨大，众多大型跨国企业在此设立分支机构，如博世、采埃孚、沃达丰和三菱等，企业集群效应明显（见表 1－2）。

表 1－2　北匈牙利大区主要外资企业

公司名称	业务	外资来源	城市
Columbian Tiszai Koromgyarto Ltd.	工业炭黑生产与销售	美国	蒂绍于伊韦罗斯（Tiszaújváros）
Eurofoam Hungary Poliuretan Gyarto Ltd.	糖果生产	荷兰	绍约巴博尼（Sajóbábony）
Jabil Circuit Gyarto Ltd.	微型电子零件生产	美国	蒂绍于伊韦罗斯（Tiszaújváros）
Modine Hungaria Gépjarmutechnikai Ltd.	车辆技术设备（油冷却器）生产	德国	迈泽克韦什德（Mezőkövesd）
OAM Ozdi Acélművek	钢铁生产	德国	欧兹德（Ózd）
Remy Automotive Hungary Ltd.	电气设备与电气汽车启动机整修	美国	迈泽克韦什德（Mezőkövesd）、米什科尔茨（Miskolc）
Robert Bosch Ltd.	电动工具、启动机、交流发电机、车身电子电控单元、基于机电一体化驱动的组件生产	德国	米什科尔茨（Miskolc）
Saia – Burgess Ozd Elektrotechnikai Termékek Ltd.	汽车调整马达生产	瑞士	欧兹德（Ózd）
Shinwa Hungary Precizion Ltd.	汽车收音机与 CD 播放机生产	日本	米什科尔茨（Miskolc）
Vodafone	电信	美国	米什科尔茨（Miskolc）
Robert Bosch Electronic Ltd.	电气和气动设备生产	德国	豪特万（Hatvan）
Bosch Rexroth Pneumatics Ltd.	气动工具与设备生产	德国	埃格尔（Eger）
Modine	汽车零配件生产	美国	珍珠市（Gyöngyös）
Fairway – Eger Ltd.	男士外套生产	英国	埃格尔（Eger）
SAIA Burgess Electronics	电动机生产	瑞士	豪特万（Hatvan）

续表

公司名称	业务	外资来源	城市
Stanley Electric Co., Ltd.	电气设备、车灯生产	日本	珍珠市（Gyöngyös）
Varam NV（Sitech Ltd.）	家具生产	比利时	赖奇克（Recsk）
ZF Hungary Ltd.	变速器生产	德国	埃格尔（Eger）
MITSUBA Automotive Systems of Europe Ltd.	挡风玻璃雨刮生产	日本	绍尔戈陶尔扬（Salgótarján）
Nuovi Prodotti Ltd.	门窗生产	意大利	绍尔戈陶尔扬（Salgótarján）
SINIA Ltd.	家具生产	比利时	绍尔戈陶尔扬（Salgótarján）
BESSER Hungary Ltd.	塑胶制品制造	意大利	巴托尼泰赖涅伊（Bátonyterenye）
Batony – Metall Ltd.	金属结构部件生产	德国	巴托尼泰赖涅伊（Bátonyterenye）
EGLO Magyarorszag Ltd.	灯具生产	奥地利	帕斯托（Pásztó）
Delphi Hungary Ltd.	车辆空调压缩机生产	美国	包络绍焦尔毛特（Balassagyarmat）
ZOLLNER Ltd.	汽车零部件生产	德国	叙吉（Szügy）
Nidec Sole Motor Hungary Ltd.	电动机生产	日本	拜尔采尔（Bercel）

中多瑙河外大区

中多瑙河外大区由费耶尔州、科马罗姆—艾斯特根州、维斯普雷姆州组成。大区位于维也纳—布达佩斯轴线，区位优势突出，交通便利，是匈牙利最发达的地区之一。该大区优势产业包括传统重工业、化学工业等。机械和运输设备行业在地区工业总产值和地区外国直接投资中占最大份额。该大区内注册企业数量占全国注册企业总数的 9%。大区共有 28 个工业园区，分布于该地区辖属的 22 个城镇（见表 1－3）。

表 1-3　　中多瑙河外大区主要外资企业

公司名称	业务	外资来源	城市
Dunaferr Plc.	钢材	乌克兰	多瑙新城（Dunaújváros）
Magyar Suzuki Plc.	汽车	日本	埃斯特根州（Esztergom）
Denso Ltd.	汽车	日本	塞克希费黑瓦尔（Szekesfehervar）
Foxconn Ltd.	精密仪器	中国台湾	科马罗姆（Komarom） 塞克希费黑瓦尔（Szekesfehervar）
Nokia	手机供应商	芬兰	科马罗姆（Komarom）
TP Vision Hungary Ltd.	电子设备	中荷合资	塞克希费黑瓦尔（Szekesfehervar）
Alcoa-Kofém Ltd.	铝	美国	塞克希费黑瓦尔（Szekesfehervar）
SANYO Hungary Ltd.	电子设备	日本	多罗格（Kisdorog）
Hankook Tire Hungary Ltd.	轮胎	韩国	多瑙新城（Dunaújváros）
Grundfos Hungária Ltd.	机械业	丹麦	陶陶巴尼奥（Tatabánya） 塞克希费黑瓦尔（Szekesfehervar）
Continental Automotive Hungary Ltd.	汽车工业	德国	维斯普雷姆州（Veszprém）
Le Bélier Plc.	加工工业	法国	奥伊考（Oikau）
Zoltek Hungary Plc.	化工业	美国	涅尔盖什新村（Nyergesújfalu）
Sapa Profiles Ltd.	制铝业、太阳能电池、敏化太阳能电池（Sensitization Solar Cel, SSC）	美挪合资	塞克希费黑瓦尔（Szekesfehervar）
Lear Corporation Ltd.	汽车工业	美国	莫尔（Mór）
Johnson Controls Mezőlak Ltd.	汽车零部件供应商	英国	迈泽洛克（Mezőlak ） 帕波（Pápa） 莫尔（Mohl）
Valeo Auto-Electric Hungary Ltd.	电子设备、汽车工业	法国	维斯普雷姆州（Veszprém）
Coloplast Hungary Ltd.	医疗救助产品	丹麦	陶陶巴尼奥（Tatabánya）

西多瑙河外大区

西多瑙河外大区由杰尔—莫松—肖普朗州、沃什州、佐洛州组成，是匈牙利境内 GDP 贡献第二高的大区。该大区与奥地利、斯洛文尼亚、克罗地亚和斯洛伐克 4 国接壤，地理位置优越，拥有 2 条高速公路，且是东西铁路枢纽，物流运输便利。区域经济增长以外资企业出口导向型生产为主要驱动力，吸引外国直接投资潜力仅次于布达佩斯和中多瑙河外大区。奥迪、欧宝等众多汽车制造商和汽配制造商在此投资设厂（见表 1-4）。

表 1-4　　西多瑙河外大区主要外资企业

公司名称	业务	外资来源	城市
Audi Hungária Motor Kft.	汽车制造商	德国	杰尔（Győr）
IB Andresen Industri Magyarország Kft.	钢铁工业	丹麦	格纽（Gönyű）
Renault–Hungarian Alliance Logistics Kft.	零配件物流供应商	法国	杰尔（Győr）
Propex Fabrics Kft.	纺织业	美国	杰尔（Győr）
Provertha Zrt.	电子设备	德国	考波什堡/沙尔堡（Kapauvár/Sárvár）
Erbsloh Hungária Kft.	铝材加工	德国	杰尔（Győr）
Nemak Győr Kft.	铝	墨西哥	杰尔（Győr）
BOS Automotive Product Magyarország Gyártó Bt.	汽车工业	德国	莫熊索尔诺克（Mosonszolnok）
BPW HUNGARIA Kft.	汽车工业	德国	松博特海伊（Szombathely）
General Motors/Opel Szentgotthárd	汽车制造商	德国	圣戈哈德（Szentgotthárd）
SMR – Samvardhana Motherson Reflectec	汽车工业	印度	莫熊索尔诺克（Mosonszolnok）
Autoliv Kft.	汽车安全系统开发者、制造商、供应商	德国	绍普龙克韦什德（Sopronkövesd）
LuK Savaria Kuplunggyártó Kft.	汽车工业	德国	松博特海伊（Szombathely）
DANA Hungary Gyártó Kft.	车辆产业	美国	杰尔（Győr）

续表

公司名称	业务	外资来源	城市
Rehau Automotive Kft.	零配件制造	德国	杰尔（Győr）
Flextronics Kft.	电子设备	美国	佐洛埃格塞格（Zalaegerszeg）
Robust Plastic Kft.	塑料加工	德国	杰尔（Győr）
Romberg – Schubert Kft.	电缆制造	德国	克塞格（Kőszeg）
Delphi Hungary Kft.	电气线束安装	美国	松博特海伊（Szombathely）
Epcos Kft.	电子设备	德国	松博特海伊（Szombathely）
Jabil Kft.	车辆产业	美国	松博特海伊（Szombathely）
General Electric GE	照明行业	美国	瑙吉考尼饶（Nagykanizsa）
Shin – Etsu Kft.	电子设备	日本	杰尔（Győr）
Ada Kft.	家具业	奥地利	克尔门德（Körmend）
Swedwood Kft.	家具业	瑞士	肖普朗（Sopron）
Sága Foods Zrt.	食品业	奥地利	沙尔堡（Sárvár）
Heineken Zrt.	啤酒酿造	德国	肖普朗（Sopron）
Versteijnen Logistics	物流	荷兰	沙尔堡（Sárvár）
Logwin Solutions Hungary Kft.	物流	奥地利	杰尔（Győr）
Rudolph Autóipari Logisztikai Kft.	物流	德国	杰尔（Győr）
DAB Hungary Kft.	水产品	意大利	瑙吉考尼饶（Nagykanizsa）
Nestlé Purina Hungary Kft.	食品	瑞士	比克（Bük）

南多瑙河外大区

南多瑙河外大区由托尔瑙州、绍莫吉州、巴兰尼亚州组成。该大区人口相对稀少，且老龄化指数不断上升，制造业在工业生产中所占的份额相对较低，总体为欠发达地区。该区域外国直接投资存量仅占全国总数的 1.3%，且多为小型跨国企业在此投资设厂。但该地区文化和旅游产业具有一定优势。南多瑙河外大区以巴拉顿湖区美丽的风景、世界驰名的葡萄酒、悠久的历史、快速发展的文化、健康和环保产业闻名。本地区共有 20 个工业园区，其中 8 个位于巴兰尼亚州，7 个位于绍莫吉州，5 个位于托尔瑙州（见表 1 – 5）。

表1-5　南多瑙河外大区主要外资企业

公司名称	业务	外资来源	城市
Flextronics International Ltd.	电子制造服务	美国	陶布（Tab）
Hans Pausch Ltd.	医疗技术	德国	陶普绍尼（Tapsony）
Kométa99 Jsc.	食品业	意大利	考波什堡（Kaposvár）
Sió-Eckes Ltd.	食品业	德国	希欧福克（Siófok）
Ziehl-Abegg Ltd.	风扇制造	德国	毛尔曹利（Marcali）
Kapos Atlas Ltd.	焊接工艺	德国	考波什堡（Kaposvár）
Pasha Ltd.	纺织业	法国	栋博堡（Dombovar）
Samsonite Ltd.	旅行箱生产	比利时	塞克萨德（Szekszard）
JAKO Ltd.	汽车工业	德国	塞克萨德（Szekszard）
BHG-ASZ Ltd.	汽车工业	德国	塞克萨德（Szekszard）
Phillips Ltd.	轻工业	荷兰	陶马希（Tamasi）
Elektro-Metall Paks Ltd.	飞机制造业	德国	保克什（Paks）
Hauni Hungaria Ltd.	机械业	德国	佩奇（Pecs）
SMT Hungaria Ltd.	电子行业	德国	博伊（Boly）
ODW Electric Hungary Ltd.	汽车工业	德国	塞代尔凯尼（Szederkeny）
British American Tobacco Ltd.	烟草业	英国	佩奇（Pecs）
Kronospan Mofa Ltd.	林业	塞浦路斯	莫哈奇（Mohacs）
BUW Hungary Ltd.	客服中心	德国	佩奇（Pecs）
Lafarge Cement Hungary Ltd.	建筑材料生产	法国	基拉耶吉哈佐（Királyegyháza）
Jabil Circuit Hungary Ltd.	电子行业	美国	佩奇（Pecs）
Flextronics International Ltd.	电子制造服务	美国	佩奇（Pecs）
Honsa Ltd.	机械	德国	佩奇（Pecs）
Unisys	信息技术服务	美国	佩奇（Pecs）

大平原北大区

大平原北大区由加兹—纳杰孔—索尔诺克州、豪伊杜—比豪尔州、索博尔奇—索特马尔—贝拉格州组成，是匈牙利东部边界的欠发达地区，内部各地区存在较大经济差距。该大区地理位置优越，是欧盟的东大门，与乌克兰及罗马尼亚接壤，相较西欧城市，劳动力成本更低。汽车工业及电子设备产业高度集中，国内与跨国公司云集，工业园区基础设施完善，可扩张性强。高等教育发达，拥有巨大的创新与研发潜力。本地区共有 32 个工业园区，其中 11 个位于加兹—纳杰孔—索尔诺克州，10 个位于豪伊杜—比豪尔州，15 个位于索博尔奇—索特马尔—贝拉格州。大平原北大区一直在充分利用传统工业（包括食品加工、金属业、塑料业、化工业），同时重点发展本地区发展良好、具有高附加值的行业，例如汽车工业、电子设备、制药业，以及诸如生物技术、信息通信技术和光机电一体化的其他高科技行业（见表 1－6）。

表 1－6　　　　大平原北大区主要外资企业

公司名称	业务	外资来源	城市
Electrolux	白色家电制造	瑞典	亚斯贝雷尼（Jászberény）、尼赖吉哈佐（Nyíregyháza）
TEVA	制药	以色列	德布勒森（Debrecen）
Samsung Electronics	电子设备	韩国	亚斯费尼绍鲁（Jászfényszaru）
IT Services Hungary	信息技术共享服务中心	德国	德布勒森（Debrecen）
FAG	机械业	德国	德布勒森（Debrecen）
LEGO	玩具制造商	丹麦	尼赖吉哈佐（Nyíregyháza）
Michelin	化工业	法国	尼赖吉哈佐（Nyíregyháza）
Rosenberger	汽车零部件供应商/电子设备	德国	亚萨罗克萨拉什（Jászárokszállás）
National Instruments	电子元件	美国	德布勒森（Debrecen）
Eagle Ottawa	汽车工业	美国	索尔诺克（Szolnok）
Friesland Hungária	乳制品	荷兰	德布勒森（Debrecen）
Coloplast	医疗业	丹麦	尼尔巴托尔（Nyírbátor）
Hoya	光机电一体化	日本	马泰绍尔考（Mátészalka）
Zeiss	光机电一体化	德国	马泰绍尔考（Mátészalka）
TIGÁZ	气体供应商	荷兰	德布勒森（Debrecen）
CLAAS	农业机械	德国	特勒克圣米克洛什（Törökszentmiklós）
Faurecia Emissions Control	汽车工业	法国	亚萨罗克萨拉什（Jászárokszállás）
E.ON	能源	德国	德布勒森（Debrecen）
Carrier	汽车工业	美国	亚萨罗克萨拉什（Jászárokszállás）
BT Global Services	信息技术共享服务中心	英国	德布勒森（Debrecen）

大平原南大区

大平原南大区传统产业（农业、食品业、工程）以及高科技产业（信息技术、生物技术、制药、汽车工业）发展均衡。本地区共有 33 个工业园区，其中 10 个位于巴奇—基什孔州，8 个位于贝凯什州，15 个位于琼格拉德州（见表 1－7）。

表 1－7　　大平原南大区主要外资企业

公司名称	业务	外资来源	城市
Mercedes－Benz Manufacturing H. Ltd.	汽车制造	德国	凯奇凯梅特（Kecskemét）
Linamar Hungary Jsc.	汽车工业	加拿大	欧罗什哈佐（Orosháza）
EDFDEMASZ Jsc.	电力供应	法国	塞格德（Szeged）
Phoenix Mecano Ltd.	电子元件制造	瑞士、荷兰	凯奇凯梅特（Kecskemét）
VILLEROY&BOCH Magyarorszag Jsc.	卫生陶瓷制造	德国	霍德梅泽瓦（Hódmezővásárhely）
GDFSUEZ Jsc.	气体供应	法国	塞格德（Szeged）
Knorr－Bremse Ltd.	制动系统制造	德国	凯奇凯梅特（Kecskemét）
Contitech－Fluid Ltd.	橡胶业	德国	毛科（Makó）
Masterfoods Magyarország Ltd.	饲料生产	美国	琼格拉德（Csongrád－Bokros）
Henkel Hungary Ltd.	化工业	奥地利	克勒什洛达尼（Körösladány）
CONTINENTAL Contitech Rubber Ltd.	橡胶业	德国	塞格德（Szeged）
Freudenberg Simmeringe Ltd.	密封技术制造	德国	凯奇凯梅特（Kecskemét）
Guardian Orosháza	玻璃业	美国	欧罗什哈佐（Orosháza）
Givaudan Hungary Ltd.	香料生产	瑞士	毛科（Makó）
BOSAL Group	排气管制造	荷兰	凯奇凯梅特（Kecskemét）

匈牙利 19 个州及主要城市名录如表 1－8 所示，首都布达佩斯是全国的政治、经济、文化和科技中心。其他主要城市有德布勒森、塞格德、米什科尔茨、佩奇、埃格尔等。德布勒森曾两次成为国家的临时首都，也是目前发展最快的城市之一。

表 1-8　　匈牙利 19 个州及主要城市名录

匈牙利 19 个州及主要城市名录	19 个州分别是：巴兰尼亚、巴奇—基什孔、贝凯什、包尔绍德—奥包乌伊—曾普伦、琼格拉德、费耶尔、杰尔—莫雄—肖普朗、豪伊杜—比豪尔、赫维什、科马罗姆—埃斯泰尔戈姆、诺格拉德、佩斯、绍莫吉、索博尔奇—索特马尔—拜赖格、亚斯—瑙吉孔—索尔诺克、托尔瑙、沃什、维斯普雷姆、佐洛。 23 个州级市中大城市有：德布勒森、塞格德、米什科尔茨、佩奇、埃格尔等。

布达佩斯

布达佩斯是匈牙利首都，也是全国政治、经济、文化和科技中心。布达佩斯是全国最大的城市，面积为 525 平方千米，人口约 190 万，约占全国总人口 1/5。该市于 1872 年由老布达、布达、佩斯三个城市合并而成。全城南北长 30 千米，东西宽 29 千米。多瑙河穿城而过，西侧为布达，东侧为佩斯。市区多瑙河上有 7 座不同风格的公路桥，其中最古老的链子桥已有 150 多年历史。布达佩斯是全国交通枢纽，其有三个火车客运站、两个机场和三条地铁，其中 M1 黄铁为欧洲大陆第一条地铁。布达佩斯经济开放程度高，匈牙利大部分外商投资都流向布达佩斯，但也导致外国资本在本地经济发展中占绝对主导地位。

佩斯州

佩斯州面积为 6 393 平方千米，人口数量为 121.7 万。佩斯州在经济、文化、商业及金融领域发展突出。佩斯州受益于以布达佩斯为中心的全国交通网络，与全国各地以及国际交通网络相连。全国有 30 条国家路线横贯佩斯州，沿线建有工业园区、商业中心等，有力地促进了该州社会经济与产业发展。

德布勒森

德布勒森市为豪伊杜—比豪尔州首府所在地，人口约 20 万，是匈牙利第二大城市。1849 年和 1944 年，该市曾两次成为匈牙利临时首都。德布勒森市经济发展水平高，是东部人均 GDP 最高的城市之一，除了发达的机械工业和化工工业外，还拥有匈牙利第二大的大学——德布勒森大学。此外，该市温泉资源著名，每年吸引大量的游客前来游览。德布勒森市具有良好的物流条件。M35 高速公路从布达佩斯直通德布勒森，车程仅需 2 小时，高速公路还直通德布勒森的主要工业园区——创新工业园。德布勒森市距离罗马尼亚仅 58 千米，M35 高速公路延伸到匈罗边境，加强了两国间的陆路交通。德布勒森市拥有全匈牙利规模仅次于布达佩斯费里海吉机场的国际机场。该机场可办理国际货运和包机业务。德布勒森市经济蓬勃发展，吸引了众多的投资者，包括许多物流运营商和运输商。

赛格德

赛格德市为琼格拉德州首府，位于蒂萨河、毛罗什河交汇处，毗邻罗马尼亚、塞尔维亚，面积 281 平方千米，人口 17 万，是南部大平原最大的城市，为全国第三大城市。塞格德市是匈牙利的食品及食品工业中心之一，也是重要的大学和文化之城。它距布达佩斯 169 千米。两城由 M5 和 M43 高速公路连接。该市科研实力突出，有近 300 个研发单位、3 000 名研究人员、50 000 名学生。技术发展以生物技术和生物信息研究为主，为南部大平原农业生产和食品加工提供支持。该市同陕西省渭南市结为友好城市。

米什科尔茨

米什科尔茨市为包尔绍德—奥包乌伊—曾普伦州首府，是匈牙利第四大城市，也是北部最大的城市，人口约 16.8 万。东北部铁路与公路枢纽距布达佩斯 145 千米，有铁路及高速公路（M3 和 M30）连通两城。该市是社会主义时期匈牙利最重要的工业城市之一，如今正逐渐向文化和旅游中心发展。

佩奇

佩奇是匈牙利西南部巴兰尼亚州首府，人口 15.8 万，是全国第五大城市。该市是文化之城，是全国大学数量最多的城市，在校大学生人数超过 3.5 万。这里出产的若尔娜依瓷器是匈牙利第二大著名的瓷器品牌。2000 年，佩奇市古基督教墓地建筑群被列入世界文化遗产。长期以来，佩奇是一个多民族聚居地，各民族传统、风俗、价值观在两千多年历史中不断推动当地文化的多元发展。

埃格尔

埃格尔市为赫维什州首府，位于匈牙利北部，距布达佩斯 130 千米。该市在马特劳山与比克山之间，蒂萨河支流埃格尔河畔，人口 5.5 万，始建于 11 世纪。匈牙利首位国王圣·伊什特万在此建立主教管区。埃格尔市工业有机械制造、家具制造、烟草加工和食品加工等行业。葡萄种植和葡萄酒酿造久负盛名，最有名的是“埃格尔血红葡萄酒”。市内有中世纪要塞的遗迹、16 世纪的尖塔、18 世纪的宫殿等建筑古迹。附近山区有矿泉，是游览和疗养胜地。前巴洛克式的建筑赋予这个城市一种悠闲的地中海风格，城市两侧分布着匈牙利北部高地最美丽的景区。

1.1.4 自然资源

匈牙利自然资源比较匮乏，主要矿产资源为铝矾土，其蕴藏量居欧洲第三位。此外有少量褐煤、石油、天然气、铀、铁、锰等。森林覆盖率约为 20%。匈牙利土地资源较丰富，农业基础较好，在国民经济中占重要地位。主要农产品有小麦、玉米、向日葵、甜菜、马铃薯等。

矿产资源

匈牙利矿产资源比较匮乏，主要矿产资源为铝矾土，其蕴藏量居欧洲第三位。此外，匈牙利有少量褐煤、石油、天然气、铀、铁、锰等。匈牙利位于潘诺尼亚盆地的中部，其前第三纪地质构造由含煤地层、铝土矿和石灰岩组成。匈牙利历史上是铝土矿、煤、铜、碳氢化合物、钢铁和铀的重要生产国。2014 年，铝土矿开采停止，铜和铀矿开采也早已停止。除褐煤外，煤炭开采继续减少。匈牙利原油、天然气、煤炭等能源资源储量少。2014 年，匈牙利是世界上第五大珍珠岩生产国（主要用于建筑业），约占全球产量的 3%。就金属矿物而言，匈牙利仍在生产氧化铝和铝，镓是氧化铝精炼的副产品，但由于近年铝土矿开采的减少，其产量水平远低于以前。匈牙利镓产量占世界镓总产量的份额小于 1%（见表 1－9）。

表 1－9　　2013—2017 年匈牙利可开采资源储量（百万吨）

矿产类型	2013 年	2014 年	2015 年	2016 年	2017 年
原油	47.68	67.72	67.20	66.90	81.61
天然气	2 458.34	1 603.80	1 639.10	1 646.30	1 644.45
二氧化碳气体	31.93	30.94	29.10	29.00	28.91
硬煤	1 915.50	1 915.50	1 915.40	1 915.40	1 915.39
棕煤	2 241.36	2 240.58	2 240.00	2 240.00	2 241.17
褐煤（开放式开采）	4 330.17	4 320.89	4 271.00	4 258.33	4 248.75
铀矿石	26.77	26.77	26.80	26.77	26.77
铁矿	43.66	43.66	43.66	43.66	43.66
矾土	79.86	79.76	79.76	79.72	79.71
铅锌矿	100.82	100.82	100.82	100.82	100.82
铜矿	726.46	726.46	726.46	726.46	726.46
珍贵矿石	36.51	36.51	36.51	36.51	36.51
锰矿石	52.15	52.11	52.11	52.00	51.98
工业矿物	1 209.54	1 205.70	1 207.52	1 207.55	1 196.66
水泥工业矿物	1 411.42	1 409.10	1 406.25	1 403.84	1 400.88
建筑石矿	3 048.20	3 054.78	3 067.21	3 249.80	3 261.73
沙子和砾石	5 555.46	5 561.60	5 578.66	5 574.14	5 592.38
陶瓷工业矿物	1 215.51	1 224.60	1 230.28	1 219.61	1 216.43
泥炭和石灰泥	123.25	123.20	123.56	123.43	123.00
其他	13.68	4.70	59.94	63.40	82.49

资料来源：匈牙利中央统计局。

土地资源

匈牙利国土面积为 93 030 平方千米（不包括内陆水域面积）。其中可耕地面积占总土地面积的 48.7%，永久农田占总土地面积的 1.9%，林地面积占总土地面积的 22.9%。匈牙利适宜进行农业开发的区域分布在多瑙河的西岸与巴拉顿湖东部。蒂萨河的东岸地区也是广袤的适宜农业区。多瑙河与蒂萨河这两条并行的河流，是典型的平原河流，滋润着大片的牧草。在两河之间的中间地带，多为沙漠，人烟稀少，土地不适宜农业开发。匈牙利环境敏感区与农业适宜区大致形成对应，适宜农业区大多为环境低敏感区，而不适宜农业区多为环境高敏感区。匈牙利耕地面积约为 45 305 平方千米。多瑙河与蒂萨河两条河流的中间地带、匈牙利靠近斯洛伐克的区域，以及东北区域，即马泰绍尔考区域，环境较为敏感，多为粗放耕地区。匈牙利近 50%的耕地具有突出的农业潜力，即农业适宜性高于平均水平，大约 10%的可耕地位于对环境干扰特别敏感的地区，匈牙利可利用的农业区域非常广阔，非耕地区和保护区占国土面积的比例总体较小。目前，匈牙利的实际森林区主要分布在北部与西部区域，与斯洛伐克接壤地带，以及围绕巴拉顿湖的区域，东部与东南区域实际森林面积小。

匈牙利的村落

匈牙利的土地

匈牙利的土地

1.1.5 历史发展

匈牙利的起源

匈牙利国家的形成源于东方游牧部落——马扎尔游牧部落。9 世纪时，马扎尔部落从乌拉尔山西麓和伏尔加河河湾一带向西迁徙，最终抵达喀尔巴阡盆地。约从 896 年开始，马扎尔人在族长阿尔帕德的带领下陆续在多瑙河盆地定居，并逐渐形成了现在的匈牙利民族，因此匈牙利民族也被称为“马背上的民族”。定居后的马扎尔部落逐渐强盛起来，四处扩张势力，先后打败了其他部落，把领土扩展到亚得里亚海。1000年，阿尔帕德的大儿子——匈牙利大公圣·伊什特万一世在匈牙利推行天主教，建立封建制国家。1001年，圣·伊什特万一世获天主教教皇加冕，成为匈牙利第一位国王。圣·伊什特万一世去世后，阿尔帕德王朝的另外两个继任者拉斯洛一世和卡尔曼也致力于推动国家的发展和繁荣。这一时期，匈牙利的历史同波兰和波希米亚密切相关，也同时受到教皇和神圣罗马帝国皇帝的影响。1241年，匈牙利受到蒙古金帐汗国的攻击，大片土地被蒙古人侵占。加上瘟疫和饥饿肆虐，人口急剧减少，匈牙利遭受了毁灭性的破坏。1241年，蒙古首领窝阔台大汗去世，蒙古军队匆忙撤回东方。此后，匈牙利人在国王贝拉四世的领导下开始重建家园。在此后的100多年里，匈牙利开始加强防御设施建设，同时也发展市区基础设施建设。不久，城镇地区重新出现了新的房舍。为了避免再次遭遇灭顶之灾，匈牙利王室修城筑堡，重兵布防，加强戒备。随着国力的逐渐恢复，匈牙利的商业活动日益活跃，经济迅速发展起来，在一些城市还出现了高级住宅和豪华庭院，匈牙利逐渐进入一个安定的大繁荣时期。1308年，安茹王朝的查理·罗伯特继位。他的儿子路易斯在位期间，匈牙利一跃成为强国，领土面积达到了匈牙利的历史之最：北到波罗的海，南到地中海，东到黑海。1458年，胡尼奥蒂·马加什加冕称王，匈牙利步入了历史上最辉煌的时期。马加什国王进一步加强了政府权威，增强国力。同时，匈牙利成为欧洲文艺复兴时期的一个艺术和文化中心。

土耳其的百年统治

匈牙利与土耳其的冲突自1389年爆发。此后100多年间，土耳其人不断挺进深入巴尔干半岛，但当时的土耳其还无法彻底击败国力强大的匈牙利。15世纪中期，土耳其向匈牙利发动了全面进攻，匈牙利人誓死反抗。1456年，最大的保卫战在军事重镇南多尔费赫尔打响。匈牙利军队在边防长官胡尼奥蒂·亚诺什的率领下顽强抵抗，阻挡土耳其人的进攻并成功阻击了土耳其军队，使他们对匈牙利的统治推迟了70年。

1526年，匈牙利再次遭到土耳其的攻击。土耳其军队乘匈牙利统治者忙于镇压国内农民起义的机会，突然对匈牙利发动进攻，匈牙利南部城市莫哈奇首当其冲。8月29日，匈牙利兼波希米亚国王路易二世率领军队与奥斯曼土耳其的苏丹苏里曼一世在莫哈奇发生激战。战斗进行得异常激烈，结果匈牙利军队惨败，国王路易二世当场战死，由此土耳其开始了对匈牙利长达150年的统治。在土耳其统治时期，匈牙利各族人民被课以重税，大片的良田荒芜，杂草丛生，曾经繁华的布达城也衰败没落，文化和经济发展水平较高的匈牙利急剧衰退。

1541 年，布达被土耳其人占领后，匈牙利封建国家解体，被分裂成三个部分：中部和南部受土耳其人管辖，西北部在哈布斯堡王朝的统治下，东部地区建立了特兰西瓦尼亚公国。在被土耳其统治期间，匈牙利与周边国家相互影响，从而促进了中欧文化的大融合。1699 年起，全境由哈布斯堡王朝统治。1740 年，玛利亚·特蕾莎登上皇位，建立了和平的匈牙利，受到匈牙利人的爱戴。

18 世纪的匈牙利开始进入一个相对稳定发展的时期。哈布斯堡王朝虽然雄心勃勃，但国家的经济发展水平远远落后于英、法等国。18 世纪的匈牙利与周围的其他列强相比，仍然只是一个落后的农业国。

匈牙利的近代屈辱史

随着匈牙利政治、经济和文化的逐步发展，19 世纪末，匈牙利贵族发动了一次民族改革运动。1848 年，匈牙利爆发自由革命，由科苏特率领的反抗哈布斯堡王朝统治的运动遭到镇压。1849 年 4 月 4 日，哈布斯堡王朝的统治者把统治权归还给匈牙利。匈牙利通过独立宣言，建立匈牙利共和国，但这个政权又在同年夏天被奥地利和俄国军队所扼杀。8 月 13 日，匈牙利向俄国军队投降。人们所熟悉的匈牙利爱国诗人裴多菲就是在 1849 年 7 月 31 日同俄国军队的战斗中牺牲的。

1867 年，匈牙利与奥地利达成妥协，宣布成立奥匈帝国。在奥匈帝国统治期间，匈牙利的经济取得了很大的发展。布达佩斯出现了许多新兴的企业和工厂，农民也大量涌入城市。全国的铁路交通随之发展起来，在很大程度上促进了贸易往来和经济繁荣。其中，匈牙利著名的国家大剧院和国会大厦就是在这个时期建成的。

第一次世界大战后，奥匈帝国战败，继而解体。1917 年 10 月，匈牙利成为独立的民族国家。1918 年 11 月，以库恩·贝拉为首的共产主义者成立匈牙利共产党，并展开卓有成效的宣传组织工作。1919 年 3 月 20 日，由于协约国对匈牙利的逼迫，社会民主党只得与共产党领导人进行谈判，决定两党合并，改称匈牙利社会党。3 月 21 日，匈牙利苏维埃共和国宣告成立，并采取了一系列革命措施，实行国有化和对外贸易的垄断，没收地主土地，建立大农场，提高职工工资，实行 8 小时工作制，建立红军。但由于没有满足无地、少地农民对土地的要求，因而未能建立起巩固的工农联盟。4 月起，协约国对匈牙利苏维埃共和国进行武装干涉和经济封锁。右派社会民主党人背叛革命，并迫使革命政府委员会于 1919 年 8 月 1 日辞职。匈牙利苏维埃共和国只存在了 133 天，但它鼓舞了争取自由解放的各国劳动人民，也丰富了国际共产主义运动的经验。1920 年 6 月 4 日签署的《特里亚农条约》授权同盟国瓜分匈牙利土地，匈牙利因此失去了68%的领土和58%的人口。

焕发生机的新时期

1940年，匈牙利加入德意日“轴心国”集团。1944年，匈牙利被德军占领。同年，匈牙利成立了新政府，退出“轴心国”集团。1945年 4月，苏联红军解放了匈牙利全境。1946年2月，匈牙利宣布废除君主制，成立匈牙利共和国。1948年，匈牙利共产党在苏联军队的支持下夺取该国政权。1949年8月18日，国民议会通过宪法，20日宪法生效，宣告建立匈牙利人民共和国。

1956年10月，匈牙利“十月事件”爆发。

1989年10月23日，匈牙利通过宪法修正案，改名“匈牙利共和国”，并开始实行总统制和多党议会制的政治体制。1999年底，匈牙利通过王冠法，并成立以总统为首的王冠委员会。

匈牙利于1999年3月12日加入北约，2004年5月1日加入欧盟，2007年12月21日加入“申根协定”，并入欧洲共同边境区（申根区）。

2010年国会选举中，青年民主主义者联盟——匈牙利公民联盟与基督教民主人民党组成的执政联盟大获全胜，共得到386个议席中的263个，上台执政。

2012年，匈牙利颁布新宪法，将国名“匈牙利共和国”改为“匈牙利”。

2016年10月28日，匈牙利当选联合国人权理事会成员，任期从2017年至2019年。

2018年4月，匈牙利举行国会选举，执政党青年民主主义者联盟（简称青民盟）和基督教民主人民党（简称基民党）组成的竞选联盟获胜，并赢得超过 2/3议席；尤比克党、社会党、对话党、民主联盟和绿党进入国会。新一届国会5月8日成立。5月18日，政府完成组阁，宣誓就职。青民盟主席欧尔班连任总理。

1.2 匈牙利政治经济概况

1.2.1 政治体制

1. 宪法

1989年10月18日，匈牙利国会通过宪法修正案，对宪法作了重大修改，将国名改为“匈牙利共和国”，确定匈牙利实行多党议会民主制，建立独立、民主、法制的国家，执行立法、行政、司法三权分立的原则。2011 年 4 月，匈牙利国会通过名为《匈牙利基本法》的新宪法。新宪法于 2012 年 1 月 1 日生效，后国名改为“匈牙利”。

2. 政党

匈牙利现行宪法规定，匈牙利各党派在尊重宪法和宪法法规的基础上可自由建立并自由活动；各政党不能直接行使公共权力，任何一个政党都不能指挥任何一个国家组织。为了使各政党和公共权力分离，法律对政党的成员或官员不能担任的职务等做了规定。法律同时规定，工会和其他利益代表组织保护并代表劳动者、合作社成员和经营者的利益。第二次世界大战之后，匈牙利由匈牙利政党组成的“庞大联合体”统治。20 世纪 80 年代后期，匈牙利的政治体系发生了剧变。1989 年 10 月 23 日，匈牙利改为共和制，匈牙利的国名由“匈牙利人民共和国”改为“匈牙利共和国”。1989 年，匈牙利宪法发生实质性变化并延续至今。根据该部新宪法，匈牙利组成多党派民主政府。1990 年，匈牙利举行了自 1947 年以来第一次多党选举。

匈牙利登记注册的政党有 183 个，大部分成立于 20 世纪 80 年代末。目前匈牙利国会中主要党派有：青年民主主义者联盟、基督教民主人民党、社会党、尤比克党、民主联盟。国会外的政党主要有：匈牙利共产主义工人党、匈牙利社会民主党、匈牙利民主论坛、匈牙利自民盟等。

（1）青年民主主义者联盟

执政党（简称青民盟）。1988 年 3 月 30 日成立。成员主要为青年知识分子，该党对内主张实现自由权，建立民主的政治文化、以私有制为基础的市场经济和有效的社会保障制度，对外主张建立一个没有武器的欧洲和独立、中立的匈牙利。近年来，匈牙利总理欧尔班领导的青民盟日臻成熟，执政方式灵活，施政经验丰富，推行重大政策畅通无阻，保持了一党独大的地位。青民盟在选民中支持率高，反对党积弱，不足以挑战青民盟。因在移民等问题上与欧盟存在分歧，欧洲议会最大党团欧洲人民党 2019 年 3 月 20 日宣布中止匈牙利执政党青民盟在欧洲人民党内部的权利，认为青民盟违反了欧洲人民党的价值观和准则。

（2）基督教民主人民党

执政党。1989 年 9 月 30 日成立，主要由支持右翼的基督教信众组成。该党认同基督教的世界观和社会观，但不是教会和教派的党；主张建立多党制基础上的民主法治国家；主张匈牙利回归欧洲。基督教民主人民党于 1944 年建立，当时称民主人民党，1949 年被取缔，1989 年 3 月 17 日重建。1998 年起，该党开始与青年民主主义者联盟合作。2005年，两党签署选举合作协议。2018年，两党联盟在大选中再次获胜。主席为谢姆延·若尔特。

（3）社会党

反对党。1989年10月7日成立，前身为社会主义工人党。成员主要为知识分子、职员和企业家。匈牙利社会党的纲领明确表示要同“斯大林主义和新斯大林主义的所有变种”划清界限。社会党的最终目标是实现民主社会主义。该党主张建立新的政治制度和民主的法治国家和人道的社会。该党代表的是工薪阶层、劳动者和合作社社员的利益，反对实行“休克疗法”的自由化经济战略，主张建立公有制和私有制相结合的社会市场经济体制和合理的收入分配制度。它主张同社会党国际组织中的各个政党建立密切联系，保持密切合作。2002年选举，社会党以微弱优势胜出，开始八年执政。执政结束后，社会党内部出现分裂，前总理久尔恰尼、鲍伊瑙伊分别成立民主联盟与“集结—为了匈牙利而对话”联盟。2014年大选与社会党共同组成左派联盟参选。主席为莫尔纳尔·久洛。

（4）尤比克党

反对党。2003年10月24日成立，主要由极右民族分子组成，宣称“保护匈牙利的价值和利益”。主席为沃纳·加博尔。

（5）民主联盟

反对党。2010年作为匈牙利社会党内部组织成立，后于2011年10月22日从中分离，成为一个独立的政党。主席为久尔恰尼·费伦兹。

3. 国会

国会是立法机关和国家最高权力机构，实行一院制。国会行使人民主权所赋予的权力，保证社会的宪法秩序，决定执政的组织、方针和条件。国会原设386个议席，根据匈牙利新《选举法》的规定，自2014年改为199个议席，每4年普选一次，由18岁以上公民按普遍参与、无记名投票、平等和直接选举的原则选举产生。在国会选举后一个月的过渡期内，国会由总统负责。

本届国会选举于2022年5月举行，国会下设16个常设委员会。国会每年分春季会期和秋季会期。国会主席格维尔·拉斯洛（KÖVÉR László，青民盟），2022年5月连任。

4. 总统

根据匈牙利新宪法规定，匈牙利总统是国家元首，同时也是武装力量总司令。总统的任期为5年，由国会选举产生，只能连任1次。宪法规定，每位拥有选举权且在选举之日年满35岁的公民都可以被选为总统。在选举总统之前要提名候选人，提名需要有国会至少 1/5 议员的书面推荐才能成立。提名要在投票之前递交国会主席。国会的每位成员只能推荐 1 名候选人。投票共分为两轮，在第一轮投票中当选，应获得国民议会 2/3 成员投票。

现任总统卡塔琳·诺瓦克（Katalin Novák），2022 年 3 月 10 日当选匈牙利总统，5 月 10 日就职。卡塔琳·诺瓦克由此成为匈牙利首位女性总统。

5. 政府

政府是国家最高行政机构，由总理和部长组成。总理任期 4 年，由总统提议，经议会选举产生，并由总统授权组织政府。总理在政府中处于权力核心。现政府于 2022 年 5 月组成，共设 11 个部门：总理府、总理办公室、农业部、内务部、建设和投资部、国防部、司法部、文化和创新部、外交与对外经济部、财政部、技术和工业部。政府对各部及附属机构的工作进行指导，并负责领导监督各州政府、武装部队、警察以及其他司法和行政机构的工作。

现任总理欧尔班·维克多（Orbán Viktor）于 2022 年 5 月 16 日当选匈牙利总理，这是欧尔班继 1998 年、2010 年、2014 年和 2018 年后，第五次当选匈牙利总理。

6. 司法机构

法院和检察院是国家司法机构。法院从上至下分别为最高法院、5 个上诉法院、19 个州法院和 1 个布达佩斯市法院（各自内部又设立了相对独立的行政和劳动法院）以及 111 个地区法院，实行两审终审制。检察机构分最高检察院、州检察院和地区检察院三级。

现任最高法院院长沃尔高·安德拉什博士教授（Prof. Dr. VARGA Zs. András），于 2021 年 1 月就职，任期 9 年。最高检察院院长为波尔特·彼得（POLT Péter），于 2010 年 12 月当选，任期 9 年。宪法法院院长为舒尤克·道玛什（SULYOK Tamás），2016 年 11 月就任，任期 9 年。

1.2.2 经济环境

1. 宏观经济环境

匈牙利是具有中等发展水平的国家，工业基础较好，服务业、旅游业发展迅速，经济发展水平在中东欧地区位居前列。1997 年，匈牙利向市场经济体制转轨大体完成。1998 年上半年，私有化工作基本结束。1999 年总体经济首次突破 1989 年水平。2000 年，匈牙利经济快速增长。2002 年，由于匈牙利工业生产增长缓慢，再加上世界经济衰退，特别是受欧盟经济疲软的影响，经济增长速度放慢。GDP

增长 3.3%，工业增长 0.4%，农业减产 8.8%，外贸出口增长 3.8%，进口增长 6.1%，外贸逆差 34.24 亿欧元。此后几年，GDP 增速稳步上升。金融危机之后，GDP 增速基本保持平稳波动。2008 年年末，匈牙利因无法偿还全球金融危机期间的短期债务，而不得不向国际货币基金组织、欧盟和世界银行寻求 250 亿美元的贷款。全球经济的低迷、出口的下降、国内低消费，加上政府实行的紧缩政策，导致了匈牙利 2009 年的经济萎缩。随后，匈牙利政府采取各种措施挽救经济颓势。金融危机之后，其 GDP 增速基本保持平稳波动。

2010 年，匈牙利在实施“向东看”政策后，经济呈良好发展态势，宏观经济各项指标表现突出。2013 年，匈牙利全年中央政府财政赤字为 9 292 亿福林，占 GDP 的比重为 2.5%，低于欧盟 3%的规定。2013 年 6 月，匈牙利成功摘除欧盟对其冠以的长达 9 年的“过度赤字国”帽子，并于 9 月提前还清国际货币基金组织（IMF）贷款。匈牙利国债占 GDP 比重为 7%，同比下降 0.2%。官方储备资产（含黄金和外汇储备）合计 340 亿欧元，同比增长 4.3%。2014 年，在世界经济特别是欧盟经济复苏的大背景下，匈牙利经济整体表现势头强劲，国内生产总值（GDP）达 1 372.38 亿美元，增长 3.6%，高于欧盟 28 国 1.4%的平均增速，基本恢复至危机前水平。实体经济实现恢复性增长，投资和消费需求明显回暖，通货膨胀保持低位，失业率持续下降，公共债务趋于可控。2015 年，匈牙利国内生产总值同比增长 3.1%，贸易顺差接近 100 亿欧元，创历史最高纪录，而财政赤字率则远低于 3%。2016 年，匈牙利国内生产总值与上一年相比增长了 2%。2017 年，统计局的初步数据显示，中央政府部门的收入达到 170 084 亿福林，支出总额为 177 547 亿福林。2019 年，匈牙利 GDP 总量为 46.79 万亿福林，同比增长 4.9%。2019 年投资增长 13.9%，消费增长 4.6%，外贸增长 4.2%。

近年来，匈牙利经济呈良好发展态势，工业生产、外贸、内需持续增长，失业率、通货膨胀率小幅下降，宏观经济各项指标表现良好，经济增长势头明显。在欧盟资金推动，青民盟政府一系列“非常规”经济政策和改革、惠民举措影响下，包括建立“劳动性社会”以鼓励就业，实施“信贷增长计划”，大幅降税以支持中小企业发展，上调最低工资标准、降低公共事业费、加大基础设施建设力度、扩大家庭税收优惠以提振内需；执行“向东开放”政策，强化与新兴经济体务实合作，成功吸引不少外来投资，并促进了匈牙利工农业产品出口等上述综合因素影响，匈牙利经济步入稳步增长通道，在欧盟经济普遍不景气的环境下呈现一枝独秀的亮点。2020 年上半年，因新冠肺炎疫情对绝大部分国民经济产业造成了负面影响，匈牙利 GDP 下降 6.1%。第二季度 GDP 下降 13.6%，好于欧盟平均水平

（-14.4%）。2016—2020 年匈牙利宏观经济数据，可见表 1-10。

表 1-10　　匈牙利宏观经济数据

年份	经济增长率（%）	经济总量（亿美元）	人均 GDP（美元）
2016	2.0	1 231.6	12 600.0
2017	4.0	1 392.2	14 248.0
2018	4.9	1 557.0	15 920.0
2019	4.9	1 633.3	15 942.9
2020	-5.0	1 550.1	15 899.2

资料来源：匈牙利中央统计局。

匈牙利产业结构符合发达国家基本特征。农业部门作为匈牙利传统产业，在国民经济中占比低，却具有重要地位。入盟以来，农业领域生产效率、竞争力和收入能力得到长足发展。近年来，匈牙利优势农产品也越来越受到中国市场的关注。工业部门占 GDP 比重约为 1/3，制造业比重逐年增长，优势产业主要有汽车及零部件、电子、机械、制药、生物技术、信息、物流及新能源等。服务业占 GDP 比重接近 2/3，贸易、旅游、金融等服务业高度发达；受益于高水平教育制度，匈牙利培养了一批高素质人才队伍，劳务在国家出口中占比较大；凭借欧洲枢纽地理位置，匈牙利运输业具有优越的过境运输条件。2020 年，匈牙利一、二、三产业占 GDP 的比重分别为 3.5%、25.2%和 55.8%（见图 1-2）。

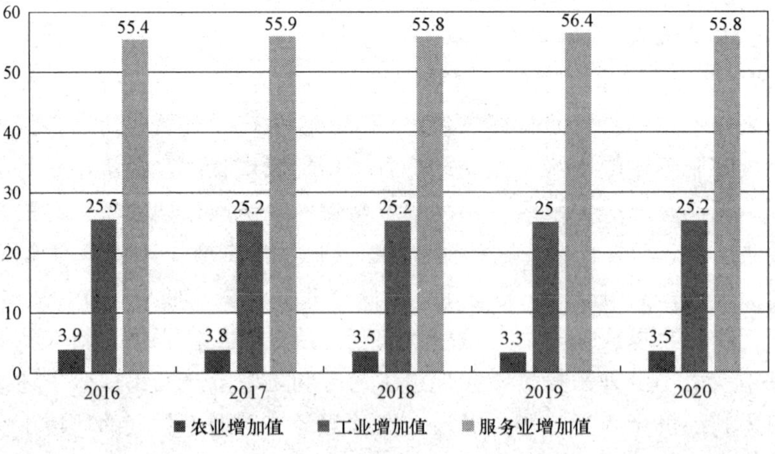

图 1-2　2016—2020 年匈牙利第一、二、三产业占 GDP 比重

数据来源：世界银行。

2020年，匈牙利投资、消费和净出口占GDP的比重分别为27.7%、70.2%和2.2%（见图1-3）。

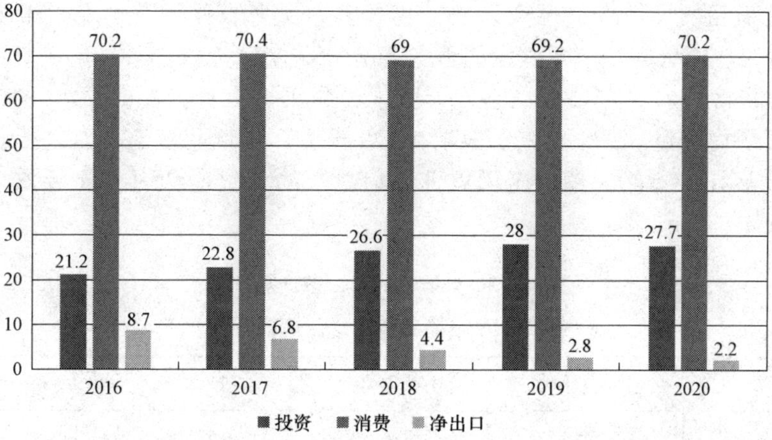

图1-3　2016—2020年匈牙利投资、消费和净出口占GDP比重

资料来源：世界银行数据库。

2. 匈牙利农业发展概况

匈牙利农业基础较好，国土面积的62%为农业用地（欧盟平均水平为42%），土地肥沃（见图1-4）。匈牙利农业发展得益于自然禀赋，同时与食品工业相辅

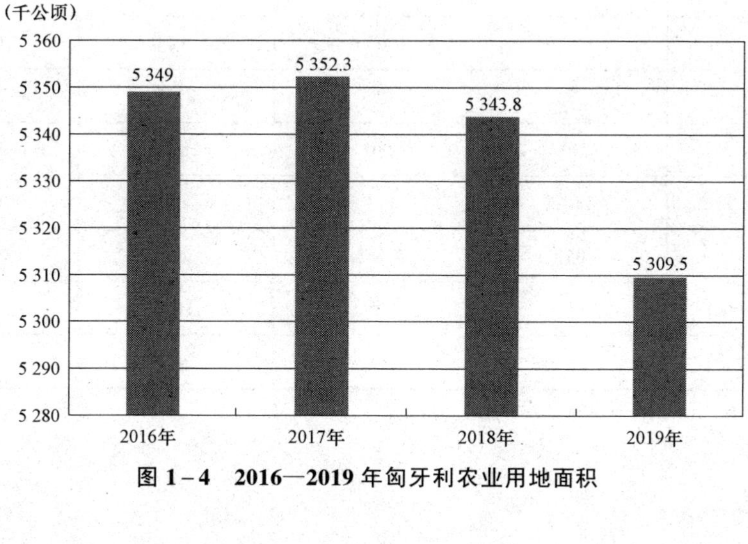

图1-4　2016—2019年匈牙利农业用地面积

相成。适宜的气候、肥沃的土壤加上本国的科技与知识技能，使得匈牙利农业不仅可以满足本国居民的需要，还可以供应国外的市场。匈牙利农产品总产出包括农作物、动物及动物产品。2000 年以前，受集约化水平低的制约，从最初两者份额相当发展至今，主要以农作物居多。主要农作物有小麦、玉米、向日葵、甜菜、马铃薯等。匈牙利水资源丰富，除著名河流湖泊外，全国 2/3 的地区有地热水资源。农民主要种植小麦、玉米、甜菜、土豆、葡萄等。2019 年，小麦每公顷平均产量 5 378 千克，玉米 8 278 千克。耕地面积 531 万公顷。农牧林渔业从业人员 21.5 万，约占全国就业人口总数的 4.8%。近几年主要农、畜产品产量如表 1－11 所示。

表 1－11　　2016—2019 年主要农、畜产品产量

（单位：万吨；农畜类：万只或万头）

作物	2016 年	2017 年	2018 年	2019 年
小麦	560.3	524.6	525.8	537.8
玉米	873.0	673.9	797.6	827.8
甜菜	112.1	117.2	95.8	82.3
马铃薯	42.9	34.1	32.8	44.4
水果	75.5	72.3	92.5	73.3
葡萄	47.6	53.0	53.3	45.7
蔬菜	162.6	165.7	152.0	149.0
肉牛	85.2	87.0	88.5	90.9
肉猪	290.7	280.7	287.2	263.4
肉羊	114.4	114.6	110.9	106.0
禽类	4 018.5	4 063.3	3 972.9	3 930.8
牛奶（亿升）	18.7	19.2	18.9	19.1
鸡蛋（亿个）	25.3	24.4	25.4	25.8

资料来源：匈牙利中央统计局。

匈牙利农业用地

匈牙利农业用地

匈牙利农业用地

匈牙利的羊

匈牙利的马

3. 匈牙利工业发展概况

匈牙利工业门类多，地区分布也较为平衡。匈牙利主要工业生产领域如图 1－5 所示。电子和光学设备、汽车工业是主要工业部门，轻工业是传统工业部门之一，食品工业和制铝工业比较发达。化学工业是新兴工业部门，其中制药工业高度发达，工业用和生活用橡胶产品国际知名。生物科技、信息技术、再生能源等是优先发展的行业。2016 年，工业总产值 28.5 万亿福林，下降 0.1%。其中加工工业占 95.1%，电力工业占 4.6%，矿产工业占 0.3%。工业从业人员 131.9 万，占全国就业人口总数的 30%。2016 年，工业生产停滞不前的主要原因是欧盟援助资金的枯竭。此外，受汽车工业大幅减产影响，2016 年 12 月，汽车工业与上一年同期相比下滑 6.9%。但其他部门如橡胶、金属工业、电力设备制造、计算技术和电子工具制造都超平均值增长，抵消了汽车工业减产的大部分影响。2017 年，工业总产量增长 4.4%，总销量增长 4.3%。最近 5 年，工业出口总销量超过工业部门总销量的一半。2017 年，出口总销量增长 5.1%，与此同时国内销量增长 2.8%。2017 年，工业总产量的 95.4%来自制造业。采矿业和采石业产量价值达到工业总产量的 0.3%，电力、天然气、蒸汽和空调供给的产量价值达到工业总产量的 4.3%。匈牙利中央统计局数据显示，2020 年，匈牙利工业产值同比下降 6.1%。12 月份，匈牙利工业产值同比增长 1.1%，环比下降 2.4%，较 4 月最低点增长 58%。加工制造业多数产业实现增长，汽车制造业产值增速加快，计算机、电子和光学产品产值有所下降。

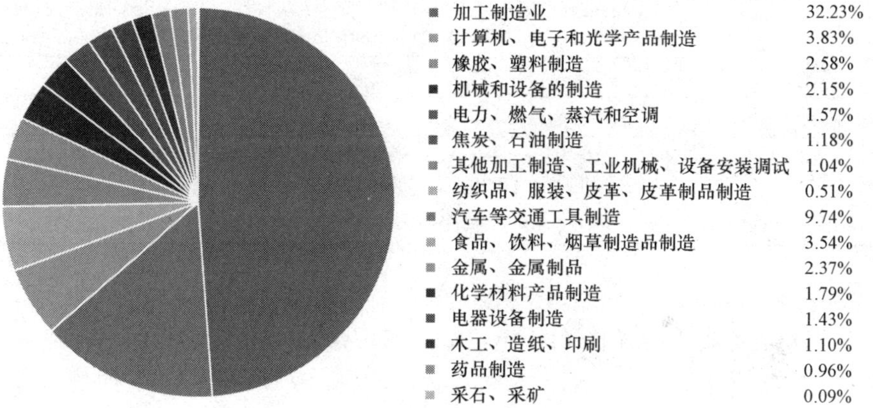

图 1－5　匈牙利主要工业生产领域

4. 服务业发展概况

近年来，匈牙利第三产业发展得益于与其他国家和地区的商业合作，以及贸易互惠政策。匈牙利的服务出口额呈现周期性增长，这与国际环境以及产业结构升级有着密切关系。服务业是匈牙利的支柱产业，在 GDP 中占比最高。服务业为匈牙利提供了大量的就业机会。从匈牙利服务业的进出口结构上看，近十年匈牙利服务出口与进口的差距越来越明显，服务出口日益增长，规模远大于服务进口。服务业中最主要的行业有旅游业、物流业。服务业在匈牙利的地位举足轻重。第三产业近十年不断发展，是匈牙利经济增长最重要的动力。在结构上，匈牙利的服务业与其他产业部门的重点行业有所衔接，形成完整的产业链。比如占比最高的批发零售业是汽车制造业的下游行业，仓储行业则与能源制造供给业形成了上下游产业链。其中旅游业、信息通信技术行业以及物流运输业最为出名。

1.2.3 金融环境

近年来，匈牙利金融市场和资本交易市场都得到了充分开放，金融环境得以不断完善。匈牙利金融市场由银行、保险公司、代理销售公司、租赁公司、证券交易所等共同组成（见表 1－12）。

表 1－12 匈牙利主要金融机构

金融体系	主要金融机构
中央银行	匈牙利国家银行（（Magyar Nemzet Bank，MNB）
主要商业银行	匈牙利国民储蓄银行（Országos Takarék Pénztár，OTP）、匈牙利对外贸易银行（Magyar Külkereskedelmi Bank，MKB）、国民独立银行（Citizens Independent Bank，CIB）、K&H 商业信贷银行（Kereskedelmi és Hitelbank，K&H）、联合信贷银行（UniCredit Bank）、布达佩斯银行（Budapest Bank）
中资银行	中国银行（匈牙利分行）
证券交易所	布达佩斯证券交易所
保险公司	荷兰国际集团（ING）、全球保险集团（Aegon）、安盛集团（AXA）、德国安联集团（Allianz）、Uniqa 保险公司
金融监管机构	匈牙利国家银行（MNB）

1. 当地货币

匈牙利法定货币为福林（HUF，Hungarian forint），实行浮动汇率制度，可自由兑换。1946 年 8 月 1 日，匈牙利实行货币改革，发行新币福林，代替旧币潘戈。1 福林的含金量定为 0.075 757 5 克，对美元的基本官方汇率为 1 美元兑换 1.74 福林。1957 年 4 月 1 日，匈牙利开始实行西方旅游者汇率和卢布区旅游者汇率。1968 年 1 月 1 日，匈牙利实行“外汇福林”，汇率为 1 美元兑换 30 福林。1971 年 12 月 18 日美元贬值后，12 月 24 日福林对美元的基本官方汇率调整为 1 美元兑换 10.81 福林。1973 年 2 月 12 日，美元再次贬值后，基本官方汇率改为 1 美元兑换 9.731 8 福林。1975 年 12 月 31 日，福林对美元官方汇率再度调整为 1 美元兑换 8.51 福林。1976 年 1 月 1 日，匈牙利取消原来的基本汇率，实行贸易及非贸易买卖价，当日的贸易牌价（中间价）为 1 美元兑换 41.30 福林，非贸易牌价（中间价）为 1 美元兑换 20.65 福林。1979 年 2 月 15 日，匈牙利国家银行宣布，即日起，匈牙利对西方货币贸易和非贸易汇率的差额由原来的 100%缩小至 75%。1980 年 6 月，这一差额又缩小到 43%；1981 年 1 月再次缩小至 33%，同年年末又缩小到 10%。1981 年 9 月 29 日，取消这一差额，开始实行统一管理的浮动汇率，该汇率适用于对所有资本主义国家的交易。

匈牙利福林由匈牙利国家银行发行（1968 年以前铸币由财政部发行）。现流通的纸币有 20 000、10 000、5 000、1 000、500 五种面额，另有 100、50、20、10、5、2、1 福林和 50、20、10、5、2、1 菲勒的铸币。1 福林等于 100 菲勒。200 福林纸币已经于 2009 年 11 月 6 日统一回收，不再流通。截至 2016 年，所有面值的菲勒已经不再流通。经中国央行授权，自 2016 年 12 月 12 日起，银行间外汇市场开展人民币对匈牙利福林、丹麦克朗、波兰兹罗提、墨西哥比索、瑞典克朗、土耳其里拉、挪威克朗直接交易。

匈牙利国家银行对外公布限制性措施和外汇干预目标，旨在避免对市场和汇率造成破坏性冲击。官方汇率于每个工作日上午 11 时确定，福林兑欧元汇率是国内外汇市场上最活跃的 10 家银行报价扣去 2 个最高和 2 个最低报价后的简单算术平均。通过福林兑欧元、欧元兑美元汇率计算出福林兑美元的固定汇率，并以此计算福林兑其他货币的交叉汇率。官方汇率一般用于评估以外币计价的资产负债或收支，商业银行可自由设置与客户交易的汇率。2017—2021 年美元和欧元兑换福林汇率见图 1－6。2021 年 5 月 20 日，福林兑欧元和美元的汇率如下：1 欧元＝349.76 福林，1 美元＝286.97 福林。人民币与福林不能直接兑换。

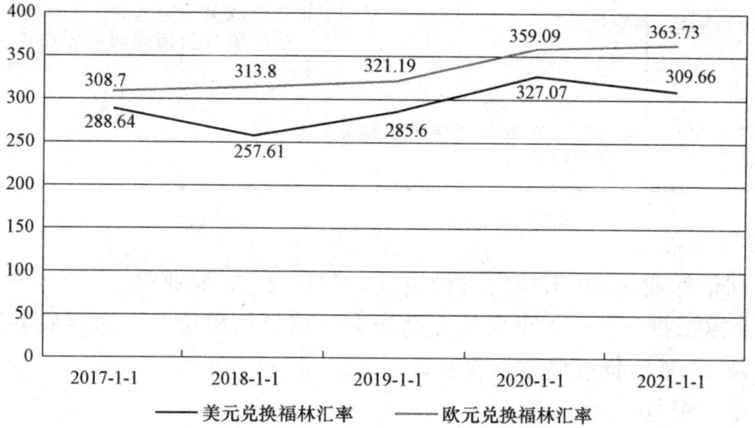

图 1－6　2017—2021 年美元和欧元兑换福林汇率

资料来源：OANDA 官网及匈牙利央行。

2. 外汇管理

匈牙利国家银行是匈牙利的中央银行，也是匈牙利的外汇管理部门，负责对汇率、外汇交易及金融机构进行监管。根据匈牙利《外汇自由化及相关法修订法案》（*Act XCIII of 2001*），匈牙利自 2001 年起废除所有外汇管制，与欧盟法规一致，允许资本自由流动。同时，居民与非居民可在境内外开立本外币账户，账户余额可自由兑换、划转。

表 1-13 匈牙利国家外汇管理情况

	跨境资金流动限制	额度管理
经常项目外汇管理政策		出口方面，某些产品的出口需要许可证（主要是军民两用产品，如猎枪、弹药以及某些可用于酷刑或其他不人道行为的物品）。进口方面，采用负面清单管理。爆炸品、弹药、军事装备等特殊产品需要进口许可证。根据欧盟的规定，农业部门的一些产品需要获得关税配额许可证。
资本和金融项目外汇管理政策	外商直接投资实行行业负面清单制度，对交通运输、资产管理等行业，以及涉及战略安全的航空、国际水域经营的外商直接投资与股权收购进行管制。	
个人外汇管理政策		个人携带超过等值1万欧元及以上的现钞从非欧盟成员国进入匈牙利或离开匈牙利进入非欧盟成员国须向匈牙利相关机构进行申报。
金融机构外汇业务管理政策	向非居民发放银行信贷或商业信贷须额外报告。	

3. 银行体系

匈牙利银行业由 60 家信贷机构组成，包括 26 家商业银行、9 家外资银行分支机构、5 家抵押银行、4 个房屋互助协会（提供住房贷款及储蓄服务）、3 家专业银行以及 13 家信贷或储蓄合作社。

（1）中央银行

匈牙利国家银行（MNB）是匈牙利的中央银行，成立 1924 年，其独立性及决策主体成员执行指令、实现目标的能力受《2013 年关于匈牙利国家银行的第 139 号法案》（以下简称“国家银行法案”）规制。

匈牙利国家银行是欧洲中央银行体系成员，基本目标是通过使用货币工具达到并维持物价稳定并在不影响此目标的情况下，支持政府的经济政策。这些工具包括：设立央行基准利率（匈牙利国家银行主要政策工具，期限为两周的存款便利，以及期限为三个月的存款便利），以及设定隔夜存贷款利率；建立商业银行最低存款准备金要求；进行公开市场操作，包括从商业银行购买或向其出售政府证券，以及参与类似交易来管理经济内的流动性；决定并实施和政府一致的汇率政策。

（2）商业银行

匈牙利主要商业银行机构约有26家，其中10家主要商业银行约占匈牙利85%的市场份额，如国民储蓄银行、CIB银行、K&H银行、MKB银行、联合信贷银行、布达佩斯银行、雷菲森银行等。

表1－14　　匈牙利主要商业银行

主要商业银行	主要介绍
国民储蓄银行	OTP银行为匈牙利最大的商业银行，占25%的市场份额，拥有资产约290亿美元。除传统银行业务外，OTP银行还通过其下属单位为客户提供专业且广泛的金融服务，如汽车租赁、基金投资等。OTP银行外资持股比例为72.29%，匈牙利政府持股比例仅为0.08%。
K&H银行	K&H银行自1987年成立以来，一直是匈牙利对私、对公银行业务的领先机构之一，为客户和合作伙伴的财务需求提供最佳解决方案，并不断改善提升产品类别与服务质量。该行由比利时联合银行（KCB）全资控股。
MKB银行	MKB银行是匈牙利最古老的银行之一，于1950年开始运营，主要参与国际收支交易，并经营与外贸有关的银行业务。1987年银行体制改革，外资持股比例为32.9%。
CIB银行	CIB银行于1979年在布达佩斯成立，1995年获得商业银行业务资质。CIB银行现有客户数量超42万，由意大利联合圣保罗银行（意大利第二大银行）全资控股。
联合信贷银行	匈牙利联合信贷银行是联合信贷集团的重要组成成员，是知名泛欧商业银行机构。该行由意大利联合信贷集团（UniCredit S.p.A.）全资控股。
布达佩斯银行	布达佩斯银行成立于1987年，是匈牙利排名前三的全内资银行之一。作为匈牙利大型银行，布达佩斯银行在全国范围内拥有约100个分支机构，为个人、商业组织和企业客户提供全方位的金融服务。

（3）中资银行

2003年2月，中国银行（匈牙利）有限公司（以下简称“匈中行”。2020年正式更名为中国银行（中东欧）有限公司在匈牙利首都布达佩斯开业，由中国银行全资控股，是中国银行在中东欧地区设立的第一家营业性金融机构。2014年12月，中国银行匈牙利分行正式对外营业，成为匈牙利第一家分行双牌照的外资银行，进一步扩大在中东欧地区的金融服务能力和市场影响力。匈中行持有全面银行业务执照，提供涵盖存款、汇款、外币兑换、个人和公司贷款、银团贷款、国际结算、保理、保函、资金业务等全面商业银行业务。其中，人民币业务是匈牙利中行有竞争力的特色服务。

2015 年 10 月，中国银行匈牙利分行获准担任匈牙利人民币清算行，这是中东欧地区首个人民币清算行；2016 年 4 月，协助匈牙利政府在中国香港成功发行 10 亿元人民币债券，这是中东欧地区发行的第一支主权点心债；2017 年 1 月，发行中国银行福林人民币双币银联借记卡，这是中国银行集团在欧洲地区的首张人民币卡；2017 年 7 月，协助匈牙利政府在中国境内市场发行 10 亿元人民币债券（又称“熊猫债”），该笔债券是匈牙利首次进入中国银行间债券市场发行人民币债券，是首支募集资金明确用于“一带一路”合作的主权熊猫债。

匈中行是中银集团一体化服务在中东欧地区的延伸，发挥中东欧的桥头堡功能。近年来，匈中行积极推进在中东欧地区的机构布局，布拉格分行、维也纳分行和塞尔维亚子行先后成立。匈中行以公司业务为主，利用中银集团一体化的业务平台优势，以中国银行的全球网络和整体优势为依托，为中国“走出去”企业、海外中资企业、华人华侨和当地客户提供全面金融服务。

匈中行客户遍布中东欧各个国家，包括奥地利、捷克、斯洛伐克、罗马尼亚、塞尔维亚等。行业均集中在具有显著竞争优势的能源、电信、零售、医药、制造业和建筑业等行业，主要客户包括多家世界 500 强企业、大型国有企业、当地行业领头企业以及“走出来”中资企业，例如匈牙利石油天然气集团、匈牙利电力集团、烟台万华子公司宝思德、捷克电力集团、捷克 PPF 集团、中航集团奥地利子公司 FACC、中东欧最大路桥建筑集团 Colas、中东欧最大的廉价航空公司 WizzAir 等。通过为广大企业客户提供优质的金融服务，并积极参与当地重大项目，匈中行有效地提高了在中东欧地区乃至整个欧洲商业银行市场的声誉和影响力。

中国银行（中东欧）有限公司 BANK OF CHINA（Central and Eastern Europe）Ltd.

地址：Jozsef Nador tér 7. 1051 Budapest，Hungary

电话：0036－1－4299200

传真：0036－1－4299202

电邮：service_hu@bank-of-china.com

4. 保险业

匈牙利保险公司以外资为主，保险市场共有 10 个小型保险联盟、2 个大型保险联盟，以及 21 家保险公司。其主要保险公司包括荷兰国际集团（ING）、荷兰全球保险集团（Aegon）、安盟保险（Groupama）、安盛集团（AXA）、安联集团（Allianz）及 Uniqa 保险公司等。

5. 证券市场

布达佩斯证券交易所最早创建于1864年1月18日，1990年重建，是中东欧地区体制转轨后出现的第一个证券交易机构。该证券交易所有50个成员，40家公司在一级市场和二级市场上发行有价证券，超过80家基金的有价证券向投资者开放。该交易所由上市发行人、匈牙利私人投资者和匈牙利央行控制，是世界交易所联合会和欧洲证券交易所联合会的成员。

匈牙利的《资本市场法》（*Act No. CXX of 2001*）对有价证券的发行或退市、转换和交易均有具体规定。自2007年12月起，匈牙利对投资服务供应商和商品经纪人的服务行为单独立法，实施《投资企业和商品交易服务商及其活动许可规则法案》（*Act CXXXVIII of 2007*）。2018年，布达佩斯证券交易所的市值为320亿美元，平均每月股票交易量为11亿美元。交易最多的股票为 OTP 银行、Gedeon、MOL、Magyar Telekom 和 FHB 抵押银行。

1.2.4 市场环境

2019年，匈牙利实现消费品零售总额12.3万亿福林（约合374.2亿美元），同比增长6.2%。近年来，匈牙利物价水平呈现逐渐上涨趋势。匈牙利物价水平如表1－15所示：

表1－15　　2020年匈牙利部分商品价格

商品	单位	价格（福林）	价格（人民币）
大米	每千克	390	7.7
面粉	每千克	172	3.4
食用油（向日葵籽）	每升	517	10.2
猪肉（猪腿肉）	每千克	1 530	30.3
牛肉（牛排）	每千克	2 260	44.8
鸡腿	每千克	659	13.1
鸡蛋	每个	43	0.9
奶酪	每千克	1 890	37.4
牛奶（含脂）	每升	243	4.8
土豆	每千克	255	5.1
洋葱	每千克	287	5.7

续表

商品	单位	价格（福林）	价格（人民币）
西红柿	每千克	710	14.1
黄瓜	每千克	682	13.5
苹果	每千克	481	9.5
橙子	每千克	640	12.7
香蕉	每千克	494	9.8
柑橘	每千克	278	5.5
啤酒	每听	222	4.4
气泡矿泉水（1.5 升装）	每瓶	114	2.3
可口可乐（1.75 升装）	每瓶	385	7.6
混合卷烟	每盒	1 990	39.4
汽油	每升	372	7.4

注：价格按 1 元人民币=50.5 福林汇率折算。

资料来源：匈牙利中央统计局。

1.2.5 政府债务

根据匈牙利中央银行数据，2018 年，匈牙利政府赤字为 9 340 亿福林，约占 GDP 的 2.2%，财政赤字率 1.8%。2018 年，政府财政收入 186 170 亿福林，同比增加 8.5%；支出 195 510 亿福林，同比增加 8.6%。2018 年，政府债务 298 070 亿福林，约占 GDP 的 70.8%。

1.2.6 人民生活

1. 日常消费

2019 年，匈牙利消费价格指数上涨 3.4%，其中食品价格上涨 5.4%，烟酒的上涨幅度最高，达到 8.1%，服务价格上涨 3%，电力、燃气及其他燃料价格上涨 1%，服装和鞋类价格平均上涨 1%。耐用消费品价格下降 0.3%。其他商品价格上涨 1.3%。与上年同期相比，2019 年底注册的手机用户数量增加了 5.9%，互联网用户数量增加了 3.2%，固定电话数量减少了 1.5%。2019 年，移动网络上的数据流量与上年相比增长了 54%。2020 年匈牙利部分服务项目收费标准见表 1－16。

表 1-16　　2020年匈牙利部分服务项目收费标准

服务项目	单位	价格（人民币）
国内普通邮件	元/件	2.8
手机国内通话（预付费用户，下同）	元/分钟	0.6
手机国际通话（打往中国座机）	元/分钟	3.0
手机国际通话（打往中国手机）	元/分钟	3.0
国内短信	元/条	0.9
国际短信	元/条	1.5
宽带	元/月	127.0
布达佩斯公交单程票	元	8.75
布达佩斯公交一日通	元	40.0
布达佩斯公交月票	元	225.0
出租车（起步价 700 福林，每千米 300 福林）	元/千米	7.5

注：价格按 1 元人民币=50.5 福林汇率折算。

资料来源：匈牙利 T-Mobile 公司、布达佩斯公交公司。

2. 就业

匈牙利各职业大类的就业人数比较均衡，专业技术人员和一般技术工人的就业规模比较大。根据国际劳工组织统计数据，匈牙利就业人口的职业分布如下：管理者总数为 20.3 万人，其中女性就业人数为 8 万人、男性就业人数为 12.3 万人，管理者就业人数占总就业人数的 4.60%；专业技术人员总数为 65.0 万人，其中女性就业人数为 33.7 万人、男性就业人数为 31.3 万人，专业技术人员占总就业人数的 14.70%；一般技术人员总数为 66.3 万人，其中女性就业人数为 41.2 万人、男性就业人数为 25.1 万人，一般技术人员占总就业人数的 15.00%；文职人员总数为 33.1 万人，其中女性就业人数为 24.1 万人、男性就业人数为 8.9 万人，文职人员就业人数占总就业人数的 7.48%；服务和销售人员总数为 67.2 万人，其中女性就业人员为 39.2 万人、男性就业人员为 28.0 万人，服务和销售人员占总就业人数的 15.20%；熟练的农业、林业和渔业工人总数为 12.9 万人，其中女性就业人数为 3.6 万人、男性就业人数为 9.3 万人，熟练的农业、林业和渔业工人占总就业人数的 2.91%；工艺有关人员总数为 65.3 万人，其中女性就业人数为 7.2

万人、男性就业人数为 58.1 万人，工艺有关人员占总就业人数的 14.77%；工厂机器操作员和装配工总数为 64.0 万人，其中女性就业人数为 18.5 万人、男性就业人数为 45.5 万人，工厂机器操作员和装配工占总就业人数的 14.47%；简单劳动职员总数为 46.4 万人，其中女性就业人数为 24.7 万人、男性就业人数为 21.7 万人，简单劳动职员占总就业人数的 10.49%；武装人员总数为 1.7 万人，其中女性就业人数为 0.2 万人、男性就业人数为 1.5 万人，武装人员占总就业人数的 0.38%。

2019 年，匈牙利就业人口 451.2 万人。匈牙利就业情况地区差异明显：东北部和西南部地区经济发展水平严重滞后，年轻劳动力外流现象严重，失业率普遍高于全国平均水平，而布达佩斯和西北部地区失业率仅有 2%左右。北部平原失业率达 7.1%。2019 年，全年平均失业率为 3.4%。2020 年，匈牙利平均失业人数 19.8 万人，失业率 4.3%，同比上升 0.8%。匈牙利政府多次上调最低工资和最低工资保障。匈牙利中央统计局数据显示，2019 年，匈牙利人均总收入 36.78 万福林/月（约合 1 231 美元/月），人均净收入（不包括奖金）约 24.46 万福林/月（约合 819 美元/月），人均总收入和净收入较上年同期增长 11.4%。匈牙利政府规定自 2019 年 1 月 1 日起，一般工人最低月工资为 14.9 万福林（约合 522 美元），受过中等教育或以上的工人最低月工资为 19.5 万福林（约合 683 美元）（见图 1－7）。2018—2019 年，匈牙利各行业劳动力月均工资情况见图 1－8。

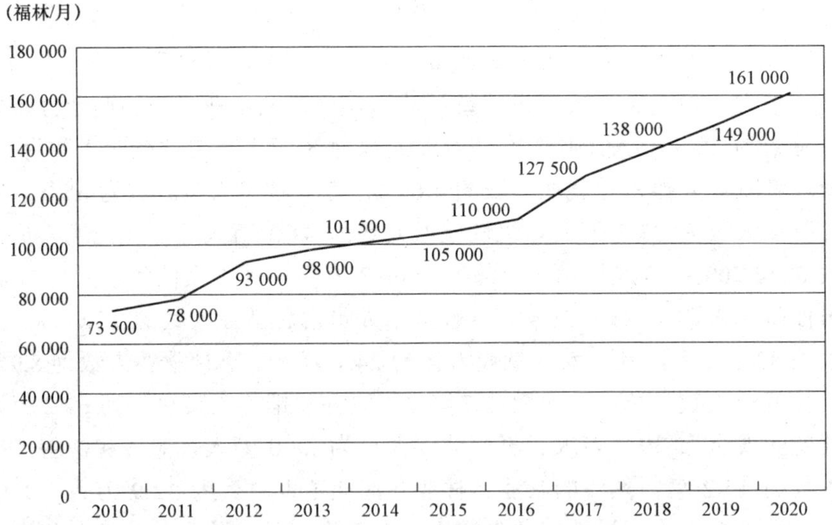

图 1－7　2010—2020 年匈牙利最低工资标准变化情况

资料来源：匈牙利中央统计局。

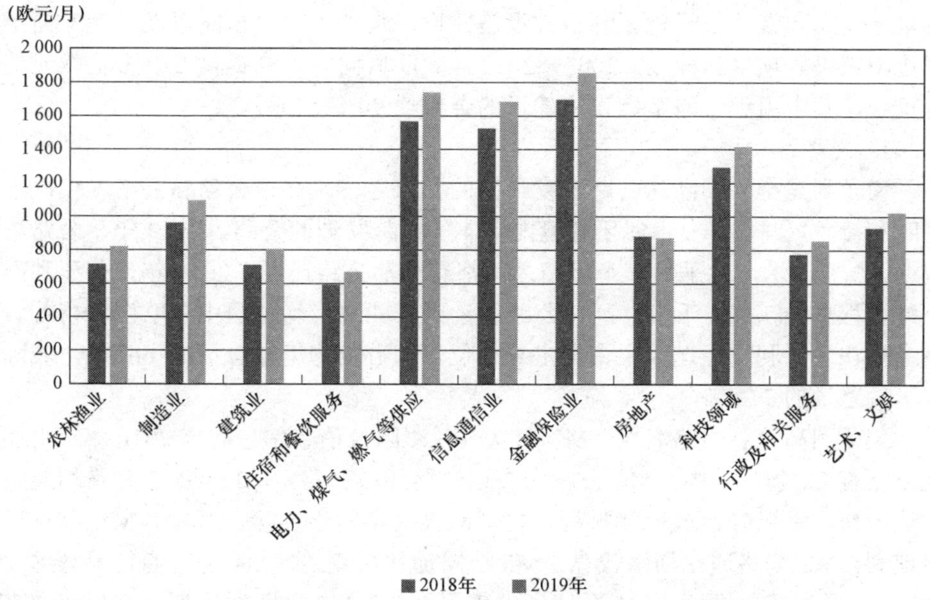

图 1-8　2018—2019 年匈牙利各行业劳动力月均工资情况

资料来源：匈牙利中央统计局。

1.2.7　基础设施

匈牙利基础设施、物流体系完善，是中东欧区域供应中心和服务枢纽，是其他欧盟国家到达巴尔干地区的主要通道。匈牙利的交通基础设施在政府的支持下进行了大规模重建。高速公路里程数不断增加，铁路被广泛地运用于工业运输。匈牙利国际机场位于布达佩斯市郊，拥有 2 个现代化的航空集散站。

近年来，为符合欧盟一体化的要求，匈牙利政府高度重视基础设施建设，在欧盟补贴的基础上，不断加大对基础设施投入并进行大规模重建。在此背景下，匈牙利高速公路和铁路里程数不断增加，高速公路和高速铁路建设方兴未艾，机场和港口规模增速较快，能源和通信基础设施发展前景也较为广阔。2004 年，匈牙利国会通过了《2003—2015 年匈牙利交通发展计划》。2014 年，匈牙利根据欧盟要求，制定了匈牙利《2015—2020 年基础设施发展规划》，主要涉及铁路新建和升级改造、高速公路建设等领域。该政策有三个突出特点：（1）重视发展国内落后的通往欧盟的基础设施；（2）完全采纳欧盟交通标准；（3）建立环保的交通系统。匈牙利在基础设施建设方面的资金来源主要有凝聚基金、结构基金、欧盟发展援助基金以及欧洲投资银行等。2005 年，欧洲投资银行贷款 1.57 亿欧元与凝聚基金配套融资用于匈牙利基础设施建设，包括 M0 号公路以及布达佩斯至匈罗边境铁路等项目的建设。2007—2013 年，欧盟向匈牙利提供 220 多亿欧元的支持资金，其中用于公路基础设施建设的金额约 90 亿欧元。

1. 公路

匈牙利是全欧洲高速公路密度最高的国家之一，高速公路路网密度仅次于比利时和荷兰，排名第 3。匈牙利境内有 4 条横跨欧洲的公路，2019 年，公路总里程达 3.2 万千米，几乎每一个城镇之间都有柏油公路连通。2019 年，匈牙利高速公路里程总长 1 924 千米，高速公路质量评分 4.22，均位居中东欧国家榜首。公路运输在匈牙利交通运输中占据主导地位，约占货物运输总量的 66.5%，城际旅客运输总量的 77.6%。

匈牙利高速公路路名以“M”打头，后跟阿拉伯数字。截至 2010 年，主要高速公路有 26 条。其中，M0 公路为布达佩斯环城公路，M1 至 M7 公路均起始于布达佩斯，呈顺时针放射状排列，均与欧洲公路网络连接。其中，M1 公路通往奥地利，M2 公路通往斯洛伐克，M3 公路通往乌克兰，M4 公路通往罗马尼亚，M5 公路通往塞尔维亚，M6 公路通往克罗地亚，M7 公路通往斯洛文尼亚和克罗地亚。具体见表 1－17。

表 1－17　　匈牙利主要高速公路（单位：千米）

高速公路	起点	终点	途经主要城市	里程
M1	布达佩斯	海捷什哈罗姆	陶陶巴尼奥、久尔	171
M2	布达佩斯	瓦茨	—	32
M3	布达佩斯	拜赖格道罗茨	豪特万、尼赖吉哈佐	280
M4（建设中）	布达佩斯	瑙吉盖莱奇	索尔诺克	101
M5	布达佩斯	罗斯克	凯奇凯梅特、赛格德	173
M6	布达佩斯	伊万达尔道	多瑙新城、塞克萨德	193
M7	布达佩斯	莱登涅	塞克什白堡、希欧福克	233
M8（建设中）	圣戈特哈德	—	—	35
M9（建设中）	松博特海伊	—	—	21
M15	莱维尔	劳伊考	—	15
M30	伊格里茨	米什科尔茨	—	86
M31	M0	歌德勒	—	12

续表

高速公路	起点	终点	途经主要城市	里程
M43	山多尔法尔沃	毛古	—	57.7
M51	M5	M0	—	9
M60	博伊	包尔奇	—	32
M70	莱登涅	托尔尼亚米克洛什	—	21
M85	久尔	肖普朗	邱尔瑙	83
M86	松博特海伊	莫雄毛焦尔堡	邱尔瑙	71

资料来源：匈牙利高速公路管理公司。

匈牙利实行高速公路购票制度，收费标准见表1-18。驾驶者上路前购买高速公路票，逃票者一旦被发现，将被处以高额罚款。

表1-18　　2020年匈牙利高速公路收费标准（单位：福林）

车型	10日票	月票	年票
摩托车	1 530	2 600	446 600
载重量3.5吨以下、7座及以下汽车	3 640	4 970	446 660
载重量3.5吨以下、7座以上汽车	7 270	9 930	446 600
货车	7 270	9 930	446 600
公共汽车	16 100	22 830	207 770

资料来源：匈牙利高速公路管理公司。

2. 铁路

匈牙利铁路发展历史悠久，早在1846年就修建开通了第一条铁路。2018年，匈牙利铁路里程达7 811千米，其中电气化铁路里程达5 421千米。路网密度在欧盟成员国中居第五位，仅次于卢森堡、捷克、比利时和德国。匈牙利铁路货运量约占货运总量的18.6%，城际旅客运输量的22.4%。首都布达佩斯为匈牙利全国铁路枢纽，可乘坐火车通达匈牙利主要城市及周边多个国家。布达佩斯有3座火车站，分别为东站（Keleti）、西站（Nyugati）和南站（Deli）。

匈牙利国家铁路公司（MAV）负责匈牙利全国铁路路网建设及维护，其子公司铁路客运公司（MÁV-START）专门负责旅客运输。匈牙利铁路货运公司（Rail

Cargo Hungaria）是匈牙利最大的铁路货运企业，其前身为匈牙利国家铁路公司专门负责货运业务的子公司，由于债务包袱沉重，匈牙利政府对其实施私有化，于2008年被奥地利铁路货运公司收购。

匈塞铁路建设稳步推进：2019年4月，由中铁九局匈牙利公司、中铁电化局匈牙利公司和匈牙利RM公司组成的CRE联合体，中标匈塞铁路匈牙利段项目。

3. 空运

匈牙利现有机场43个，其中国际机场5个。匈牙利最大的机场为布达佩斯李斯特·费伦茨国际机场（Budapest Liszt Ferenc International Airport），绝大部分国际航班在此起降。该机场位于布达佩斯东南，距市中心约16千米，拥有T1和T2两座航站楼。其中，T1航站楼主要服务廉价航空公司，设计年客流量250万人次，于2012年5月暂停使用；T2航站楼设计年客流量1 050万人次，拥有2A、2B和SKYCOURT 3个候机厅。法国航空、意大利航空、汉莎航空、芬兰航空等欧洲主要航空公司均有通往布达佩斯的航线。另外，还有Easyjet、Wizz、Ryan等廉价航空公司。其中匈牙利Wizz航空公司为中东欧地区最大的廉价航空公司，共355条航线，航点遍布37个欧洲国家的106余座城市。

从北京可以乘坐中国国际航空公司班机经停明斯克后飞抵布达佩斯，飞行时长11个小时，也可乘坐汉莎航空、荷兰航空、法国航空、俄罗斯航空、芬兰航空、瑞士航空、土耳其航空等多家航空公司的航班抵达布达佩斯，但需要通过其他国家中转，主要中转城市有法兰克福、巴黎、维也纳、阿姆斯特丹、莫斯科、赫尔辛基、伊斯坦布尔、多哈等，飞行时长约10～15个小时。2019年6月7日，由中国东方航空公司开通的上海直飞匈牙利首都布达佩斯的直航开航。

4. 水运

匈牙利水运航道里程约1 864千米，航道主要在多瑙河和蒂萨河上。水运在匈牙利交通运输中起辅助作用，仅占货运总量的3.3%，占运输周转量的4%。匈牙利水运航道主要在多瑙河和蒂萨河上，其中多瑙河是匈牙利重要的国内和国际水运航道。匈牙利的主要河港有布达佩斯、多瑙新城（Dunaujvaros）、久尔—贡裕（Gyor－Gonyu）、包姚（Baja）和莫哈奇（Mohacs）。位于布达佩斯南部切佩尔岛上的切佩尔港（Port of Csepel）是匈牙利最大的进出口口岸，通过多瑙河与海外连接，多瑙—莱茵大运河连接黑海与欧洲西北部地区，可到达阿姆斯特丹、鹿特丹、安特卫普，以及黑海重要港口康斯坦萨，为莱茵河和多瑙河这样具备高运载能力的内陆河流与港口的衔接提供了有利条件。

多瑙河

多瑙河

匈牙利没有海港，但可通过多瑙河直接抵达黑海港口。1992 年开通的莱茵—美因—多瑙运河将多瑙河与莱茵河连接起来，使匈牙利货物可以通过水路进出荷兰鹿特丹港，并可抵达多瑙河与莱茵河流经的德国、奥地利、塞尔维亚、罗马尼亚、保加利亚等国家。

5. 通信

匈牙利通信基础设施完善，通信市场完全自由化，外资企业在该国通信市场中占据支配地位。目前，匈牙利固定电话市场约一半的市场份额由德国电信（Deutsche Telekom）及其子公司匈牙利电信（Magyar Telekom）控制。移动通信市场由德国电信、挪威电信（Telenor）和英国沃达丰（Vodafone）三分天下，三家企业的市场占比分别为46.8%、30.7%和22.5%。互联网市场有数十家服务供应商，在宽带服务方面，匈牙利电信占据约35.7%的市场份额，欧洲UPC集团（United Philips Cable，UPC）、罗马尼亚电信（Digi）、因维特尔（Invitel）分别占21.9%、14.1%、9.5%。

匈牙利有高度发达的远程通信系统——GSM 900/1 800MHz移动频率，提供100%的物理覆盖和广泛的4G移动覆盖。由于电信市场全面开放，因此匈牙利有较多外国网络服务供应商和移动网络提供商运营。三大运营商为德国电信、挪威电信以及英国沃达丰，都是西欧运营商全资或控股公司。为在欧盟国家中保持竞争力，匈牙利宣布将大力发展5G覆盖范围。据匈牙利中央统计局统计，2019年底，匈牙利固定电话用户数318.2万户，每百名居民拥有固定电话数量32.6部；移动电话用户数1 253.2万；互联网用户为1 025.6万，同比增长3.2%。2019年，宽带使用量306.4万户。为增加财政收入，经国会投票表决，2012年7月1日起，匈牙利开始征收通信特别税。根据规定，通话前10分钟免税，超出10分钟后每分钟征收2福林；每条短信征收2福林；个人每月最高缴纳700福林（约合3.14美元），公司每月最高缴纳2 500福林（约合11.21美元）。

6. 电力

匈牙利电力设施完善，电力供给较为均衡。2019年，发电量为339.4亿度，其中核能发电约占一半，煤、石油及天然气发电约占41.7%，可再生能源发电约占5.58%。匈牙利的电力缺口靠进口填补，年均进口约200亿度电。电力市场近几年逐步放开，消费者选择趋于多元。主要发电企业包括保克什（Paks）核电站、马特拉（Matra）、杜纳曼蒂（Dunamenti）、梯沙（Tisza）和贡尤（Gonyu）发电厂，其发电量占全部发电量的58%。匈牙利国家电力公司（MVM）是匈牙利最大的电力贸易商，负责将发电站生产的电力集中批发给各大经销商。电力终端销售主要控制在德国E.ON公司、德国RWE公司、法国ZDF公司三家经销商手中。三家经销商按区域实行分片经营。匈牙利电网与奥地利、斯洛伐克电网相连，能够根据电力生产成本，灵活调整电力进出口。

第 2 章
匈牙利法律环境

匈牙利法律属于大陆法系，其法律体系以 2012 年 1 月 1 日生效的基本法为基础。很大程度上与德国、奥地利、瑞士的法律体系相似，但亦包含一些法国民法典的元素。传统上，匈牙利的法律体系分为三大支柱：民法、刑法和公共行政法（包括宪法）。匈牙利国会是国家最高权力机构和立法机构，实行一院制。法院和检察院是国家司法机构。匈牙利 2005 年 5 月 1 日加入欧盟，因此欧盟法律法规亦适用于匈牙利。

2.1 匈牙利立法

2.1.1 国会

国会是立法机关和国家最高权力机构，实行一院制，原设 386 个议席，2014 年改为 199 个议席，每 4 年普选一次。国会行使立法权、监督权、重要职位的人事任免权和重大事件的决定权。国会选举总统、宪法法院成员、最高法院院长和总检察长。匈牙利宪法规定：一些重要法律必须由国会三分之二多数通过，以在法律上保障反对派的权利。国会主席即国家立法机关的会议主持人，职责同议长相似。匈牙利国会主席格维尔・拉斯洛 2010 年起连续三届当选至今。

国会选举时，每位享有选举权的公民均获得两张选票，分别用于独立选区候选人和区域名单的选举投票。全国名单不进行直选。独立选区选出 176 名议员，全国及区域名单选举产生 210 名议员。国会选举结束后一个月内由总统指定日期并主持召开国会成立会议。成立会议确认选举结果，宣布议员任命，建立国会的基本人事、组织结构，议员进行就职宣誓，成立国会职能委员会等。成立会议是国会形成的标志。

匈牙利国会成立初共有 5 个议员团，现有 4 个。国会主席：对外代表匈牙利国会；召开和主持国会会期会议及其他内部会议；无政治偏袒地领导国会会议，监督国会规章制度的遵守执行；主持召开国会常务委员会的各项会议；协调国会职能委员会工作；领导国会办公厅工作，任命国会办公厅领导。国会副主席：轮流领导国会会议；召集并主持职能委员会主席会议；代理国会主席。国会办公厅：保障国会连续、正常运转。由国会主席领导，其下属部门有秘书处、经济处、国会图书馆、外事局和议长办公室等。国会常务委员会：组成包括国会主席、副主席及各议员团主席。其主要任务是保障国会连续、正常运行；为国会日程提出建议；讨论国会会期日程。

国会的职能是立法和政府监督，由此引申出的主要任务如下：（1）通过宪法；（2）制定法律；（3）通过财政预算并对其使用进行监督；（4）通过政府项目；（5）选举总统、总理、最高法院院长、宪法法院法官、调查官及其他公共权力代表；（6）审批重要国际条约；（7）决定发起战争或签订合约，发布紧急或战备状态；（8）决定举行全民公决。

2.1.2 国会会议制度

匈牙利国会每年举行两个常规会期，分别为：春季会期（2 月 1 日至 6 月 15 日）和秋季会期（9 月 1 日至 12 月 15 日）。总统、政府或全体议员五分之一以上人数可以提议举行国会特殊会议或会期。常规会期期间，国会每周举行两次会议，分别为周一 13 时开始和周二（或周三）9 时开始。常务委员会或国会主席提出（各议员团未能达成一致的情况下）国会日程提议。大会日程上对递交至国会的法律提案进行讨论表决。如有极为重要的政治问题，可在国会日程前进行讨论。国会决议由议员多数赞成通过，通常情况下为简单多数，修宪，涉及具体事务的法律及涉及国会运行问题的法律制定须达到宪法、法律或国会常委会章程规定的比例。对于重要职位人选（例如选举国家领导人）的通过也须达到特定比例。

2.1.3 国会立法程序

总统、政府、议员及国会各委员会均有权向国会递交法律提案。提案首先由常务委员会（国会主席主持）讨论决定是否提交国会全会日程。全会讨论分以下步骤：（1）总体讨论，讨论普遍法规、提案必要性及其概况。（2）详细讨论，讨论提案的修正案（反对及支持论据）。（3）修正案投票，对提案修正案进行投票。（4）最终讨论及最终投票，确定提案最终形式并进行最终投票。匈牙利国会平均每年讨论约300条法律提案，其中约130条被最终通过并立法。

2.2 匈牙利司法

匈牙利的司法机关包括法院、检察院和宪法法院。

2.2.1 法院

法院的主要职责是保护并保证宪法秩序，保护公民的各种权利及其合法权益，惩罚犯罪者，监督公共管理规章的合法性。法院包括最高法院、地区上诉法院、州法院和地方法院，实行两审终审制。法律规定可为一些特定案件成立专门法院，由职业法官和人民陪审员组成的委员会做出判决。匈牙利最高法院对所有法院的审理和判决实行原则性的指导，各法院必须贯彻执行最高法院院长的指导原则。通过关于法院问题的法律，需要与会的国会代表三分之二的赞成票。宪法规定，最高法院院长根据总统的建议由国会选举产生，需要三分之二的赞成票才能通过，任期六年。副院长根据最高法院院长的建议由总统任命。

匈牙利共设有四级法院体系，负责全国刑事案件、民商事案件和行政案件的审理。第一级：城市法院，这是匈牙利的基层法院，全国约70%的案件在这一级法院审理。第二级：州级法院，这是匈牙利的上诉法院，负责下一级法院的上诉案件的审理，以及一些案件的一审审理。第三级：法庭委员会，这是匈牙利比较特殊的一级法院，设立此法院的目的是减缓最高法院的压力，使一些重大的涉及法律理解和法律统一性问题的案件能够在此一级法院就被消化。这一级法院的设立是1997年匈牙利司法改革的成果，全国共设有5个法庭委员会，但对于是否需要设立第三级法院在全国引起很大争议，不能确认此一级法院将来能否继续存在。第四级：最高法院，最高法院的工作职责是负责为下级法院提供一些原则性的指导性工作，以及一些特殊案件的审理。

2.2.2 检察院

检察院负责对法律规定的案件进行侦破，对侦破的合法性进行检察，在法院诉讼中代表原告，并对执行惩罚的合法性进行检察；检察院和最高检察长保护公民权利，打击一切损害和危及宪法秩序、国家安全和独立的行为。检察院包括最高检察院、州检察院和地方检察院。根据宪法，匈牙利最高检察长根据总统的建议由国会选举产生，任期九年。最高副检察长根据最高检察长的建议由总统任命。最高检察长对国会负责，并且必须向国会报告其工作情况。

监察员由最高检察长任命，检察院不能是任何一个政党的成员，且不得从事政治活动。

2.2.3 宪法法院

根据宪法，宪法法院旨在通过司法手段制约立法与行政，其任务是审查各项法律、法规是否符合宪法规定；审理由于宪法规定的权利受到侵害而提出的诉讼；解决国家机关与自治政府机关之间以及自治政府相互之间在职权范围内出现的矛盾。在出现违宪情况时，宪法法院有权宣布违宪的法律、法规无效。自 1990 年 1 月起，匈牙利设立宪法法院，宪法法院由 15 名成员组成。宪法法院成员由国会三分之二的多数票选举产生，任期九年。宪法法院的法官是独立的，他们不能参加政治活动，法官可以连任一次。

宪法法院独立于常规匈牙利司法体系。它对匈牙利宪法中规定的立法和其他活动进行合宪性审查。宪法法院可对任何其认定为违宪的法律或法律措施予以废除。任何人都可以在宪法法院针对在其司法管辖权范围内的事项提起诉讼程序。新宪法规定了对宪法法院职责的改变。新宪法赋予宪法法院对违反宪法或匈牙利某一国际协议的法律规范、单独判决或基本法案规定的其他特别法律后果的适用予以废除。新宪法还将宪法法院的成员数额从 11 名增加至 15 名，并将其任期从 9 年延长至 12 年。宪法法院的成员和院长由国会三分之二多数选出，宪法法院的成员不能连选连任。

2.3 宪　　法

1949 年 8 月 18 日，匈牙利国会通过了匈牙利人民共和国第一部宪法。宪法规定匈牙利为人民共和国，是工人和劳动农民的国家，一切权力属于人民，通过地方人民代表会议和国会来体现。1989 年 10 月 18 日国会通过宪法修正案，对宪法做了重大修改，确定匈牙利实行多党议会民主制，建立独立、民主、法制的国家，实行立法、行政、司法三权分立。1990 年 8 月 24 日公布了《匈牙利共和国宪法》，它是在 1949 年宪法的基础上修改而成的。在这部宪法中，匈牙利的国家性质发生了根本改变，匈牙利不再是人民共和国，而是共和国，国家制度为多党议会制，取消了关于马克思列宁主义政党的领导作用的规定，匈牙利社会主义工人党不再是唯一的、处于领导地位的政党。宪法同时宣布匈牙利共和国是一个独立的民主国家。

《匈牙利共和国宪法》共 15 章 78 条。它主要包括以下几个方面的内容：（1）一般条款；（2）国会；（3）共和国总统；（4）宪法法院；（5）公民权利的国会监护人及少数民族和种族权利的国会监护人；（6）国家审计署和匈牙利国家银行；（7）政府；（8）武装力量和警察；（9）地方自治政府；（10）法院；（11）检察院；（12）基本权利和义务；（13）选举和基本原则；（14）匈牙利共和国首都和国家标志；（15）最终条款。宪法是匈牙利共和国的基本法，其规定匈牙利共和国是独立、民主的法治国家。

宪法规定，匈牙利共和国的一切权力属于人民，通过人民选出的代表以直接方式行使人民主权。任何一个团体、任何一个国家机关或公民都不能以暴力夺取或行使政权。国家保卫人民的自由和权利、国家的独立和领土完整以及国际协定中所确定的边界。匈牙利谴责把战争作为解决民族间争端的手段，避免使用武力或以武力威胁其他国家的独立或领土完整。匈牙利的法律制度接受国际法普遍承认的条例，保证所承担的国际法义务与国内法律的一致。匈牙利承认人的不可侵犯和不可剥夺的基本权利，尊重并保护这些权利是国家的首要义务。

2011 年，青民盟推动国会通过宪法修正案，新宪法于 2012 年 1 月 1 日起生效。与原宪法相比，新宪法的“新”主要体现在：将原宪法规定的匈牙利国名“匈牙利共和国”改为“匈牙利”；将基督教作为匈牙利历史和文明的基础；对国债提出了限制，规定只要超过国内生产总值的一半，国会通过的预算法案就必须包含减少国债占国内生产总值比例的内容，除非国家经济出现持续大幅度的衰退。新宪法还对宪法法院的权力进行了限制，规定在审查中央预算及其执行、中央税种、关税等法律是否符合宪法时，宪法法院只能就其是否损害人的基本权利方面进行审查，在人的基本权利遭到损害的情况下方可废除相关法律；在基本权利方面，新宪法规定从怀孕时起便对胎儿的生命进行保护，婚姻只能在男人和女人之间产生，因故意犯罪和暴力犯罪可判处实质上的无期徒刑等。

2.4 特定领域具体法规

2.4.1 土地法

匈牙利实行土地私有制。匈牙利《土地法》对土地的所有权和使用权、土地利用和买卖、土地和土地占有的优先购买权，以及土地保护等方面做了全面统一的规定。《农用地保护法》就农业用地的保护做了具体规定。《耕地法》对耕地的所有权、利用、土壤养护等做了具体规定。《不动产登记法》对土地登记、调查、开发和保护做了规定。《国家土地基金法》利用国家土地基金促进土地集中和合理使用做了规定。根据匈牙利法律，土地的买卖必须签订书面合同，并到相关土地管理部门进行所有权变更。

2013 年 6 月 27 日，匈牙利国会通过土地法修订案（下称新《土地法》），并于 2013 年 12 月和 2014 年 5 月分两步实施。新《土地法》对农业用地购买资质、购买数量上限、交易优先权等进行了严格限定，主要内容为：只有匈牙利本国及欧盟其他成员国的农民可以购买匈牙利农业用地，非欧盟公民及法人不得购买和租赁匈牙利农业用地；匈牙利本国和欧盟其他成员国公民最多只能购买一公顷的农用地，而在农用地出售时，按优先顺序，将农用地购买者划分为 5 类，确保了当地农民的优先购买权，政府在为了实施《国家土地基金法案》或出于公共利益时可以成为第一顺位购买人。2014 年，匈牙利放开对农业用地的禁令，除匈牙利人外，其他国家的人可以购买匈牙利农业用地，但必须符合几个条件，如：必须有在匈牙利从事农业种植 3 年以上经历；购买的土地必须自己耕种，不得转租他人；购买人名义下购买的土地不得超过 1 200 公顷；购买土地合同必须公示，邻居、政府有优先否决权等。

2.4.2 环境保护法

1. 主要环保法律法规名称

匈牙利实施与欧盟相符的环保法律法规。主要法律法规有《环境保护法案》（*Act LIII of 1995*）、《水管理法案》（*Act LVII of 1995*）、《关于环保产品费法案》（*Act LXXXV of 2011*）、《自然保护法案》（*Act LIII of 1996*）、《森林保护法案》（*Act XXXVII of 2009*）、《生物技术规范法案》（*Act XXVII of 1998*）、《废物管理法案》（*Act CLXXXV of 2012*）、《关于化学品安全法案》（*Act XXV of 2000*）、《关于环境污

染费法案》(*Act LXXXIX of 2003*)、《森林保护和管理法案》(*Act XXXVII of 2009*)、《关于环境评估以及许可程序实施细则的法令》(*Government Decreeno 314/2005 (XII. 25)*)。这些法律法规对匈牙利动植物保护、空气保护、水土保持、环境污染评价和处罚等都做了详细规定(见表2-1)。

表2-1　　涉及匈牙利环境保护的相关法律

对象	概　述	涉及的法律规范
土地开发	由于纳入了欧盟的土地开发制度,匈牙利采用了欧盟的基本原则和法律制度。	1. 土地开发和管理法; 2. 地方政府城镇分区联盟法案。
垃圾处理	《垃圾管理法》规定了其范围内的所有废物生产者、所有者和处理者必须有保存记录和提供数据的义务。相关法令对履行义务的方法、内容和期限做了更详细的规定。	1. 废物管理法; 2. 废物数据登记与提交义务法令。
化学物品	在匈牙利法律中,化学品受2000年关于化学品安全的第25号法令的管制,并由个别部门的条例加以补充。《REACH规例》对化学品的注册、评估、授权和限制做出了重大修订,并直接适用于欧盟成员国,而《REACH规例》则对化学物质的分类、标签和包装订立了新规则。	1. 化学安全法; 2. 欧盟化学品注册、评估和许可法规; 3. 欧盟分类标签包装法规。
水资源	通过修订《水管理法》,在改善饮用水质量、废水处理等领域形成了国家方案的法律基础。	1. 水资源管理法; 2. 保护地表水质量的法令; 3. 保护地下水法令。
大气和空气	《清洁空气保护条例》的政府法令规定了保护清洁空气的框架。由于跨境影响,保护空气质量需要与包括欧盟以及非欧盟国家在内的国际组织加强合作。	执行《清洁空气保护条例》的法令。
核能	国际原子能机构于1979年通过《核材料实物保护公约》以促进各缔约国和平发展和利用核能为目的,并加强各国对核材料使用、储存和运输的保护,防止核材料的非法获取和使用可能造成的危险。	执行《核材料实物保护公约》的法令。

资料来源:匈牙利环境规则。https://www.eubusiness.com.

《环境保护法案》规定了环境保护的基本原则:经济和社会活动对环境造成的影响必须达到最小,防止对环境造成污染和破坏;有效使用环境资源,减少垃圾产生,并力争循环使用自然资源和生产资料;在使用环境资源时应采用最先进的技术以有效减少对环境的影响。该法案还规定,国家机关、地方政府、个人以及各类经济组织均有保护环境的责任和义务。同时,还对与环境有关的土地、水资源、空气、生态、有害物质等方面规定了环保标准,及环境使用者必须遵守环保的基本原则。

对于对土地、水资源可能造成明显影响的经济和社会活动,使用单位必须根据"环境管理和认证体系"向环保主管部门提出申请,颁发环境使用许可证后,方可从事相关活动。法案规定了环境影响评估程序。企业从事生产、经营和销售活动时可能涉及与环保有关的费用缴纳，如缴纳环境使用费、产品费等。采矿等对环境有潜在影响的行业还必须缴纳环保管理年费，具体费用由评估机构根据对环境影响的程度来确定。必要时，环保当局还将要求项目单位办理“环境责任保险”以保证对环境造成污染时的恢复或修复费用。如果项目单位从事的活动造成环境污染，必须支付相应的补偿，对违反环保法规从事经营活动所造成环境污染或破坏，还将面临环保罚款和承担相关法律责任。

《关于环境污染费法案》规定，个人、企业和各类组织在从事经济和社会活动时，对环境包括空气、土地和水造成影响的，都将征收环保税，如征收空气污染税、土壤污染税、水污染税。2012 年 1 月 1 日起，匈牙利开始实施新的环保收费制度，取消了给予加入生产者责任组织企业的缴费豁免权，并设立国家废弃物管理局。新的收费制度规定，生产销售包装物、电子电气设备、电池、轮胎、润滑油、广告纸等易对环境造成损害产品的所有企业，均需向政府缴纳环境保护费。包装物按不同用途和材质实行不同的收费标准，电子电气设备收费标准每千克 57～304 福林不等；充电电池 57 福林/千克，普通电池 57 福林/千克；轮胎 57 福林/千克；润滑油 114 福林/千克；广告纸 85 福林/千克。国家税务和海关总局负责环保费的收缴及监管工作。

2. 环保管理部门

匈牙利环境保护主管部门是匈牙利水资源和环保局（The Ministry of Environment and Water）。自 2012 年 1 月 1 日起，匈牙利设立国家废弃物管理局，进行废弃物管理和相关收费。

3. 环保评估的相关规定

根据匈牙利《环境保护法案》（*Act LIII of 1995*）和《环保评估程序及统一许可的规定》（*Government Decree No. 134/2005*）规定，在匈牙利开展投资或承包工程，如符合规定条件，均需要进行环保评估。环保评估由匈牙利农业部及其设在各州的相关部门负责。根据规定，匈牙利环保评估主要分两步进行，第一步是预评估，第二步是正式评估。两次评估均包括提交材料、将该材料向社会公布、收集其他相关部门意见、收集相关利益团体意见、组织听证会和颁发预评估意见书五个步骤。若工程最终通过环保评估，则由相关部门颁发环保许可证。相关费用和时间视环保评估的具体情况而定。

匈牙利没有单独碳排放交易系统，而是统一适用欧盟碳排放交易系统（ETS）。适用碳排放交易的项目是指有大量排放碳气体的大型装置和设施，比如发电站、原油提炼和加工厂、钢厂和矿厂等。这些企业在设立时需要获得当地环保监管部门的批准，并需要获得国家气候保护局关于碳排放的许可。根据2012年Act CCXII关于加入《欧盟温室气体排放交易系统》和实施《共同努力决定》，凡是列入该法案附件1的排放活动都须获得有关环保部门发放的温室气体排放许可证。该许可证须列明进行生产和经营活动所需的装置或设施，所使用的技术，需在相应影响排放物的经营活动和使用技术发生变化时，申请更换许可证。许可证至少5年需要一次审核，以评估该企业的实际排放情况。

2.4.3 反商业贿赂法

匈牙利反对商业贿赂的法律依据：一是刑法典2012年第C法案；二是2001年关于法人实体的刑事制裁第CIV法案；三是2013年关于起诉与公共利益通知的第CLXV法案（亦称为Whilsteblowing Act）。

1. 向匈牙利或外国公职人员行贿

根据《刑法典》第293条，犯罪行为界定如下：向匈牙利或国外公职人员或第三方承诺给予或给予非法好处，以影响该有关官员正当行使其职权的行为。

2. 向匈牙利公司或外国公司高管和雇员行贿

根据《刑法典》第290条，犯罪行为界定如下：向公司高管或雇员，或其他对该公司的高管或雇员控制影响作用的第三方承诺给予或给予好处，以妨碍该人士正确履行他/她的职责和义务。

惩处措施：（1）针对个人：根据犯罪的性质和严重性处以1～5年监禁。（2）针对公司：一是勒令停业；二是1～3年的运营限制，包括禁止参与公共合同或获得国家补贴；三是罚款，处以贿赂金额或非法所得3倍的罚款；四是没收非法所得。

3. 匈牙利或外国公职人员受贿

根据《刑法典》第294条，犯罪行为界定如下：利用其职权索取非法好处，或接受这些好处，或接受对方给予贿赂的承诺。

惩处措施：（1）针对个人：根据犯罪的性质和严重性处以1～10年监禁。（2）针对公司：一是勒令停业；二是1～3年的运营限制，包括禁止参与公共合同或获得国家补贴；三是罚款，处以贿赂金额或非法所得最高3倍的罚款；四是没收非法所得。

4. 匈牙利公司或外国公司高管和雇员受贿

根据《刑法典》第291条，犯罪行为界定如下：利用其职权索取非法好处，或接受这些好处，或接受对方给予贿赂的承诺，或协同收受好处的一方并按其指示为第三方牟利。

惩处措施：（1）针对个人：根据犯罪的性质和严重性处以 1～10 年监禁。（2）针对公司：一是勒令停业；二是 1～3 年的运营限制，包括禁止参与公共合同或获得国家补贴；三是罚款，处以贿赂金额或非法所得最高 3 倍的罚款；四是没收非法所得。

2.4.4 知识产权法律法规

匈牙利知识产权分为两类：工业产权和著作权（及相关权）。工业产权包括对发明、实用新型、商标、外观设计、集成电路布图设计、植物新品种，地理标志等客体的专有权保护。著作权及相关权是对文学艺术作品进行使用和传播的权利。

匈牙利涉及知识产权保护的法律法规主要有：《专利发明保护法》、《商标和地理标识保护法》、《设计保护法》（*Act XLVIII of 2002*）、《版权法》（*Act LXXVI of 1999*）、《实用新型保护法》（*Act XXXVIII of 1991*）、《海关对工业产权侵权行为的管理措施》，等等。在知识产权执法方面，匈牙利实施与欧盟一致的 2004/48/EC 关于知识产权执法指令。

2.4.5 劳动法

自 2004 年加入欧盟后，匈牙利多次修订劳动法以满足欧盟法令和制度的规定。2012 年第 I 号劳动法令（“劳动法”）是匈牙利现行劳动管理的基本法。该法案于 2012 年 7 月 1 日生效，代替已废止的 1992 年第 XXII 号法案（“旧劳动法”）。除劳动法外，与劳工事务、健康与安全、社会福利和移民问题相关的其他法规也对特殊的劳动关系进行了规定。劳工关系主要由下列法规和文件进行规制：《劳动法》和其他劳动法规；集体合同；员工个人与雇主签订的劳动合同。

劳动法对劳动合同、工作说明、工作地点、雇佣劳动及解雇做了最低限度规定。员工有权组织工会。随后，这些工会会通知其成员关于财务、社会、文化以及生活和工作条件的权利和义务。在劳动关系和就业问题上，工会也可以代表其成员面对雇主以及政府机构。职工团体有权参加企业事务；这些权利由工作委员会或由员工选举产生的员工受托人行使。在做出关于大规模裁员的决定之前，雇主必须通知劳资委员会或工会（如果有的话）。禁止歧视员工的国籍、语言、民族、性别或性取向，以及禁止关于建立或终止雇佣关系、申请程序、培训以及确定工作条件的歧视。匈牙利劳工制度具体见表 2－2。

表 2－2 匈牙利劳工制度

最低工资（2019 年）	149 000 福林/月
最长工时	40 小时/周
最长加班时间	250 小时/年
加班/节日补偿	加收 50%
最短带薪假期	20 天
病假	15 天
产假	24 周
育儿假	子女 0~3 周岁期间
通知假	至少提前 1 个月
试用期	不超过 3 个月

1. 劳动合同

劳动法要求由雇主安排签署书面劳动合同。未签订书面合同的，员工可在入职后 30 日内主张劳动合同无效。除订立对雇员更为有利的条款外，劳动合同不可与劳资谈判协议相冲突。劳动合同应至少包含如下内容：合同双方名称以及其他基础信息、雇员基础薪水、工作内容以及工作地点。根据劳动合同，工作地点可为永久固定地点或较广泛的地区。除上述强制内容外，建议在劳动合同中对其他重要的雇佣条件进行说明。若重要条件未在劳动合同中规定，雇主必须在签订劳动合同后 15 日内将内容传达给员工，并由其进行确认。劳动合同中可规定 3 个月的试用期。若规定的试用期少于 3 个月，可以对试用期进行延长，但不得长于 3 个月。集体合同的试用期不得长于 6 个月。在试用期内，合同双方可以任意解除合同，无须提供理由。

雇佣期限可以是固定期限和无固定期限。除双方另有规定外，雇佣期限为无固定期限。固定期限的合同最长为 5 年（管理层除外）。该 5 年期限包括在上一固定期限合同到期后 6 个月内再次签订的劳动合同的期限。若延长或者重新签订的固定期限合同旨在削减员工的权益，则认定该劳动合同为无固定期限的合同。除劳动合同特别说明外，员工为全职雇员。

2. 工作时间与假期

法定每日工作时间为 8 个小时，加上加班时间最多不得超过 12 个小时。员工每周有两天休息日。周末加班工作的雇员的工资报酬是平时的 1.5 倍的，并可再获得补休一天的资格。如果雇主给予特殊的工作安排可忽略此规则，但雇主必须为员工提供充足的休息时间。雇主必须额外支付夜班工人不低于其工资 15%的额外费用以及 50%的加班费。雇员每年的加班时间最多为 250 个小时。如果劳动协议有规定的话，雇员每年的加班时间则可以达 300 个小时。

每个员工每年有权享有一个定期假期。定期假期天数不得少于 20 天。此外，根据员工的年龄，还有额外的假期，例如当员工 45 岁时，定期假期时间为 30 天。尤其是，如果员工有孩子，会享有额外假期。若双方另有规定，下列全职工作的日工作时间可以延长至（但不可以超过）12 个小时：需待命的工作（例如医生），雇主或企业所有人的近亲属。若每日工作时间超过 6 个小时，员工有权获得至少 20 分钟的连续休息时间。此外，员工有权在工作 9 个小时后获得至少 25 分钟的连续休息时间。在每日工作结束后至次日工作开始之前，雇主应保证至少 11 个小时的休息时间。集体合同可以有例外规定，但至少应保证 8 个小时的休息时间。员工每周应有两天的休息时间。从事不规则工作时间（如多班次连续操作和季节性工作等）的员工的每周休息时间可相应地不定期安排；然而，每周工作 6 天后应至少休息 1 天；其中每个月至少有 1 天休息日安排在周日。年假包括基础假期和额外假期。员工每年有 20 天的基础假期。在到达特定年龄后，员工有权获得额外假期，如表 2－3 所示：

表 2－3　　匈牙利年假和额外假期详情

年龄	每年基础假期天数	每年额外假期天数	年假总计天数
25 岁以下	20	0	20
25	20	+1	21
28	20	+2	22
31	20	+3	23
33	20	+4	24
35	20	+5	25
37	20	+6	26
39	20	+7	27
41	20	+8	28
43	20	+9	29
45	20	+10	30

年假应由雇主安排；然而，年假总数中的 7 天应按员工要求安排。年假应在其即将到期的年份安排。雇主可在下一年的 3 月 31 日之前安排假期（集体合同中

若有此规定）。若员工因疾病或其他不可避免的因素影响了休假，年假应在该影响因素消失后60天内使用。若劳动合同生效于10月1日或之后，年假可在下一年的3月31日前安排。除劳动合同另有规定外，员工每年必须有连续14个工作日的休假。

员工每年有至少15天的病假（不包括工伤事故和职业病（如其他法律所规定）而不能工作的时间）。员工病假期间有权获得日均工资的70%。对于超过15天的病假，员工有权从社保部门获得补助。根据目前社保制度，病假最长为一年。员工须提供医院证明，证明其病假理由。

匈牙利的公共假期有：1月1日（新年）、3月15日（国庆节）、1848年革命的纪念日、复活节后的星期一、5月1日（劳动节）、5月20日（圣灵降临日）、8月20日（圣·伊什特万开国日）、10月23日（国庆日），1956年起义的纪念日、11月1日（万圣节）、12月25日和26日（圣诞节与节礼日）。如果法定假日和周末仅隔1个工作日，根据匈牙利一般工作调休安排的法律规定，法定假日与周末一并连休，法定假期和周末间的工作日（一般为周五或周一）调至休假前1周或后1周的星期六。

3. 社会保险

雇主和员工缴纳的社会保障税一般包括养老保险和医疗保险。基于员工的总工资，雇主支付27%的社会保障税。企业还必须支付不低于雇员工资1.5%的职业培训基金。员工缴纳其工资10%的养老保险（无上限）、7%的医疗保险（无上限）以及缴纳总工资1.5%的失业金。员工税费由雇主进行评定并代扣代缴。如果雇佣期超过两年，则病假的工资一般是60%，如果雇佣期少于两年，并符合一定的条件，则是50%；病假的最高金额不得超过最低工资（最多每天7 400匈牙利福林，约合23欧元）的两倍。如果员工生病，雇主必须支付最多 15个工作日的70%的工资。

2.5 仲裁制度

2017年，匈牙利以联合国国际商事仲裁示范法为蓝本对其国内仲裁立法进行革新，对匈牙利仲裁机构和仲裁程序等进行修订。新仲裁法于2018年1月1日正式实行。

新仲裁法主要变化有：（1）根据 2006 年联合国示范法的修订，新的仲裁法详细规定了仲裁庭的临时措施；（2）新仲裁法允许介入者（即对仲裁结果享有法律利害关系的外部当事人）加入仲裁程序，并支持仲裁程序中的一方当事人，介入者享有申请取证的权利；（3）在新仲裁法项下，如果非仲裁协议当事人的外部第三人提出请求，或仲裁协议当事人针对外部第三人提出请求，且该请求无法与仲裁程序所审理的请求相分割，则允许该第三人以外部当事人身份加入仲裁程序；（4）借鉴了民事诉讼程序，由于不能归责于申请人的原因导致仲裁庭没有采纳原审事实或证据的，可以申请对仲裁案件进行再审；（5）规定了仲裁裁决撤销后，如果重新仲裁，当事人应重新选定仲裁员；（6）建立初步案件管理会议，该会议需要在仲裁庭组成后的 30 天内成立；（7）新仲裁法允许临时仲裁。

2.6 调解制度

自 2012 年起，匈牙利法院增设调解法庭，解决民商事争议。随着匈牙利调解机制的发展和成熟，调解已成为一种及时有效的争议解决途径，并被大众所接受。自 2018 年起，争议各方经调解所达成的协议，任何一方可向法院申请执行。在调解过程中，所调解的内容可不以当事人所申请的内容为限，除非当事人达成一致明确要求以申请的内容为限。争议各方在诉讼过程中也可申请调解，一旦达成调解协议，诉讼程序随即终止。

第3章
匈牙利贸易环境

3.1 匈牙利对外贸易综述

匈牙利是世界贸易组织（WTO）的成员，并在 2004 年成为欧盟的一员，同时还是欧洲自由贸易协定（EFTA）、中欧自由贸易区（CEFTA）的成员。另外，匈牙利还与以色列、土耳其、克罗地亚和爱沙尼亚签订了双边自由贸易协定。为符合世界贸易组织的规定，自 2001 年 1 月 1 日起，匈牙利取消了来自世界贸易组织成员的产品配额。自欧盟和中欧自由贸易区国家进口的工业产品的关税也同时取消。匈牙利的地理位置使其成为东、西方贸易的转运站，也是横跨欧盟新、老成员国之间便利的营销基地，众多跨国制造企业在此落户，设立生产组装基地，促进了匈牙利对外贸易的迅速发展。

1990 年改革以前，匈牙利大部分的对外贸易是与其他东欧国家进行的，转轨后，83%的贸易是与欧盟和其他发达国家（如美国和日本）进行的，同中东欧国家的贸易额约占贸易总额的 12%。匈牙利于 1973 年加入关税与贸易总协定；1982 年加入国际货币基金组织和世界银行；1989 年，匈牙利等国倡议成立欧洲复兴开发银行。自 1989 年开始，匈牙利实行贸易自由化，打破了国家对外贸经营的垄断管理。1992 年 12 月，匈牙利与波兰、捷克、斯洛伐克签署了中欧自由贸易协定，通过降低关税税率、消除关税外的其他贸易壁垒，促进缔约国之间的贸易自由化；1996 年，匈牙利成为经济合作与发展组织的第二十七个成员国。作为一个开放的小国，匈牙利对外经济贸易政策的制定与国际贸易环境的发展相互影响。匈牙利对外贸易策略的重心是为出口服务以及进一步吸引投资创造更好的机会。受 2008

年金融危机和随后欧洲主权债务危机影响，匈牙利的进出口在 2009 年出现了大幅下降。随着欧元区国家经济回升，2010 年后，匈牙利的对外贸易随之逐步回升。随着欧洲经济环境的逐步好转，匈牙利的进出口有望保持上升趋势。

3.1.1 货物贸易

匈牙利为出口导向型经济，与许多伙伴国家有着紧密而卓有成效的合作。自 20 世纪 90 年代起，外资公司及匈外合资公司在匈牙利经济中发挥着重要的作用。20 世纪 80 年代中期，匈牙利 GDP 将近 40%来自出口，到 90 年代后期，GDP 来自出口的部分增长到 60%以上，20 世纪末，在全球经济危机期间达到了 80%。在过去的 20 年里，进口的变化与出口的变化相对一致。目前，匈牙利的出口总额超过进口总额，匈牙利的对外贸易从总体上说是有顺差的。

图 3－1 显示匈牙利出口总额和进口总额的变化。可以看出 2000 年以后，匈牙利的出口和进口都呈现出稳步增长的趋势。

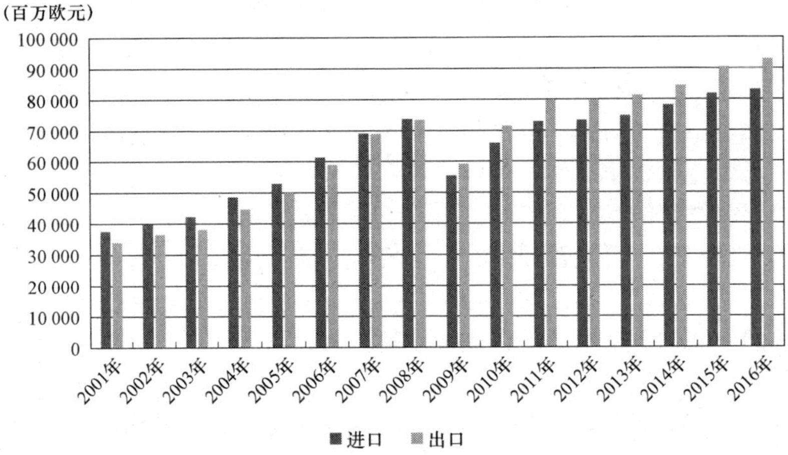

图 3－1 2001—2016 年匈牙利货物进出口总额

2020 年，匈牙利外贸依存度为 157%，位列全球第 11 位。2020 年，匈牙利对外货物贸易总额 2 366.7 亿美元，同比下降 3.2%。其中，出口 1 206.5 亿美元，同比下降 2.5%；进口 1 160.2 亿美元，同比下降 3.8%。贸易顺差 46.3 亿美元，同比增长 44.5%。

作为对外依存度最高的国家之一，匈牙利产业发展和结构与其对外贸易结构息息相关（见图 3－2）。以 2020 年为例，在货物贸易方面，匈牙利对外出口货物前三大类：第一是电机、电气设备及零部件等，约占出口总额的 40%；第二是车辆、船舶和飞行器等运输设备及零部件等，约占出口总额的16%，其中90%以上为汽车及零部件；第三是化工工业及相关产品，约占出口总额的11%，其中占比最高的是药品。此外，匈牙利食品、饮料及烟草出口处于较高水平，其中占比最大的是谷物及谷物制品，例如玉米和小麦。

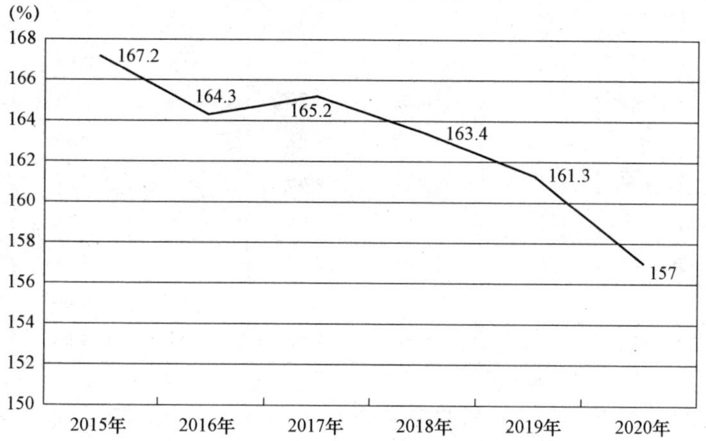

图 3－2　2015—2020 年匈牙利对外贸易依存度

资料来源：欧洲统计局。https://ec.europa.eu/eurostat.

从中国的全球贸易伙伴看，匈牙利在中国的全球贸易伙伴中排名第54位，但从目前中东欧16国的出口情况看，匈牙利是中东欧国家向中国出口最多的国家。

从匈牙利外贸产品类型看，机械和运输设备、工业制成品占主导，其主要外贸产品（2019）分五类：（1）机电产品和运输设备，出口占57.45%，进口占48.48%；（2）工业制成品，出口占30.73%，进口占36.07%；（3）燃料、电能，出口占2.62%，进口占12.46%；（4）食品、饮料、烟草类，出口占6.91%，进口占5.31%；（5）粗原材料，出口占2.29%，进口占2.11%。

匈牙利是欧盟成员国，贸易伙伴主要为欧洲国家。2020年匈牙利的全球十大主要贸易伙伴（中国排名第四）及其贸易份额分别为：（1）德国26.02%，（2）奥地利5.17%，（3）斯洛伐克5.04%，（4）中国5.02%，（5）波兰4.87%，（6）意大利4.64%，（7）捷克4.52%，（8）荷兰4.26%，（9）罗马尼亚4.04%，（10）法国3.93%。具体见表3－1。

表 3-1　　　　匈牙利全球十大主要贸易伙伴国贸易额

伙伴国	贸易额（亿美元）			市场份额（%）			同比
	2018	2019	2020	2018	2019	2020	2020/2019
全球	2 454.45	2 443.86	2 356.64	100	100	100	-3.572
德国	640.68	637.07	613.38	26.10	26.07	26.02	-3.75
奥地利	136.57	134.36	121.88	5.56	5.50	5.17	-9.28
斯诺伐克	124.27	124.43	118.69	5.06	5.09	5.04	-4.61
中国	93.19	99.89	118.21	3.80	4.09	5.02	18.34
波兰	120.42	120.33	114.73	4.91	4.92	4.87	-4.65
意大利	119.31	113.90	109.34	4.86	4.66	4.64	-4.01
捷克	114.99	111.99	106.53	4.68	4.58	4.52	-4.88
荷兰	102.99	105.79	100.29	4.20	4.33	4.26	-5.20
罗马尼亚	97.44	97.58	95.19	3.97	3.99	4.04	-2.45
法国	97.18	96.01	92.71	3.96	3.93	3.93	-3.44

从进口看，2020 年匈牙利的全球贸易进口国别（中国排名第二）排名前 10 位的贸易伙伴及其贸易份额分别为：（1）德国 23.96%，（2）中国 8.75 %，（3）奥地利 5.87%，（4）波兰 5.65%，（5）捷克 5.00%，（6）荷兰 4.99%，（7）斯洛伐克 4.62%，（8）意大利 4.08%，（9）韩国 3.69%，（10）法国 3.61%。具体见表 3-2。

表 3-2　　　　匈牙利主要贸易伙伴国货物贸易（进口）

伙伴国	贸易额（亿美元）			市场份额（%）			同比
	2018	2019	2020	2018	2019	2020	2020/2019
全球	1 207.41	1 205.89	1 153.53	100	100	100	-4.34
德国	298.63	294.42	276.39	24.73	24.41	23.96	-6.12
中国	75.53	83.65	100.91	6.26	6.94	8.75	20.62
奥地利	76.14	75.38	67.72	6.31	6.25	5.87	-10.16
波兰	67.83	67.83	65.23	5.62	5.63	5.65	-3.84
捷克	59.54	58.51	57.62	4.93	4.85	5.00	-1.52
荷兰	60.18	63.04	57.62	4.98	5.23	4.99	-8.61
斯洛伐克	58.53	58.05	53.32	4.85	4.81	4.62	-8.15
意大利	55.23	51.16	47.09	4.58	4.24	4.08	-7.95
韩国	23.35	32.65	42.62	1.93	2.71	3.69	30.55
法国	43.40	43.14	41.70	3.60	3.58	3.61	-3.34

从出口看，2020 年匈牙利的全球贸易出口国别（中国排名第 20 位）排名前 20 位的贸易伙伴及其贸易份额分别为：（1）德国 27.99%，（2）斯洛伐克 5.43 %，（3）罗马尼亚 5.34%，（4）意大利 5.17%，（5）奥地利 4.50%，（6）法国 4.24%，（7）波兰 4.11%，（8）捷克 4.07%，（9）荷兰 3.55%，（10）英国 3.12%，（11）西班牙 2.76%，（12）美国 2.68%，（13）比利时 2.50%，（14）乌克兰 2.15%，（15）克罗地亚 1.75%，（16）塞尔维亚 1.70%，（17）瑞典 1.50%，（18）俄罗斯 1.48%，（19）土耳其 1.48%，（20）中国 1.44%。具体见表 3-3。

表 3-3　　匈牙利主要贸易伙伴国货物贸易（出口）

伙伴国	贸易额（亿美元）			市场份额（%）			同比
	2018	2019	2020	2018	2019	2020	2020/2019
全球	1 247.04	1 237.97	1 203.11	100	100	100	-2.82
德国	342.05	342.65	336.79	27.43	27.68	27.99	-1.71
斯洛伐克	65.74	66.38	65.38	5.27	5.36	5.43	-1.51
罗马尼亚	64.04	64.24	64.27	5.14	5.07	5.34	-0.8
意大利	64.06	62.74	62.24	5.14	5.07	5.17	-0.8
奥地利	60.44	58.98	54.16	4.85	4.76	4.50	-8.17
法国	53.68	52.87	51.01	4.30	4.27	4.24	-3.52
波兰	52.59	52.49	49.50	4.22	4.24	4.11	-5.69
捷克	55.45	53.48	48.91	4.45	4.32	4.07	-8.55
荷兰	42.81	42.75	42.67	3.43	3.45	3.55	-0.17
英国	41.33	40.51	37.57	3.31	3.27	3.12	-7.25
西班牙	34.34	35.52	33.30	2.75	2.87	2.76	-6.46
美国	29.21	29.96	32.19	2.34	2.42	2.68	7.45
比利时	26.48	30.45	30.13	2.12	2.46	2.50	-1.06
乌克兰	30.76	38.91	25.84	2.47	2.34	2.15	-10.63
克罗地亚	28.58	26.66	21.07	2.29	2.15	1.75	-20.98
塞尔维亚	19.59	19.39	20.40	1.57	1.57	1.70	5.22
瑞典	18.43	17.48	18.02	1.48	1.41	1.50	3.07
俄罗斯	18.00	19.33	17.86	1.44	1.56	1.48	-7.65
土耳其	17.43	16.30	17.75	1.40	1.32	1.48	8.93
中国	17.66	16.23	17.30	1.42	1.31	1.44	6.57

3.1.2 服务贸易

根据匈牙利中央统计局数据，2020 年，匈牙利服务贸易额 398.2 亿美元，同比下降 23.5%。其中，出口额 225.1 亿欧元，同比下降 26.3%；进口额 173.1 亿欧元，同比下降 19.4%（见图 3－3）。顺差 52 亿欧元，同比下降 42.3%。主要行业为：运输、旅行、商务相关服务、维修及知识产权等。服务贸易主要伙伴包括德国、美国、英国、奥地利等。

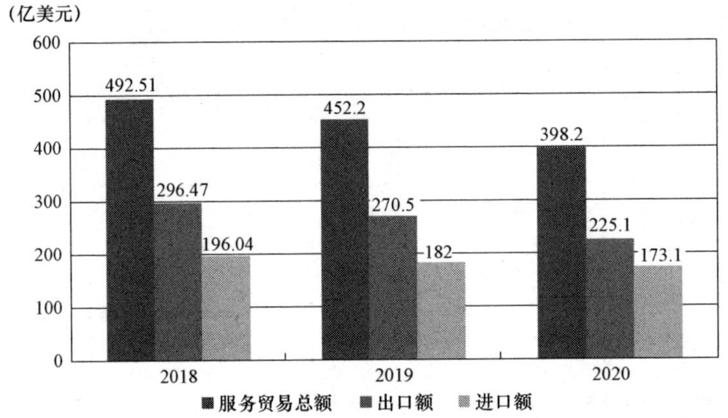

图 3－3　2018—2020 年匈牙利服务贸易进出口额

2015—2020 年中国与中东欧各国数字服务出口与服务出口之比的平均值，可参见图 3－4。

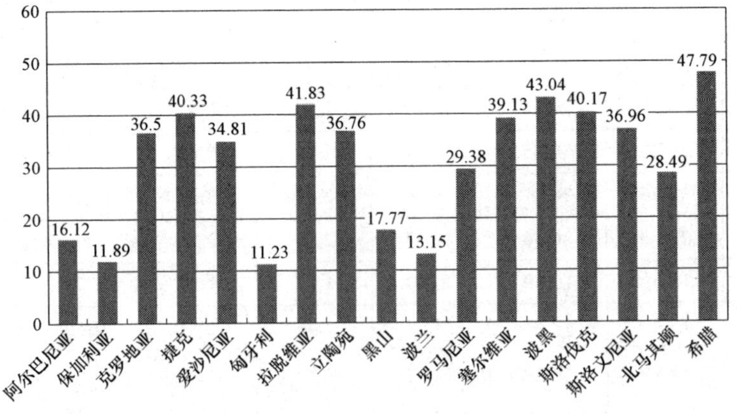

图 3－4　2015—2020 年中国与中东欧各国数字服务出口与服务出口之比的平均值

数据来源：联合国贸易和发展会议（UNCTAD）数据库。

3.2 中匈贸易概况

3.2.1 中匈双边贸易概况

中匈贸易关系由来已久，自中国同匈牙利在1990年正式签署经贸协定以来，双边贸易稳步发展。经过两国政府和人民的共同努力，双边贸易取得了丰硕成果。

1. 1999年以前初创期

在这一时期，中匈双边贸易主要集中在服装、鞋、帽等纺织品领域。20世纪80年代末90年代初，苏联解体和东欧剧变。东欧各国经济衰退，生产萧条，苏联体制下的供销体系也因此消失。20世纪90年代初，我国的制造业以劳动密集型的纺织服装加工生产为主，因此我国在这一时期主要同匈牙利在纺织品领域开展贸易，规模也比较小。随着匈牙利经济的复苏和发展，伴随大批国外公司的入驻，匈牙利的轻工业与纺织品市场逐渐饱和，特别是华商公司经营的低端纺织品已过度饱和，两国贸易上升的空间不大。

2. 1999—2003年发展期

在这一时期，匈牙利轻纺市场已过度饱和，甚至出现货物积压、竞相压价、残酷竞争的局面。我国也开始进行经济结构的优化，机械加工制造产业逐步兴起。中匈双方在机械加工制造领域的经贸合作逐步展开，中国对匈牙利的贸易规模稳步扩大。贸易额从1999年的6.2亿美元逐步增加到2003年的25.9亿美元，不到五年时间翻了两番。

3. 2004—2008年繁荣期

2004年5月份，匈牙利加入欧盟，匈牙利市场正式成为欧盟市场的一部分，其国内法律法规也完全与欧盟接轨，匈牙利人民收入水平逐步提高，购买力进一步增强。对于中方而言，这意味着匈牙利贸易市场的进一步扩大，即由当时的匈牙利和部分中东欧国家组成的市场，扩大到面向欧盟25国、有5亿人口的巨大市场，中国对匈牙利的经贸合作具有了更加重大和深远的意义，双方经贸合作发展前景更加广阔。随着中国社会主义市场经济体制逐步确立，产业结构进一步优化升级，制造业水平显著提高，中匈双边贸易规模飞速增长，结构不断优化，从低廉的纺织品领域逐渐拓展至资本和技术更加密集的机电产品领域。

4. 2009年至今的新时期

这一时期受美国次贷危机的影响，中方同匈方贸易额显著下滑，后几年又呈现恢复性增长。2009年欧债危机爆发，匈牙利金融市场受到严重冲击。2011年

11 月 21 日，匈牙利政府向国际货币基金组织和欧盟提出金融援助的申请，匈牙利实体经济受到了巨大打击，因此中匈双边贸易额陡降。近几年，受全球经济恢复疲软、新兴市场经济遇冷等因素的影响，双方经贸合作遇到了不小的阻力，贸易额连年呈现递减趋势，恢复增长乏力（见图 3－5）。

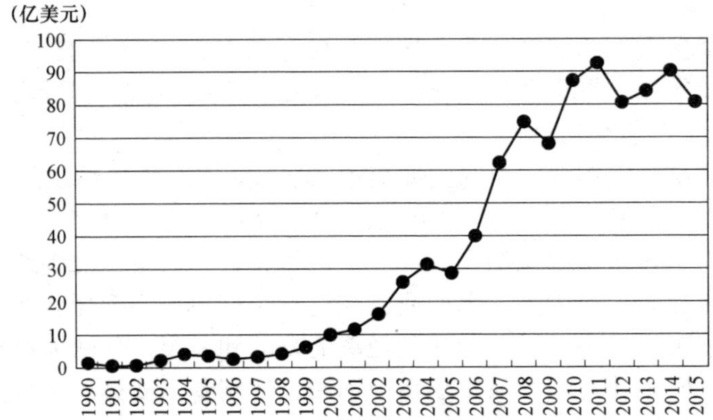

图 3－5　1990—2015 年中国与匈牙利贸易额

资料来源：中国海关。

在“中国—中东欧国家合作机制”（“17＋1”合作机制）框架下，中匈两国经贸合作日益频繁，双边关系日益紧密。截至 2019 年 5 月，匈牙利继续保持中国在中东欧地区第三大贸易合作伙伴地位，是中国在中东欧地区最大投资目的国。中国也是匈牙利在欧盟外第一大贸易合作伙伴。

2020 年，在全球贸易严重萎缩的悲观情况下，中匈双边贸易不降反升，双边贸易额达 116.9 亿美元，同比增长 14.4%。中国跃居匈全球第四大贸易伙伴和第二大进口来源国。其中，出口 74 亿美元，同比增长 14.4%；进口 42.8 亿美元，同比增长 14.3%，中国对匈牙利贸易顺差 31.2 亿美元，同比增长 14.7%（见图 3－6、图 3－7）。中国成为匈牙利全球第三大贸易伙伴（仅次于德国和奥地利）和第二大进口来源国（仅次于德国）。

中匈贸易的品种结构也在不断转型升级，由过去传统的服装鞋帽等附加值较低的日用生活品，向附加值更高的工业零部件、贸易加工产品方向转换提高，中匈之间的贸易依存度也随之不断提高。从双边贸易产品类型看，除了传统的机电产品、工业仪器设备等依然保占半壁江山外，新型电商产品、公共医用卫生防疫物资、小家电、“宅经济”家具、电脑居家办公和远程学习用品等不断催生市场。

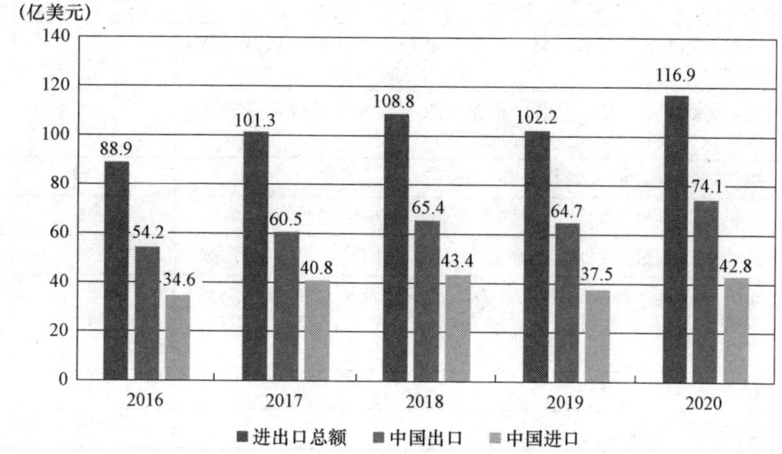

图 3－6　2016—2020 年中匈双边贸易进出口

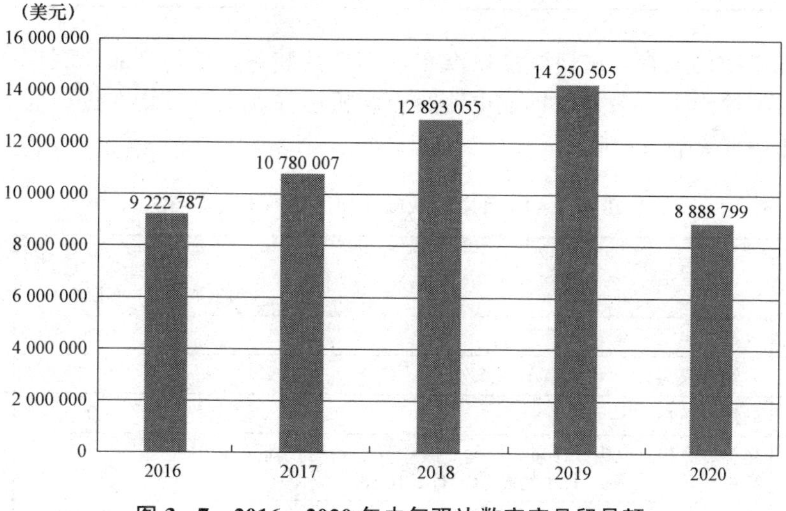

图 3－7　2016—2020 年中匈双边数字产品贸易额

中国对匈牙利出口的主要产品为：机电设备、医疗仪器、锅炉机械、车辆及零件、纺织品、家具、灯具、有机化学品、塑料及钢铁制品、玩具、运动用品等；中国自匈牙利进口的主要产品为：电气设备、车辆及零件、锅炉、光学精密仪器、药品、玩具、游戏品、运动用品、橡胶及有机化学品等（见表 3－4）。

表 3-4　　2020 年 1-10 月中国向匈牙利出口前十大类商品

排序	商品名称	金额（亿美元）	占比（%）
		61.43	100
1	电机、电气设备及其零件；声音的录制和重放设备及其零件、附件	22.87	37.22
2	光学、照相、电影、计量、检验、医疗或外科用仪器及设备、精密仪器及设备；上述物品的零件、附件	11.32	1.44
3	锅炉、机器、机械器具及其零件	11.24	18.31
4	车辆及其零件、附件，但铁道及电车道车辆除外	1.98	3.22
5	其他纺织制成品；成套物品；旧衣着及旧纺织品；碎织物	1.90	3.09
6	家具；寝具、褥垫、弹簧床垫、软座垫及类似的填充制品；未列名灯具及照明装置；发光标志、发光铭牌及类似品；活动房屋	1.47	2.40
7	有机化学品	1.21	1.97
8	塑料及其制品	1.08	1.76
9	钢铁制品	0.81	1.31
10	玩具、游戏品、运动用品及其零件、附件	0.79	1.29

从进口结构来看，进口商品以汽车零部件及装备、电信产品、医疗和医药产品、乘用车等为主。另外，集成电路、内燃机组件、电脑等均在进口商品结构中占一定比例（见表 3-5）。

表 3-5　　2020 年 1-10 月中国从匈牙利进口前十大类商品

排序	商品名称	金额（亿美元）	占比（%）
		34.26	100
1	电机、电气设备及其零件	14.81	43.24
2	车辆及其零附件（铁道车辆除外）	5.82	17
3	锅炉、机械器具及零件	4.02	11.75
4	光学、照相、电影、计量、检验、医疗或外科用仪器及设备、精密仪器及设备；上述物品的零件、附件	3.64	10.63
5	药品	1.02	2.97
6	玩具、游戏品、运动用品及其零件、附件	0.69	2.03
7	杂项制品	0.49	1.44
8	石料、石膏、水泥、石棉、云母及类似材料的制品	0.45	1.31
9	橡胶及其制品	0.45	1.31
10	有机化学品	0.37	1.09

双边贸易逆势增长的原因分析：

一是中匈友好的政治稳定及其牢固的双边关系，使得双边贸易尽显韧性和抗冲击力。匈牙利始终坚定执行“向东开放”政策，与“一带一路”倡议对接政策不摇摆。相比于中东欧周边国家，匈牙利趁势正在形成中东欧地区贸易投资的洼地效应、合作热土。经过考察和综合比选，许多中资企业纷纷将其经贸合作项目投向了匈牙利，投资带动贸易。2020 年，又有 13 家中资企业选择匈牙利新设立了代表处、子公司或分公司，占匈牙利中资企业商会全部会员数的 20%。11 月 23 日，匈牙利副总理兼财政部部长米哈伊·瓦尔加、创新与科技部部长鲍尔科维奇等高官积极参与推动中欧商贸物流园“2020 年中国品牌商品（中东欧）云推介”；中国–匈牙利地方合作机制 11 月 18 日正式启动——在中国中东欧中小企业线上对洽会上，匈牙利德布勒森市、森特什市、邱尔格市等市的市长、副市长积极参加，为当地中小企业精准对接中国商贸企业踊跃站台、推介、摇旗呐喊，中国中央电视台《新闻联播》、新华社、经济日报等央媒都予以了专题报道。

二是匈牙利的中东欧区位优势、快速物流、跨境电商等优势凸显巩固。匈牙利在疫情期间，不仅传统条件下的中欧班列、海外仓等物流体系畅通并加码，还及时开通了深圳、郑州等直飞首都布达佩斯的直航货运定期航班，快捷的物流有效弥补了中东欧地区因疫情造成的供给缺口。

三是抗疫医疗物资、电商产品的需求猛然加大、国际纺织品订单回流以及新型贸易业态扩展等都极大地拉动了贸易增长。考虑到秋季欧洲地区第二波、第三波疫情暴发，以及其他国家相关产能有限且受疫情冲击无力全面复工的形势，中国对匈牙利的抗疫医疗物资出口如口罩、一次性医用手套、防护服、消毒液、呼吸机、消毒纸巾等防疫用品持续引爆市场。2020 年底，海关统计的全年匈牙利自中国货物进口同比增幅高达 20.62%。

如今，中国已是匈牙利在欧洲以外最大的、发展最稳定的贸易伙伴。从匈牙利的全球贸易伙伴看，2020 年，中国已跃居匈牙利全球第四大贸易伙伴和第二大进口来源国。中国是匈牙利全球排名第 20 位的出口市场，2020 年匈牙利对中国的出口额为 17.3 亿美元，潜力巨大。

2019 年，联合国贸易和发展会议（UNCTAD）在 HS–6 分位编码基础上识别了 49 种数字产品，即本质为数字内容的有形货物。除 2020 年受新冠肺炎疫情影响之外，2016 年至 2020 年间，中国与匈牙利的数字产品贸易规模基本呈增长态势（见表 3–6）。

表 3-6　2016—2020 年中国与中东欧国家数字产品贸易额（美元）

国家	2016 年	2017 年	2018 年	2019 年	2020 年
阿尔巴尼亚	1 696 933	1 043 676	377 232	417 017	163 562
保加利亚	3 751 959	3 276 149	4 473 700	8 602 599	5 588 635
克罗地亚	2 045 359	2 504 571	3 344 522	4 428 752	1 742 639
捷克	17 670 401	19 745 303	23 889 064	31 718 754	11 627 248
爱沙尼亚	1 742 161	2 317 420	1 588 496	2 170 930	18 479 365
匈牙利	9 222 787	10 780 007	12 893 055	14 250 505	8 888 799
拉脱维亚	1 907 088	2 679 099	3 206 485	3 585 899	1 323 926
立陶宛	3 070 908	3 627 973	3 987 646	3 499 382	2 017 924
黑山	79 758	87 950	83 149	166 972	46 657
波兰	85 530 489	376 455 928	313 436 258	384 125 564	36 214 356
罗马尼亚	6 653 117	7 474 596	9 330 407	18 396 154	14 796 447
塞尔维亚	757 328	1 463 992	2 175 249	2 917 875	2 293 942
波黑	301 934	334 958	371 454	596 481	807 272
斯洛伐克	12 879 848	7 080 769	20 807 540	65 249 825	2 544 448
斯洛文尼亚	4 008 841	3 760 439	4 866 274	7 684 341	3 505 628
北马其顿	196 815	199 056	1 020 471	1 059 793	192 536
希腊	14 491 770	13 675 827	17 199 317	26 663 022	15 422 092

数据来源：中国海关总署。

3.2.2　中匈经贸协议签署概况

中匈自 1949 年建交以来，一直注重维护两国传统友好关系。两国领导人频繁互访，各领域合作不断加强，两国人民交流密切，双方在国际事务中相互支持、密切配合，这为双方经贸合作创造了良好的政治基础。1984 年，中匈经济、贸易、科技合作委员会成立，双方签署了《中华人民共和国政府和匈牙利人民共和国政府经济技术合作协定》《中华人民共和国政府和匈牙利人民共和国政府关于成立中匈经济、贸易、科技合作委员会议定书》两项基础性的协议，为促进处于市场经济发展初期的两国经济技术发展和双方后续经贸往来开辟了道路。随后三年，两国又逐一签署了《中华人民共和国政府和匈牙利人民共和国政府关于植物检疫和植物保护合作协定》《中华人民共和国政府和匈牙利人民共和国政府旅游合作协定》《中华人民共和国和匈牙利人民共和国关于经济和科学技术长期合作基本方向的协定》等协定。协定内容涵盖农作物检疫、旅游合作、经济和科学技术合作等方面，为进一步开展经贸往来做好了准备。1990 年，中匈签署了《中华人民共和国政府和匈牙利共和国政府贸易协定》，协定规定匈牙利给予中国最惠国待遇，这标志着中匈双边贸易的新开端。随着中匈双方贸易往来的不断升温，双方在实践中又分别签订了不少旨在促进双方经贸合作的协定。例如，《中华人民共和国和匈牙利共和国关于鼓励和相互保护投资协定》《中华人民共和国政府和匈牙利共和国政府关于对所得避免双重征税和防止偷漏税的协定》《中华人民共和国政府和匈牙利共和国政府关于海关互助与合作的协定》等。这一系列双边协定的签署，使得中匈双边贸易合作更加规范化、制度化。

2013 年 11 月、2014 年 12 月和 2015 年 11 月，中国—中东欧国家领导人会晤期间，中国与中东欧 16 国共同发表《中国—中东欧国家合作布加勒斯特纲要》《中国—中东欧国家合作贝尔格莱德纲要》和《中国—中东欧国家合作苏州纲要》，为中匈关系进一步发展做出了规划、指明了方向。2015 年 6 月 6 日，中匈签署《中华人民共和国政府和匈牙利政府关于共同推进丝绸之路经济带和 21 世纪海上丝绸之路建设的谅解备忘录》。

2016 年 11 月，两国总理在里加会晤期间，见证了匈塞铁路匈牙利段建设合同及融资备忘录签署，两国签署《关于开展产能合作的框架协议》。

2017 年 5 月 13 日，习近平主席会见匈牙利总理欧尔班，中匈发表了《中华人民共和国和匈牙利关于建设全面战略伙伴关系的联合声明》，内容如下：

一、中匈视彼此为长期稳定的战略伙伴，视彼此发展为互利共赢的重要机遇，双方愿本着相互尊重、平等相待、互利共赢的原则，不断巩固政治互信，加强在政治、经济、社会、文化等各领域合作，深化在国际和地区事务中的协调与配合，全方位提升双边关系水平，造福两国人民。

二、双方强调高层交往对双边关系发展的重要引领作用，同意密切两国高层交往，加强两国中央和地方政府、立法机构及政党间各级别的交流与合作。

三、双方重申，尊重对方主权和领土完整、核心利益和重大关切。匈方重申奉行一个中国原则，反对任何损害中国主权和领土完整的言论和行为。中方高度赞赏匈方正确立场。

四、双方尊重彼此根据各自国情选择的发展道路和内外政策。匈方高度评价中国改革开放以来取得的伟大成就，赞赏习近平主席提出的实现中华民族伟大复兴的中国梦，相信这一进程将给世界带来更多发展机遇。中方高度评价匈方独立的外交和经济政策，事实证明在快速演变的世界中，匈方有关政策取得成功并使匈牙利更加强大。

五、双方致力于在中国提出的“丝绸之路经济带”和“21世纪海上丝绸之路”（以下简称“一带一路”）和匈方提出的“向东开放”政策框架下共同推动双边合作。双方将以两国政府签署的共建“一带一路”谅解备忘录为基础，以双边“一带一路”工作组会议为重要平台，根据实际需要及时召开工作组会议，加强各自发展战略对接、规划对接，共同编制并实施《中匈“一带一路”建设合作规划纲要》，筹建中匈“一带一路”合作促进中心，拓展和深化务实合作，共同保障两国有关合作项目安全顺利推进，实现双方和平、可持续发展和共同繁荣。

六、双方将进一步密切各层级、各领域的交流与合作。双方将充分发挥两国政府间经济联委会、农业高级别工作组和科技联委会年度会议的作用，努力扩大贸易和双向投资规模，优化贸易结构，继续深化在经济、基础设施建设、交通物流、电信、能源、化工、汽车制造、民航、农业、食品加工、电子商务、科技、水利、环保、展览等领域合作。双方愿共同推进匈塞（尔维亚）铁路（匈牙利段）项目建设。双方同意在已签署的产能合作框架协议基础上，充分发挥联合指导委员会的作用，推动两国产能合作。双方将各自为对方国家产品和服务进入本国市场提供更加便利的条件，继续鼓励和支持各自企业赴对方国家投资并为对方企业在各自国家开展业务提供便利和支持。双方将共同努力，加强中小企业合作，鼓励双方企业探索开展第三方合作。

七、双方愿进一步加强两国金融合作，推动在双边贸易和投资中使用本币结算，鼓励两国金融机构为贸易和投资合作提供融资支持和金融服务。中方欢迎匈牙利成为亚投行的意向成员。

八、双方愿意继续加强在文化、教育、体育、旅游等人文领域的交流合作，扩大互派留学生规模，推动两国青年的友好交往，拓展影视、智库、媒体等新兴领域合作。双方同意进一步加强卫生领域合作，支持中医药在匈牙利及中东欧地区的推广应用，包括在布达佩斯建立中东欧中医医疗教育和研究中心。中方欢迎匈方为中国公民赴匈牙利旅游、经商出台的签证便利措施，双方愿继续提高各自签证便利化水平，为双方人员往来创造更多有利条件。

九、双方认为，中国—中东欧国家合作有效促进务实合作与人文交流，已成为中国与中东欧国家深化友好互利合作的重要平台。中国—中东欧国家合作对接欧盟重大倡议，促进中欧全面战略伙伴关系发展。中方赞赏匈方为推动中国—中东欧国家合作发展做出的贡献，支持匈方举办第六次中国—中东欧国家领导人会晤，并在中国—中东欧国家合作机制内的旅游、卫生、人文等领域发挥更加重要的作用。双方愿本着开放包容和互利共赢的原则，加强沟通和协调，共同促进中国—中东欧国家合作取得更大发展。

十、双方认为，中欧都是国际舞台上的重要力量，是推动世界和平、稳定与繁荣，应对全球性挑战的重要合作伙伴。双方支持全面落实《中欧合作 2020 战略规划》，推进建设中欧和平、增长、改革、文明四大伙伴关系，深化互利共赢的全面战略伙伴关系。双方将继续推动中欧开展各领域对话、交流与合作，支持“一带一路”倡议与欧洲投资计划的对接，支持亚欧会议及中欧互联互通平台下的互联互通合作。中方赞赏匈方为促进中欧伙伴关系、中欧合作所做出的贡献。匈方支持欧盟与中方一道，维护和促进自由、开放、包容的多边贸易体系，共同反对贸易投资保护主义，尽早达成中欧投资协定。

十一、双方主张遵循《联合国宪章》的宗旨和原则，愿加强在联合国及其他国际组织中的合作，促进世界和平与安全，推动落实 2030 年可持续发展议程。双方支持联合国在维护世界和平与安全、促进各国发展、和平解决国际争端、应对人类共同面临的问题方面发挥主导作用，支持对联合国进行改革，以能够应对当前和未来的挑战。双方主张世界各国在平等互信、包容互鉴、合作共赢的基础上共同维护世界和平、促进世界可持续发展。

十二、双方谴责并反对一切形式的恐怖主义，强调打击恐怖主义和极端主义需要更加强有力的国际合作，进一步努力消除恐怖主义和极端主义的政治、经济和社会根源。双方愿在反恐领域开展对话与合作，相互支持，共同维护两国及地区安全稳定。

2017 年 11 月，在李克强总理出席第六次“中国—中东欧国家领导人会晤”并对匈牙利进行正式访问期间，两国签署了《中华人民共和国政府和匈牙利政府在共建“一带一路”倡议框架下的双边合作规划》《中匈关于电子商务合作的谅解备忘录》。

随着“一带一路”倡议的推进，中匈在经贸合作领域的步伐加快，陆续签署了多项合作协议和备忘录。加强“一带一路”倡议同匈方“向东开放”战略深度对接，加强全面合作顶层规划。要继续深挖合作潜力，继续推动匈塞铁路等大项目，拓展金融合作。要加强人文交流，扩大文化、教育、旅游、地方等领域合作。

2019 年 7 月 12 日，国务委员兼外长王毅访问匈牙利并在布达佩斯出席中匈“一带一路”工作组第二次会议。这些重大举措的实施，将对两国经贸合作产生重大的积极推动作用。

2021 年 11 月 18 日，中国商务部部长王文涛和匈牙利创新与技术部部长鲍尔科维奇签署《中华人民共和国商务部和匈牙利创新与技术部关于推动绿色发展领域投资合作的谅解备忘录》《中华人民共和国商务部和匈牙利创新与技术部关于加强数字经济领域投资合作的谅解备忘录》。谅解备忘录的签署，将进一步加强中匈在绿色发展、数字经济领域的投资合作，促进两国投资合作高质量发展，深化双边经贸关系。中国与匈牙利经贸协议，具体可见表 3-7。

表 3-7　　　　中国与匈牙利经贸协议一览表

序号	协议名称	签署时间
1	中华人民共和国政府和匈牙利人民共和国政府经济技术合作协定	1984 年
2	中华人民共和国政府和匈牙利人民共和国政府关于成立中匈经济、贸易、科技合作委员会议定书	1984 年
3	中华人民共和国政府和匈牙利人民共和国政府关于植物检疫和植物保护合作协定	1986 年
4	中华人民共和国政府和匈牙利人民共和国政府旅游合作协定	1987 年
5	中华人民共和国和匈牙利人民共和国关于经济和科学技术长期合作基本方向的协定	1987 年
6	中华人民共和国政府和匈牙利共和国政府贸易协定	1990 年
7	中华人民共和国和匈牙利共和国关于鼓励和相互保护投资协定	1991 年
8	中华人民共和国政府和匈牙利共和国政府关于对所得避免双重征税和防止偷漏税的协定	1992 年
9	中华人民共和国政府和匈牙利共和国政府航空运输协定	1993 年
10	中华人民共和国政府和匈牙利共和国政府关于海关互助与合作的协定	1995 年
11	中华人民共和国政府和匈牙利共和国政府经济、贸易、科技合作委员会第十次会议纪要	1999 年
12	中华人民共和国政府和匈牙利共和国政府旅游合作协议	2003 年
13	中华人民共和国政府和匈牙利共和国经济合作协定	2004 年
14	匈牙利输华小麦植物卫生要求议定书	2006 年
15	关于中国从匈牙利输入兔肉检验检疫和兽医卫生条件议定书	2007 年
16	关于中国从匈牙利输入牛肉检验检疫和兽医卫生条件议定书	2014 年
17	中国与匈牙利进出口食品安全备忘录	2016 年
18	匈牙利乳制品输华协定书	2016 年

续表

序号	协议名称	签署时间
19	匈牙利马匹输华协定书	2016年
20	匈塞铁路融资备忘录	2016年
21	关于共同编制中匈合作规划纲要备忘录	2017年
22	中匈中小企业合作备忘录	2017年
23	中华人民共和国政府和匈牙利政府在共建“一带一路”倡议框架下的双边合作规划	2017年
24	中匈关于电子商务合作的谅解备忘录	2017年
25	关于建立中匈贸易畅通工作组的谅解备忘录	2019年
26	关于推动双边投资合作高质量发展的谅解备忘录	2021年
27	关于加强绿色发展领域投资合作的谅解备忘录	2021年
28	关于加强数字经济领域投资合作的谅解备忘录	2021年

资料来源：中国驻匈牙利使馆经商处。

当前，中匈绿色、数字合作如火如荼，成果丰硕，为两个谅解备忘录提供了坚实依托和有力支撑。绿色合作方面，一是清洁能源助力实现碳达峰、碳中和目标，中东欧地区最大的太阳能发电厂中机公司考波什堡100兆瓦光伏电站已并网发电，助力匈增加5%光伏容量，同时每年减少12万吨二氧化碳排放量。二是中国新能源品牌在欧洲投资兴建的第一座电动车工厂比亚迪电动大巴/卡车工厂在匈运营顺利，在欧洲纯电动客车市场占有率超过20%，成为欧洲电动客车市场的领跑者之一。三是新能源汽车锂电池项目投资异军突起，在匈形成产业集聚效应，恩捷锂电池工厂已开工建设，科达利锂电池工厂项目已在匈落地。此外，多个锂电池项目正在积极考察论证中，有望年内落地，涉投资金额数十亿欧元。

数字合作方面，数字贸易领域中匈跨境电商“双区联动”成绩亮眼，2021年前三季度拉动中国对匈牙利出口约7个百分点；数字基建领域华为、中兴等企业在匈稳扎稳打，深度参与匈牙利5G网络建设、欧洲首个5G智慧铁路港等重量级项目；数字金融领域中行、建行的数字人民币和金融科技实验室项目蓄势待发；数字平台领域阿里巴巴旗下菜鸟公司中欧物流中心项目落地匈牙利，物流分拨中心已正式启用；数字园区领域中欧跨境电商产业园项目火热建设中。

3.3 匈牙利外贸管理

3.3.1 贸易法规体系

匈牙利经济和交通部负责制定和实施贸易政策。该部负责按欧盟标准制定商业政策，与欧洲委员会签订双边和多边贸易协定，按照欧盟的规定实施贸易政策。

匈牙利贸易政策和法规与欧盟基本一致，与贸易相关的法律法规主要包括：《商品贸易、服务及跨境和关境材料估价的政府法令》（贸易法令）（*Government Decree No. 52/2012 (III.28)*）、《外汇自由化及相关法修订法案》（*Act XCIII of 2001*）、《欧盟海关立法执行法案》（*Act XIII of 2016*）和《匈牙利海关和金融保护法案》（*Act XIX of 2004*）等。

欧盟共同贸易政策是规范欧盟成员国统一执行的，针对第三国的贸易政策、共同海关税则和法律体系。最初其内容仅涉及关税税率改变、关税和贸易协定缔结。进出口政策在 1999 年 5 月生效的《阿姆斯特丹条约》之前只包括货物贸易，《阿姆斯特丹条约》将其覆盖范围扩展到大部分服务贸易。2003 年 2 月生效的《尼斯条约》又将它扩及所有服务贸易和与贸易相关的知识产权。2009 年 12 月生效的《里斯本条约》则重点在外国直接投资（FDI）领域进一步扩大了欧盟权限。

3.3.2 贸易管理的相关规定

自 2004 年 5 月 1 日加入欧盟后，匈牙利开始实施欧盟统一的贸易政策，货物和服务可以自由进出口，但匈牙利《贸易法令》也规定，对武器、放射性物质、可循环垃圾、有害垃圾、濒危动植物产品和派生物、监视设备、军事工程防御技术等进出口，必须在匈牙利贸易许可办公室办理许可证。

另外，对于涉及公共秩序、公共道德、公共安全、人类以及动植物生命和健康保护、国家财产保护和有关外汇专门手续等方面，匈牙利政府可不受欧盟内部市场和进口规定限制，采取相应的措施。此外，匈牙利政府有关部门对药品（含精神药物）、化学品、废品、核产品的进出口也做了明确规定。

3.3.3 进出口商品检验检疫

匈牙利实行欧盟的商品进出口检验检疫制度。仅对食品和动植物产品进行进口检疫，按照欧盟共同农业政策和有关法规的要求，由匈牙利农业部食物链控制司负责。欧盟对食品、动植物及其产品和各种工业产品制定严格的检验检疫管理法规和标准。无论在欧盟内部流通的商品，还是从第三国进口或出口的商品都必须符合欧盟相关的法规和标准要求。对于不同的产品，有不同的检验检疫管理方式，有的需要对整个产品的管理体系进行符合性评估，有的需要在边境实施逐批检验、检疫，或抽查检验、检疫，有的需要在市场实施抽查、监督，有的需要加贴 CE 安全标志等。

3.4 匈牙利进口管理制度

欧盟进口管理法规为 1994 年制定的《关于对进口实施共同规则的（EC）3285/94 号法规》以及《关于对某些第三国实施共同进口规则的（EC）519/94 号法规》。后者适用于欧盟定义的“国有贸易国家”。

鉴于纺织品和农产品在多边贸易框架中的特殊安排，欧盟分别制定了纺织品和农产品的进口管理法规。适用于纺织品的进口贸易立法主要包括《关于对某些纺织品进口实施共同规则的（EC）3030/93 号法规》和《关于对某些第三国纺织品实施共同进口规则的（EC）517/94 号法规》，后者随着 2005 年 1 月 1 日世界纺织品贸易实现一体化而终止。农产品进口贸易立法主要包括《关于实施乌拉圭回合农业协议所需采取措施的（EC）974/95 号法规》《关于农产品共同关税术语调整程序的（EEC）234/79 号法规》《关于某些农产品加工产品的贸易安排的（EC）3448/93 号法规》等。

欧盟进口许可制度主要包括监控、配额、保障措施三类。此外，欧盟还将各种技术标准、卫生和植物卫生标准作为进口管理手段。目前，欧盟采取进口监控措施的产品包括来自第三国的部分钢铁产品、部分农产品、来自中国的纺织品和鞋类。

3.5 匈牙利出口管理制度

欧盟鼓励出口，一般产品均可自由出口，仅对少数产品实施出口管理措施。出口管理法规主要包括《关于实施共同出口规则的（EEC）2603/69 号法规》《关于文化产品出口的（EEC）3911/92 号法规》《关于危险化学品进出口的（EEC）2455/92 号法规》《关于出口信贷保险、信贷担保和融资信贷的咨询与信息程序的

(EEC) 2455/92 号决定》《关于在官方支持的出口信贷领域适用项目融资框架协议原则的（EC）77/2001 号决定》《关于设定农产品出口退税术语的（EC）3846/87 号法规》以及《关于建立两用产品及技术出口控制体系的（EC）1183/2007 号法规》等。

根据欧盟出口管理法规，当短缺物资、敏感技术、初级产品出口将导致共同体产业损害时，成员国须马上通报欧委会及其他成员国。欧委会和成员国代表组成咨询委员会启动磋商，采取出口数量限制等措施减小损害。保护措施可针对某些第三国或针对某些欧盟成员国的出口。原则上讲，此类措施应由理事会以有效多数做出，欧委会在紧急情况下也可直接采取措施。欧盟法规还规定，出于公共道德、公共政策、人类和动植物健康、保护国家文化遗产等需要，或为防止某些重要产品供应出现严重短缺，欧委会和成员国政府有权对出口产品实行限制。

欧盟出口贸易限制政策属于欧盟共同外交与安全政策的一部分，如欧盟对中国的武器出口禁令。此外，欧盟还对两用产品和技术实行出口管制。欧盟理事会第 1183/2007 号法规附有一份禁止出口长单，并详细规定了共同体出口授权体系、信息交换条例、成员国间磋商等内容。

3.6 匈牙利贸易协定

匈牙利是 WTO 创始成员之一，其贸易政策及相关法律法规均与 WTO 的相关规定接轨，实行对外贸易自由化。匈牙利是欧洲自由贸易协定、经济合作发展组织、北大西洋公约组织和中欧自由贸易区的成员。此外，匈牙利还与以色列、爱沙尼亚、克罗地亚和土耳其等国签署了双边自由贸易协定。匈牙利于 2001 年取消了来自 WTO 成员的产品配额。

2004 年 5 月 1 日，匈牙利正式加入欧盟，实施与欧盟统一的贸易政策，欧盟与第三国签订的双边贸易协定直接适用于匈牙利。匈牙利的贸易政策和法律法规与欧盟基本一致，实行商品和服务的自由贸易。

2007 年加入《申根协定》后，各国游客只需拥有申根区任何一国的签证即可在匈牙利与其他申根协定国之间自由往来。这其中有 12 个欧盟成员国、6 个欧元区国家，该合作组织正在实践促进互相开放市场，探索完善地区与全球合作的新模式。

1992 年 12 月 21 日，捷克、波兰、匈牙利和斯洛伐克的外长在波兰克拉科夫市的瓦维尔宫签署了建立自由贸易区的协定，以取代由波兰、捷克斯洛伐克和匈牙利三国1991年2月成立的维谢格拉德集团。1993年1月1日，中欧自由贸易区协定正式生效。

匈牙利还与以色列、土耳其、克罗地亚和爱沙尼亚签订了双边自由贸易协定。为符合世界贸易组织的规定，自2001年1月1日起，匈牙利取消了来自WTO成员的产品配额，从欧盟和中欧自由贸易区的国家进口工业产品的关税也同时取消。

3.7 匈牙利贸易救济制度

3.7.1 贸易救济管理机构

匈牙利执行欧盟的贸易救济政策，对于非欧盟国家的不公平贸易发起救济措施等由欧盟委员会负责处理和实施。欧盟实施的贸易救济措施主要有反倾销、反补贴、保障措施、针对中国的特殊保障措施等。

3.7.2 反倾销规定

欧盟反倾销行动实施程序是提交诉讼、进行反倾销调查、采取反倾销措施和进行复查等。反倾销措施主要是接受价格承诺（由倾销方做出提高其产品出口价格的保证）或在关税以外征收附加的反倾销税（一般不追溯征收）。在对进口产品进行倾销行为调查时，欧盟将非欧盟成员国分为两类，一类是市场经济国家，另一类是非市场经济国家，并以此决定倾销商品的倾销幅度和正常价值的不同测定方式。对于市场经济国家的产品，欧盟将其国内同类产品的售价定位正常价值，如果某一产品出口价格低于国内售价，则该产品被判为有倾销行为，对于该产品是否进行反倾销调查、征收反倾销税，就取决于欧盟同类工业部门厂商是否提出相应的申请。与市场经济国家不同，对于来自非市场经济国家的产品，欧盟不将该产品的国内售价定为其正常价值，而是选择生产同类产品的某一市场经济国家作为替代国，以确定欧盟从非市场经济国家进口该产品的正常价值和倾销幅度。

欧委会负责对倾销案件进行调查，并根据调查结果决定是否采取相关措施。欧委会可应欧洲企业请求发起调查程序，也可自主发起调查（见表3-8）。

表 3-8 反倾销调查内容与措施

调查内容	1. 相关国家（地区）生产商的确有倾销行为 2. 欧盟相关产业遭受“实质性损害” 3. 损害结果与倾销行为有因果关系 4. 采取反倾销措施不损害欧盟利益
调查时间	15 个月
反倾销措施	1. 征收反倾销税 2. 征收固定关税或特别关税 3. 限定最低进口价格
措施期限	一般为 5 年（终期复审情形除外）

3.7.3 反补贴规定

自欧盟成立以来，反补贴政策很少被使用。现行的欧盟反补贴法律对反补贴的定义是：原产地国政府或出口国政府或公共机构提供潜在的直接资金转移，不征收或推迟征收某些到期的税额，提供一般公用设施以外的服务或货物，或者由政府提供的任何形式的价格或收入支持，而接受补贴的产品因此受益，则称为补贴成立。

欧委会负责对补贴案件进行调查，并根据调查结果决定是否采取相关措施。当欧盟内相关产业认为，从非欧盟国家进口的商品因存在出口国补贴情形，并且对欧盟相同产业的生产销售构成损害时，可向欧委会申请发起反补贴调查。向欧委会申请发起反补贴调查时，需证明以下内容：（1）原产于非欧盟国家的补贴商品正向欧盟出口；（2）进口补贴商品对欧盟相同产业带来损害。案件调查信息可在欧盟官方公报查询：https://eur-lex.europa.eu/homepage.html。

3.8 匈牙利的海关监管制度

作为欧盟成员，匈牙利执行欧盟海关法规，包括欧盟关税标准法令、海关统计制度、欧盟关税税率和海关免税法令等。在欧盟任何一国清关后，货物进入匈牙利不必再缴纳关税。

1992 年，欧盟理事会制定了《关于建立欧盟海关法典的第（EEC）2913/92 号法规》，对共同海关税则（包括商品分类目录、一般关税率、优惠关税措施以及普惠制等方面）、原产地规则（包括一般规则和特殊规则）以及海关估价等做出统一规定。根据欧盟海关税则第 5 章规定，在匈牙利的投资者和经营者可请专业报关公司办理海关手续。一般情况下，非欧盟货物利用货物原产地证明可以优惠关税进入匈牙利（相关出口国应与欧盟签署政府间贸易协议），同样欧盟货物也可以利用欧盟货物产地证明以优惠税率出口到其他国家。在匈牙利投资设厂，增加值达到规定比例或经匈牙利政府特别认定，即可获得匈牙利（欧盟）原产地证明。

3.8.1 匈牙利进口货物通关程序

1. 进口货物运抵欧盟关境

（1）运抵报告

货物运抵欧盟口岸后，将货物运抵欧盟的承运人或其代理人，或货物运抵后负责其运输的承运人，应在 3 个小时内报告海关货物已运抵口岸（如报告时为海关下班时间，应在之后海关上班的第 1 个小时内向海关报告）。

（2）运输工具进境申报

将货物运抵欧盟的承运人、货物运抵后负责其运输的承运人、海运公司、航空公司、陆路运输公司，或其代理人，应在发出运抵报告后 24 小时内，向海关进行运输工具进境申报。运输工具进境申报可与运抵报告合并进行。运输工具进境申报应使用 C1600 表格（英国海关）。如某些商业单证或计算机记录中已包含 C1600 表格中的必要信息，海关可以接受用上述商业单证或计算机记录申报。

以下为可接受的商业单证和记录：海运提单、空运单、集装箱舱单、装货单、发货记录（计算机库存系统中的发货记录）。

如需使用商业单证和记录申报，请联系卸货地海关，询问该海关可以接受的商业单证和记录。

如货物已在“欧共体过境手续”或“共同过境手续”下过境运输，目的地海关留存的过境单证副本可用来进行运输工具进境申报。空运或海运货物在“欧共体简化过境手续”下所使用的舱单亦可用来进行运输工具进境申报。

未经海关许可，不得卸货（发生紧急状况时，出于安全考虑，货物可在未经海关许可的情况下先行卸货，但卸货后应立即报告海关货物已运抵口岸）。海关要求卸货进行查验时，必须卸货。

货物取得进入口岸许可之后，将进入海关指定的临时存放区（海运货物不超过 45 天，其他货物不超过 20 天），未经海关许可不得搬运（为保存货物而进行的正常搬运除外）、打开或检查，直至海关批准可以进行以下处理或使用，否则可能被处以罚款或追究刑事责任：① 放行后自由流通；② 过境；③ 进入海关监管区，等待海关批准，以用作他途；④ 进行加工贸易；⑤ 暂准进境；⑥ 进入保税区或保税仓库。

2. 进口申报

（1）报关单形式

如欲从海关当局获得处理或使用货物的许可，须向海关提交“欧盟统一报关单”（Single Administrative Document，SAD，进口、出口和过境通用，在英国又称海关 C88 表）。根据《欧共体海关法典》和《欧共体第 2454/93 号条例》，在欧盟所有成员国，均应使用“欧盟统一报关单”进行报关。“欧盟统一报关单”一式八联，第一联至第三联由出口国使用，第四联至第八联跟着货走。无论电子报关单还是纸质报关单，海关接受申报后，均会向报关人发放一个唯一的申报编号，格式为：三位口岸代码，六位号码（包括 0），一位字母，六位接受申报日期。示例：120－112034B 190302。

电子申报：“欧盟统一报关单”99%以电子方式提交海关（各成员国海关均有自己的通关系统）。如进口商或其代理人的计算机系统与海关通关系统兼容，进口商或其代理人获得海关批准后可以直接向海关通关系统（英国海关系统名称是 Customs Handling of Import and Export Freight，CHIEF）录入通关所需信息（称为直接录入，Direct Trader Input，DTI），之后海关通关系统会自动生成电子报关单。计算机自动生成的报关单可以大大加快通关进程。部分企业获得海关批准后甚至可以通知海关当局进入企业计算机系统直接获取企业在自己的计算机系统中录入的报关单信息，而不必提交报关单。海关批准进口后，将向进口商或其代理人签发“进口入境许可书”。

纸质申报：在个别情况下，企业可在指定的海关办公区域递交纸质报关单。海关将会把报关单信息录入通关系统。海关批准进口后，将直接在报关单上盖章，颁发进口入境许可。

（2）报关人

根据欧盟法律规定，报关人应为欧盟常住居民或在欧盟拥有永久营业地点或注册办公室的公司。但是，如系过境申报、暂准进口申报，或仅偶尔作为申报人申报进口货物（不进行经常性的进口活动），可不受此限制。

“欧盟统一报关单”可由进口商或其代理人提交海关当局。代理形式分为两种：a. 直接代理：代理人以委托人的名义代表委托人申报（委托人承担缴纳税费责任）。b. 间接代理：代理人以自己的名义代表委托人申报（连带责任，委托人和代理人均可被要求承担缴纳税费责任）。

（3）申报和受理时限

进口商或其代理人可在货物运抵口岸之前提前 4 天申报（但海关只有在货物运抵后才会接受申报），或在货物运抵口岸后 14 天内申报。

企业申报后，海关批准企业可以对货物进行处理或使用的手续一般应在以下期限内完成：运输工具进境申报提交之日起45天之内（海运货物）；运输工具进境申报提交之日起20天之内（非海运货物）。

（4）单证要求

须提交"欧盟统一报关单"、供货商发票、合同、提单、运单、装货单、装箱清单、保险证明、银行汇票，必要时还应提交重量证书、配额证明、原产地证（或者，出口国发票上或其他商业文件上的原产地声明）、ATR货物流通证书（仅针对土耳其零关税货物）、商品检验证书、动植物检疫证书、食品卫生检验证书、临时进口证书、特定减免税所需证明、批文、进口货物许可证等。

（5）归类

申报时，进口商或其代理人应根据进口国税则对商品进行归类。确定正确的商品编码和海关手续代码非常重要，归类错误有可能被处以罚款。录入或填写申报单时，如难以确定商品编码，可联系税则与统计办公室（Tariff and Statistical Office，TSO），该办公室将免费签发具有法律效力的归类意见书（Binding Tariff Information，BTI），决定商品归类编码。该意见书自签发之日起六年内有效。申请表格（C102表）可联系英国皇家税务与海关署索取。

3. 缴纳税费

海关接受申报并根据相应规则审核确定商品归类和完税价格后，进口货物应根据相关法律法规缴纳关税、增值税、特别消费税、农业税和（或）其他税费。多数情况下，经常进口货物的企业会通过使用延期缴纳账户（Deferment Account，需向海关申请）提供担保（银行或保险公司担保，需海关批准），并开设可直接向海关转账的账户，走担保放行手续。批准延期的税费金额不能超过担保金额，保证金应足以支付每个自然月所有延期缴纳税费。进口商或其代理人平均可推迟30天缴纳税费。

企业也可通过担保支票（填制担保表格C&E307表，或由银行背书）、银行汇票、银行自动清算业务（Bankers' Automated Clearing Services，BACS）小额支付系统、自动支付清算系统（Clearing House Automated Payment System，CHAPS）、大额支付系统提供担保，但这些形式的担保可接受货币为欧元，而非英镑。

申请适用"简单进口增值税会计制度"（Simplified Import VAT Accounting，SIVA）或"特别消费税担保制度"（Excise Payment Security System，EPSS）的企业允许提供非全额进口增值税或非全额消费税担保。

海关批准申请后，会向申请人颁发延期缴纳税费批准号（Deferment Approval Number，DAN），在填制报关单时，只有填写该批准号，才可享受延期缴纳税费待遇。

每月延期缴纳的关税和进口增值税应于下月的第 15 日一并缴纳。如该月第15日为非工作日，则应于第15日之后的第一个工作日缴纳（一共延期2～6周，即平均延期30天）。特别消费税可延期30天缴纳，但会计月度为每月15日至下月14日。延期缴纳的特别消费税应于第二个月的第29日缴纳（如为非闰年的二月份，则于2月28日缴纳）。如第29日（或非闰年2月28日）为非工作日，则于之前一日缴纳。

4. 验放

报关文件齐全、足额缴纳税费或按规定提供担保的进口货物，海关将予以放行。部分货物需进行查验（如根据风险分析确定的高风险货物等）。查验后单货相符的货物，海关将予以放行。

3.8.2 匈牙利出口货物通关程序

1. 出口货物申报

（1）出口货物的代理报关要求与进口相同

如出口商委托代理人办理出口手续，代理人仅代表其办理手续。如海关认为申报有需要进一步解释说明的地方，根据相关法律规定，出口商而非其代理人系法定的申报人，出口商应承担确保申报信息准确无误的责任。

（2）出口报关应提交的单证和文件

–欧盟统一报关单；

–报关所需的商业文件（如合同、发票、提单、运单、装箱单、保险单、载货清单等随附单证）；

–运输（转运）文件；

–批文、许可证、认证书和（或）限制性货物出口的许可文件；

–计算海关税费的资料；

–其他单证。

（3）出口申报时限

如报关人在出口之际已掌握海关要求申报的全部信息，则进行常规申报。如在出口之际，部分关于发货的详细信息仍无法获得（如临时增加货物等），企业可先向海关申报简要信息，并在启运之日起14天内补正，补充申报全部详细信息。

（4）全球货物统一编码

出口申报时，除应提供货物原产地、目的国、商品编码、海关手续代码、价格等信息外，还应填写“全球货物统一编码”，这是最为重要的一条信息。2009

年 7 月 1 日起，欧盟将要求企业在出口报关单中申报产品安全信息。英国海关是最早使用“全球货物统一编码”的海关之一，要求所有电子报关单必须包含此信息。

通过“全球货物统一编码”，出口商和海关可对货物通关状态和运输全过程进行跟踪（特别是在货物通过简化手续通关时）。如报关人未提供“全球货物统一编码”，海关通关系统将会为货物自动发放一个“全球货物统一编码”。该编码系根据世界海关组织的相关标准设定，共 35 位，由数字和字母组合而成，分为四个部分。有了“全球货物统一编码”这个货物识别码，货物每到达一个口岸，经认证的装货人便会通过该识别码把抵达信息传输至海关通关系统。如货物直接从英国出口至非欧盟国家，“货物离境信息”将被传输至海关通关系统。

2. 审单

海关收到出口报关单后，将审查货物是否符合出口管制规定，是否应提交许可证件、检验证件等。符合出口条件，承运人即可将货物装入拟离开欧盟关境的运输工具，并在海关提出查验要求时接受海关查验。

3. 税费缴纳和出口退税

目前，欧盟对出口货物不征收出口关税、出口环节税或其他税费，但欧盟委员会有可能临时决定征收出口环节税（如发生灾荒导致某种农产品出现短缺不宜出口等）。需临时征收出口税费时，海关和农业部门将会发布联合公告，告知出口商如何办理通关和税费缴纳手续。属于应缴出口税费的货物，出口商或其代理人应根据海关计算的出口税费金额及时足额缴纳税费。

如货物系在“共同农业政策”项下出口，可享受出口退税政策。

4. 验放

经海关单证审核无误的出口货物，海关将予以放行（部分货物查验后放行）。

3.8.3 便捷通关制度

1. 海关货运简化手续（Customs Freight Simplified Procedures，CFSP）

该手续分为两步，须以电子方式申报。企业须向海关申请授权方可通过此简化手续通关。经认证的企业自大多数非欧盟国家进口的货物均可享受快速放行待遇。第一步，在边境口岸使用简化报关单提交最基本的信息，货物先期放行。第二步，放行后在规定期限内以电子方式向海关提交全面的用于海关贸易统计和财税方面的信息。企业借此可在现金流等方面获益。这与一般报关手续结合使用，更能满足企业需要。但此类货物放行后，同其他货物一样，仍须接受海关反走私或其他后续监督管理。详见英国皇家税务与海关署网站英国海关 760 号公告（海关货运简化手续 CFSP）。

2. 经认证的经营者（Authorised Economic Operator，AEO）制度

欧盟根据世界海关组织《全球贸易安全与便利标准框架》和美国的“海关—商界反恐伙伴计划”引入此制度，以确保国际贸易供应链安全，保护欧盟边境及其公民免受恐怖主义威胁。经过认证的企业（AEO 企业）可享受快速通关及其他优惠待遇。

2015 年 6 月，中国与欧盟海关签署了《中欧 AEO 互认联合声明》。11 月 11 日，中欧 AEO 互认正式实施。

在执行 AEO 制度中，欧盟各国在遵守欧盟海关法实施细则的同时，会根据本国实际情况制定不同的认证程序。但综合来看，欧盟的认证程序大体有三个步骤：在线申请、初审和验证确认。自 2019 年 10 月 1 日起，申请者必须经过欧盟交易者门户网站在线提交 AEO 申请表和自我评估调查表。海关 AEO 协调员负责初审工作。欧盟海关要求成员国海关在接受申请之后，征求其他 2 个成员国海关意见。成员国海关根据企业的相关信息开展综合评估和实地验证，发布验证报告，决定是否授予 AEO 资格。

3.9 匈牙利关税计征制度

匈牙利完全采用欧盟关税法规。1969 年，匈牙利加入了海关合作委员会，而且是关税与贸易总协定和其他一些国际协定的签约国，并采用国际上普遍使用的“统一的商品种类和条码制度”。1995 年 12 月 1 日，匈牙利颁布了海关法、海关程序与海关管理和关税的法案。多年来，匈牙利政府致力于贸易自由化，其中一项重要的举措就是逐步削减关税，匈牙利的关税水平总体上与西欧的标准一致。目前进口平均关税率为 8%。

欧盟关税税则编码根据世界海关组织（WCO）《商品名称及编码的协调制度》制定，其协调编码为 8 位数，其中前 6 位数为协调编码税目。欧盟还对一些商品采用 10 位数编码进行监管，称为 TARIC 术语，用于区分和识别特殊政策措施下的进口产品。TARIC 术语产品通常冠以 4 个附加编码，分别代表农产品合成物、反倾销税、两用产品和出口补贴，各成员国采用统一术语。欧盟以委员会指令形式每年对外发布一次更新后的税率表。欧盟关税征收方式较为复杂。除对大多数产品适用从价税税率，欧盟对部分农产品、化工品，以及盐类、玻璃、钟表零部件等产品适用复合税，混合税或其他技术性关税的非从价税税率。在混合税中，欧盟又使用了 7 种不同的征税方式。此外，欧盟对部分农产品设置包括季节性关

税在内的多种技术性关税。另外，欧盟还实行自主关税暂停征收和配额制度。该制度对某些进口产品全部或部分免征正常关税。如该制度适用于数量有限的货物，则属于配额；如其适用货物数量没有限制，则属关税暂停征收。原则上，该制度的适用范围仅限于欧盟境内无法获得的原材料、半成品，不包括成品。

匈牙利海关根据世界各国经济发展程度的不同，实行区别对待的关税政策，除最惠国待遇外，给予一些发展中国家普惠制待遇、与中东欧国家按中欧自由贸易协定、与欧盟根据联系国协定规定的有关税率实行。根据中匈两国 1990 年签订的经贸协议，匈牙利给予中国最惠国待遇。匈牙利海关对以下商品免税：在运输途中受国际海关条约（TIR，ATA，Carnet）保护的应纳税商品；由承运人保管的应纳税商品；海关办公室先前用现金购得的商品；除应纳消费税的商品外，以来料加工的名义进口的应纳税产品；存放于保税库中的商品；由非匈公民带进匈牙利、以自用目的、使用不超过 6 个月的小轿车；以谋生和保证家庭至少 12 个月的供给为目的的、不超过普通家庭正常需求量而进入匈牙利的移动资产等。匈牙利海关对于进入匈牙利国内流通领域的商品，除征收海关关税外，还征收普通流通税（税率分别为 0%，12%，或 25%——后者最常见）、消费税（依据增值税法）、统计费用和海关清关费（原产地为关税与贸易总协定缔约方的产品，每批征收 1%），还有目前暂时征收的 8%的附加税。欧盟成员国之间进行的贸易不征收关税，从欧盟以外的国家进口商品的关税按照共同体海关法规定的税率执行。消费税按以下事项征收利息，特许权使用费的 15%或基于双重税务协定（Double Taxation Treaty，DTT），如酒精饮料、石油和烟草产品。

匈牙利和欧盟的关税税率可以通过欧盟网站查询，匈牙利的主要商品税率如表 3－9 所示。

1. 从非欧盟成员国可免税携带下列商品入境匈牙利

（1）酒类产品和含酒精饮料（旅客须年满 17 周岁）不能超过以下数量：4 升葡萄酒，或 16 升啤酒或 1 升酒精度超过 22%的饮料和 2 升其他的含酒精饮料（酒精度不超过 22%）。

（2）烟草类产品（旅客须年满 17 周岁）不能超过以下数量：航空旅客：200 支香烟，或 100 支小雪茄，或 50 支雪茄，或 50 克吸食用烟草；其他旅客（通过公路、铁路或水路入境）：40 支香烟，或 20 支小雪茄，或 10 支雪茄，或 50 克吸食用烟草。

备注：小雪茄为重量不超过 3 克的雪茄烟。

表 3-9　　　　匈牙利海关征收的主要商品税率

商品种类	品种	海关号	税率（%）
纺织服装	丝绸	50072031	7.5
	棉织品	52091100	8
		52111100	8
	地毯或挂毯	57011010	8
	鞋	64035119	8
		64041100	16.9
工业电子产品	冰箱	84182110	1.5
	洗衣机	84501111	3
	缝纫机	84521011	5.7
	电视机	85281252	14
	摄像机	90071100	3.7
	人造花	67021000	4.7
	玻璃制品	70109043	5
	液晶显示板	90138030	0
	品目 8517 所列其他通信设备零件	85177090	0
礼品	陶瓷	69141000	5
		69149010	3
	玩具	95021010	4.7
	家具	94031059	0
		94033019	0
		94035000	0
		94038000	56
日用消费品	灯具	94051029	4.7
		94051050	3.7
	床垫	94042910	3.7
	箱包	42022100	3
		42022210	9.7
		42029110	3

资料来源：匈牙利税务与海关总署。

（3）燃料（旅客须年满 17 周岁）：机动车在入境时存储在标准油箱中的燃料；不超过 10 升的手提式容器储备燃料。

（4）其他商品

除上述商品外，价值不超过 300 欧元或在航空交通中少于 430 欧元的商品可免税入境。15 周岁以下的旅客可携带价值不超过 150 欧元的商品免税入境。此外，免税入境物品还需符合以下条件：非经常性带入的商品；以旅客或其家人个人使用或作为礼品目的的商品；从物品性质及数量上应非贸易目的。

如果不符合以上所述任一条件，须在缴纳关税和其他税种（增值税，境内货物税等）之后才能入境。如匈牙利海关部门对入境物品有怀疑，有权要求旅客以书面形式递交报关单。

2. 特别提示

（1）勿从非欧盟成员国带入生肉、肉类产品、含有肉类成分的食品、奶乳和含有奶乳成分的产品（易腐食品）。携带此类食品入境须遵守相关的严格规定并经过兽医检查。出境时也不要携带上述食品，通常情况下，这些食品被禁止带入第三国，或受到严格条件限制。

（2）如在欧盟境内旅行期间需持续接受药物治疗，可携带由主管医生开具的与旅行时间相符的适量药品。携带成瘾药品与精神性药品（例如镇静剂、兴奋剂和致幻剂），须持特别许可（相关问题可向卫生行政管理与许可证办理部门咨询）。

（3）每位进入或离开欧盟的旅客，如携有超过（含）10 000 欧元或等额现金（任何货币）、证券、契约、股票、旅行支票等，须向匈牙利海关进行申报。申报表要在旅客进入或离开欧盟境内的当地海关部门（或其他负责部门）填写并递交。

匈牙利税务与海关总署提供中文服务，有关详细信息可在其网站上查阅。

第4章 匈牙利投资环境

4.1 投资概况

4.1.1 匈牙利作为投资地概况

匈牙利历经1989年的政治制度变化以后，外商对匈牙利的直接投资迅速增长。2000年后，尽管在世界经济层面外商直接投资以及企业收购大幅度下降，但是匈牙利仍然每年都能继续吸引数亿美元的外商直接投资。外商在匈牙利纷纷建立生产高附加价值产品的工厂。许多国际大企业在这里设立了经济、金融、信息或通信服务中心，建立了研究所、研发中心——利用了匈牙利的中心位置、现代化交通和电讯网络，以及具有竞争力的、受过高等教育的劳动力。

匈牙利政府通过各种经济政策手段积极支持外商对匈牙利的投资。随着匈牙利加入欧盟，又因为其独特的地理优势，投资者可以将其当作对欧洲市场投资的桥头堡，打开通往欧盟国家市场的道路。匈牙利地理位置优越，区位优势突出，基础设施完善，劳动力性价比高，投资环境较好。2006—2016年外商对匈牙利投资走势图，见图 4－1。2017—2020 年匈牙利外国直接投资（FDI）流量及年末存量，见图 4－2。

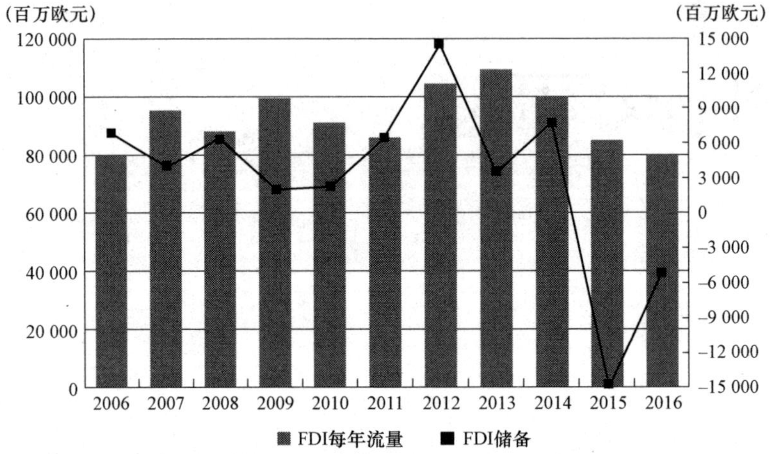

图 4-1　2006—2016 年外商对匈牙利投资走势图

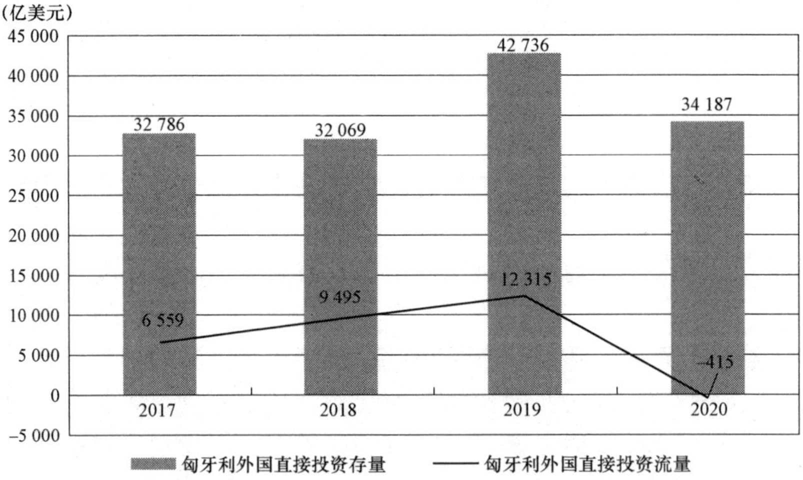

图 4-2　2017—2020 年匈牙利 FDI 流量及年末存量

资料来源：联合国贸易和发展会议。https://unctadstat.unctad.org.

行业方面，截至 2019 年，匈牙利吸收外商投资企业共 3 万多家。外商投资的主要地区是首都布达佩斯和匈牙利西部地区。制造业、金融、通信、汽车、电子等行业是外商主要的投资领域，约占吸收外资总额的2/3（见图4－3、图4－4）。目前，匈牙利移动通信业、保险业、电力分销企业几乎全部由外资控制，银行业80%以上的资产由外资控制，批发零售业近一半的市场份额掌握在外资手中，95%以上的汽车由外资企业生产。在匈牙利投资的主要企业见表4－1、表4－2。

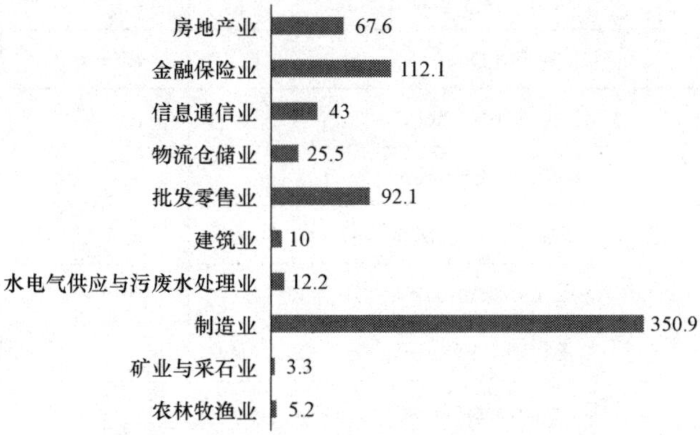

图4－3　2019年匈牙利主要行业吸引外商投资存量（单位：亿欧元）

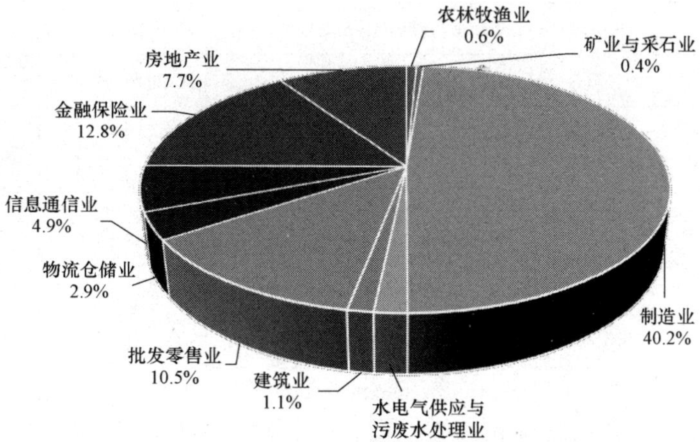

图4－4　2019年匈牙利主要行业吸引外商投资存量

表 4-1 在匈牙利投资的世界 500 强企业

序号	企业名称	投资产业	国别
1	大众（Volkswagen）	汽车及发动机	德国
2	铃木（Suzuki）	汽车	日本
3	戴姆勒（Daimler）	汽车	德国
4	通用汽车（GM）	汽车零部件	美国
5	电装（Denso）	汽车电子	日本
6	米其林（Michelin）	汽车轮胎	法国
7	爱立信（Ericsson）	通信设备	瑞典
8	通用电气（GE）	电子	美国
9	三星（Samsung）	电子	韩国
10	飞利浦（Philips）	电子	荷兰
11	博世（Robert Bosch）	电子	德国
12	国际商用机器（IBM）	电子	美国
13	LG 电子（LG Electronics）	电子	韩国
14	西门子（Siemens）	电子	德国
15	伟创力（Flextronics International）	电子	新加坡
16	华为（Huawei Technologies）	通信设备	中国
17	美国铝业公司（Alcoa）	铝业	美国
18	可口可乐（Coca-Cola）	饮料	美国
19	雀巢（Nestlé）	食品	瑞士
20	联合利华（Unilever）	食品、日化	英国/荷兰
21	赛诺菲-安万特（Sanofi Aventis）	制药	法国
22	葛兰素史克（Glaxosmithkline）	制药	英国
23	菲利普-莫里斯（Philip Morris）	烟草	美国
24	英美烟草（British American Tobacco）	烟草	英国

续表

序号	企业名称	投资产业	国别
25	壳牌（Shell）	石油	荷兰
26	奥地利石油天然气集团（OMV）	石油	奥地利
27	埃尼石油公司（Eni）	石油	意大利
28	意昂集团（E.ON）	能源	德国
29	苏伊士集团（GDF Suez）	能源	法国
30	德国电信（Deutsche Telekom）	通信	德国
31	沃达丰（Vodafone）	通信	英国
32	特易购（Tesco）	零售	英国
33	欧尚（Auchan）	零售	法国
34	麦德龙（Metro）	零售	德国
35	比利时联合银行（KBC Group）	银行、保险	比利时
36	联合信贷集团（Unicredit Group）	银行	意大利
37	联合圣保罗银行（Intesa Sanpaolo）	银行	意大利
38	德意志银行（Deutsche Bank）	银行	德国
39	德国商业银行（Commerzbank）	银行	德国
40	花旗集团（Citigroup）	银行	美国
41	中国银行（Bank of China）	银行	中国
42	摩根士丹利（Morgan Stanley）	金融服务	美国
43	安联保险（Allianz）	保险	德国
44	忠利保险（Assicurazioni Generali）	保险	意大利
45	安盟保险（Groupama）	保险	法国
46	荷兰全球保险集团（Aegon）	保险	荷兰
47	荷兰国际集团（ING）	保险、银行	荷兰
48	安盛（AXA）	保险、银行	法国

注：大众子公司奥迪在匈牙利设有汽车及发动机生产基地。

资料来源：中国驻匈牙利使馆经商处。

表 4－2 2019 年匈牙利企业前 10 强名单

排名	公司名称	行业
1	匈牙利能源公司（Mol MagyarOlaj-ésGázipari Nyrt.（MOL））	能源
2	奥迪匈牙利公司（Audi Hungaria Zrt.）	汽车
3	匈牙利电力公司（MVM Magyar Villamos Művek Zrt.）	电力
4	梅赛德斯奔驰匈牙利公司（Mercedes-Benz Manufacturing Hungary Kft.）	汽车
5	通用电气基础设施匈牙利公司（GE Infrastructure Hungary Holding Kft.）	电气
6	三星电子匈牙利公司（Samsung Electronics Magyar Zrt.）	电子
7	铃木匈牙利公司（Magyar Suzuki Zrt.）	汽车
8	德国电信匈牙利公司（Magyar Telekom Távközlési Nyrt.）	电信
9	博世电器公司（Robert Bosch Elektronika Kft.）	电器
10	Ventas 咖啡匈牙利公司（Ventas Coffee Hungary Kft.Ventas）	食品

资料来源：中国驻匈牙利使馆经商处整理。

从投资国别（地区）来看，匈牙利外商直接投资主要来源于欧洲地区，投资存量约 708.7 亿欧元，约占其外国直接投资存量的 81.2%，其次是美洲和亚洲地区，投资存量分别为 58.9 亿欧元和 55.7 亿欧元。国别方面，对匈牙利投资主要来源国是德国，投资存量占匈牙利外国直接投资存量的 20.4%，其次分别是荷兰、奥地利、卢森堡和瑞士。亚洲地区对匈牙利投资排名前 3 位的国家分别是韩国、日本和新加坡。具体见表 4－3。

表 4－3 2019 年匈牙利吸收外国直接投资存量国别/地区分布

地区/国家	投资额（亿欧元）	占比
欧洲地区	**708.7**	**81.2%**
德国	178.0	20.4%
荷兰	153.5	17.6%
奥地利	93.2	10.7%
卢森堡	52.4	6.0%
瑞士	39.6	4.5%
美洲地区	**58.9**	**6.8%**
美国	50.7	5.8%
亚洲地区	**55.7**	**6.4%**
韩国	29.5	3.4%
日本	13.3	1.5%
新加坡	5.0	0.6%

资料来源：匈牙利国家银行。https://www.mnb.hu.

4.1.2 匈牙利投资环境

1. 匈牙利营商环境

匈牙利营商环境整体强于中东欧大多数国家，近年来，在中国—中东欧国家合作综合指数排名中一直位列第一。匈方实施的“向东开放”政策与中国的共建“一带一路”倡议成功对接，为中匈经贸合作发展注入了新动能。

中国社科院发布的《中国—中东欧经贸合作进展报告》建立了涵盖政治合作、贸易合作、投资合作、金融合作、人文交流等指标的中东欧双边合作指数。2016年至今，中匈合作综合指数在中东欧国家中排名第一，其中在营商环境各项指标中，匈牙利行政能力环境、金融环境、社会环境均排名第一，宏观经济环境、贸易环境等也居中东欧前列。根据世界银行发布的《2020 全球营商环境报告》，匈牙利营商环境便利度在 190 个国家（地区）中排名第 52，相比 2019 年上升 1 位。各细项排名见表 4－4，匈牙利营商环境得分情况见图 4－5。

表 4－4　　　　2020 年全球营商便利度排名

经济体	营商环境便利度	开办企业	办理施工许可证	获得电力	登记财产	获得信贷	保护少数投资者	纳税	跨境贸易	执行合同	办理破产
新西兰	1	1	7	48	2	1	3	9	63	23	36
新加坡	2	4	5	19	21	37	3	7	47	1	27
中国香港	3	5	1	3	51	37	7	2	29	31	45
丹麦	4	45	4	21	11	48	28	8	1	14	6
韩国	5	33	12	2	40	67	25	21	36	2	11
美国	6	55	24	64	39	4	36	25	39	17	2
格鲁吉亚	7	2	21	42	5	15	7	14	45	12	64
英国	8	18	23	8	41	37	7	27	33	34	14
挪威	9	25	22	44	15	94	21	34	22	3	5
瑞典	10	39	31	10	9	80	28	31	18	39	17
…	…	…	…	…	…	…	…	…	…	…	…
中国	31	27	33	12	28	80	28	105	56	5	51
法国	32	37	52	17	99	104	45	61	1	16	26
土耳其	33	77	53	41	27	37	21	26	44	24	120
阿塞拜疆	34	9	59	80	44	1	105	40	83	28	47

续表

经济体	营商环境便利度	开办企业	办理施工许可证	获得电力	登记财产	获得信贷	保护少数投资者	纳税	跨境贸易	执行合同	办理破产
以色列	35	28	35	83	75	48	18	13	67	85	29
瑞士	36	81	71	13	18	67	105	20	26	57	49
斯洛文尼亚	37	41	119	23	54	119	18	45	1	112	8
卢旺达	38	35	81	59	3	4	114	38	88	32	62
葡萄牙	39	63	60	52	35	119	61	43	1	38	15
波兰	40	128	39	60	92	37	51	77	1	55	25
…	…	…	…	…	…	…	…	…	…	…	…
匈牙利	52	87	108	125	29	37	97	56	1	25	66

资料来源：世界银行。

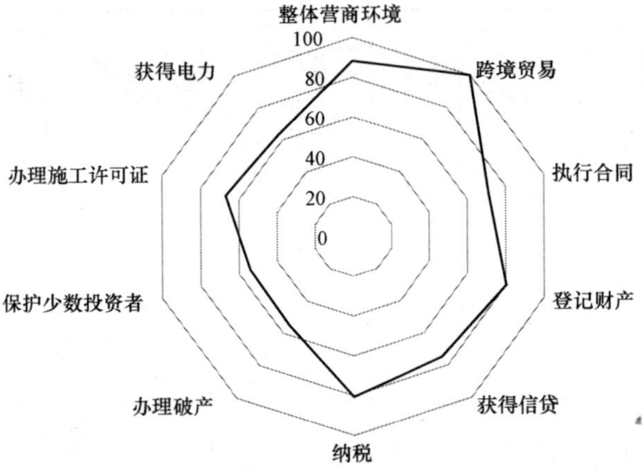

图 4－5　2020 年匈牙利营商环境得分情况

资料来源：世界银行《2020 年匈牙利营商环境报告》。

2. 匈牙利投资成本

（1）水、电、油价格

匈牙利电价分为居民用途和工业用途，其中工业用电价格根据市场浮动，平均价格约 0.1 美元/度。天然气价格也有不同，民用天然气直接按下表计价，工业用天然气由企业与油气公司通过签订长期供货协议确定。水价不分民用和工业用途。详细情况见表 4－5，表 4－6，表 4－7 和表 4－8。

表4－5　　2020年匈牙利生活用水、电、气、油价格

项目	价格（福林）	价格（美元）
水（立方米）	297	0.93
电（度）	366	0.14
天然气（立方米）	101	0.31
汽油（升）	372	1.16

资料来源：匈牙利中央统计局。

表4－6　　匈牙利部分城市用水价格

城市	居民用水价格（美元）	非居民用水价格（美元）
布达佩斯	0.73	0.84
比奥托尔巴吉	1.41	1.67
布达凯希	0.73	0.84
布达厄尔什	0.71	0.73
杜瑙博格达尼	1.19	1.64
锡盖特圣米克洛什	1.18	1.84

资料来源：布达佩斯水务公司。https://www.vizmuvek.hu.

表4－7　　匈牙利电力税后成本

用量/半年	单位价格（欧元/千瓦时）
用量≤20兆瓦时	0.134 9
20兆瓦时＜用量≤500兆瓦时	0.117 4
500兆瓦时＜用量≤2 000兆瓦时	0.099 2
2 000兆瓦时＜用量≤20 000兆瓦时	0.093 3
20 000兆瓦时＜用量≤70 000兆瓦时	0.089 6
70 000兆瓦时＜用量≤150 000兆瓦时	0.091 7
用量＞150 000兆瓦时	0.091 8

资料来源：欧洲统计局。

表4－8　　匈牙利天然气价格

用量/半年	单位价格（欧元/吉焦耳）
用量≤1 000吉焦耳	11.450 6
1 000吉焦耳＜用量≤10 000吉焦耳	10.577 2
10 000吉焦耳＜用量≤100 000吉焦耳	9.686 8
100 000吉焦耳＜用量≤1 000 000吉焦耳	9.078 5
1 000 000吉焦耳＜用量≤4 000 000吉焦耳	8.071 7
用量＞4 000 000吉焦耳	7.747 5

资料来源：欧洲统计局。

（2）土地及房屋价格

2008 年金融危机以来，房地产市场基本处于供大于求的状况，写字楼、商铺和住宅空置率一度很高。2015 年以来，随着经济状况的大幅好转，房地产市场迅速恢复。2019 年，匈牙利全国平均房价 278 万福林，布达佩斯均价 345 万福林。2017—2019 年，欧洲各地区住房价格指数见表 4－9。

表 4－9　欧洲各个国家的季度名义住房价格指数（2015＝100.0）

国家	2017				2018				2019		
	1	2	3	4	1	2	3	4	1	2	3
	季度										
奥地利	111.5	114.2	114.8	116.5	117.5	118.5	120.4	122.2	122.4	126.4	127.8
比利时	105.0	104.7	108.2	107.6	107.7	108.7	110.9	110.3	111.5	112.0	115.3
保加利亚	112.7	115.4	117.6	119.5	120.7	124.0	125.0	126.2	129.5	130.3	131.7
捷克	99.6	102.7	102.5	105.2	103.3	104.0	103.3	107.0	107.8	112.3	105.7
丹麦	116.2	119.1	121.2	122.3	125.0	128.7	131.9	134.4	137.2	140.6	143.3
英国	106.6	110.5	112.0	109.9	114.0	115.6	116.1	113.5	116.0	118.7	118.0
爱沙尼亚	108.8	111.2	113.8	113.7	113.6	114.9	117.1	116.6	115.3	116.1	118.4
芬兰	108.1	108.4	112.1	113.5	115.2	116.4	116.7	120.0	122.0	123.1	126.2
法国	101.6	102.7	102.1	101.6	101.7	103.5	103.0	103.3	102.7	104.4	104.3
荷兰	102.4	103.4	105.7	105.1	105.4	106.3	108.7	108.5	108.5	109.7	112.3
克罗地亚	109.7	111.4	114.0	116.7	119.9	121.7	125.6	127.3	129.7	131.8	133.4
爱尔兰	100.9	104.6	105.1	108.5	109.4	109.3	112.3	113.5	117.6	120.6	121.4
冰岛	113.4	115.9	122.2	125.3	127.3	130.4	133.3	134.3	133.0	133.7	135.6
波兰	122.1	130.1	135.7	136.9	138.8	140.5	143.5	145.2	146.2	147.2	148.2
拉脱维亚	103.3	105.4	106.5	107.9	109.5	112.0	113.4	116.1	118.3	121.1	123.6
立陶宛	113.1	119.5	119.7	119.7	126.0	129.9	128.3	132.9	134.0	140.2	145.7
卢森堡	111.1	114.5	116.7	116.9	119.8	123.0	124.4	125.6	129.2	131.1	132.4
匈牙利	109.8	112.2	112.3	113.5	116.8	117.9	120.8	123.9	125.0	131.4	134.4
马耳他	122.2	125.5	129.3	132.0	138.6	142.5	148.5	152.3	165.2	169.0	168.1
德国	105.2	108.9	113.0	116.6	111.3	115.5	119.3	123.8	118.5	122.7	126.2
挪威	107.4	113.1	115.0	117.3	118.3	120.6	123.1	124.6	124.4	127.1	129.1
意大利	114.9	115.5	112.4	112.2	113.6	116.1	116.3	116.2	118.5	121.7	120.5
葡萄牙	98.9	99.6	99.2	98.8	98.6	99.2	98.4	98.3	97.7	99.1	98.8
罗马尼亚	111.9	115.5	119.6	121.1	125.6	128.5	129.7	132.3	137.1	141.5	143.1
西班牙	109.0	114.3	112.4	113.8	116.1	119.7	118.9	119.8	119.9	121.8	123.6
瑞典	108.2	110.4	112.4	113.4	115.0	117.9	120.5	121.0	122.9	124.3	126.3
斯洛伐克	114.0	116.0	117.6	114.1	113.2	114.0	115.2	115.0	115.0	116.5	118.6
斯洛文尼亚	107.1	113.1	115.6	116.2	119.6	121.0	120.7	124.1	126.4	131.1	134.5

（3）工业用地成本

匈牙利工业地产主要集中在大布达佩斯地区（布达佩斯市中心周边 30 千米范围内）。布达佩斯办公楼平均租金 24 欧元/平方米/月，管理费（含能源费）4 欧元/平方米/月。布达佩斯地区仓库（物流园、工业园）平均房租 4.3～4.5 欧元/平方米/月，管理费 0.7 欧元/平方米/月，月物业费为租金的 8%，开发商要求的租赁期限通常为 3～5 年。首都以外其他地区，租金水平根据项目情况浮动较大。土地价格取决于地盘的条件（如公用事业设施和所处地段等）。具体工业用地价格见表 4－10。

表 4－10　　工业用地土地价格（单位：欧元/平方米/月＋增值税）

大区	州	工业园区最低和最高价格		工业园区平均土地价格	工业地盘或园区外最高和最低土地价格	
中匈牙利大区	**中匈牙利大区**	**12.03**	**47.07**	**30.86**	**10.46**	**51.25**
中多瑙河外大区	**中多瑙河外大区**	**5.12**	**40.92**	**20.15**	**7.77**	**30.69**
	维斯普雷姆州	12.42	15.53	14.28	7.87	31.05
	费耶尔州	20.92	41.84	31.69	13.60	29.08
	科马罗姆艾斯特根州	5.12	28.64	17.39	12.28	30.69
大平原南大区	**大平原南大区**	**1.24**	**31.05**	**11.07**	**2.59**	**31.05**
	琼格拉德州	6.28	31.38	19.66	23.01	23.01
	巴奇基什孔州	1.23	11.25	6.04	2.56	30.69
	贝凯什州	3.31	31.05	6.73	14.80	19.15
大平原北大区	**大平原北大区**	**8.37**	**47.07**	**17.36**	**4.71**	**16.74**
	加兹纳杰孔索尔诺克州	8.18	18.93	14.12	4.60	4.60
	豪杜伊比豪尔州	10.35	46.58	25.88	8.59	16.56
	索博尔奇索特马尔贝拉格州	10.46	25.10	15.38	6.28	11.51
北匈牙利大区	**北匈牙利大区**	**5.32**	**30.69**	**18.72**	**3.79**	**25.58**
	包尔绍德奥马乌伊曾普伦州	5.38	24.84	16.56	9.63	20.70
	赫维什州	17.78	17.78	17.78	14.64	26.15
	诺格拉德州	28.64	30.69	29.97	3.79	8.18
西多瑙河外大区	**西多瑙河外大区**	**6.21**	**51.75**	**22.67**	**8.28**	**33.12**
	杰尔莫松肖普朗州	11.51	38.70	24.37	8.37	33.47
	沃什州	6.14	51.15	25.58	8.18	30.69
	佐洛州	8.28	14.49	14.08	10.35	15.53
南多瑙河外大区	**南多瑙河外大区**	**10.46**	**25.10**	**17.68**	**3.14**	**34.52**
	巴兰尼亚州	12.28	18.93	15.55	10.23	33.76
	托尔瑙州	19.15	24.84	21.53	6.21	10.35
	绍莫吉州	10.46	15.69	13.08	3.14	8.37

（4）生产厂房成本

生产厂房售价与租金取决于地盘的条件（如公用事业设施和所处地段等）。匈牙利年生产厂房平均租金见表 4-11。

表 4-11　　年生产厂房平均租金（单位：欧元/平方米/月+增值税）

大区	州	生产厂房最低和最高租金		平均租金	生产厂房最低和最高售价	
中匈牙利大区	**中匈牙利大区**	**2.6**	**7.4**	**4.3**	**357.9**	**458.5**
中多瑙河外大区	**中多瑙河外大区**	**1.9**	**8.5**	**4.2**	**128.1**	**487.0**
	维斯普雷姆州	3.2	5.8	4.6	174.7	401.3
	费耶尔州	3.7	8.5	5.3	360.0	487.0
	科马罗姆艾斯特根州	1.9	4.2	3.5	128.1	414.0
大平原南大区	**大平原南大区**	**1.6**	**7.4**	**3.9**	**188.5**	**412.9**
	琼格拉德州	4.2	4.0	2.6	/	/
	巴奇基什孔州	3.5	7.4	5.6	203.3	501.9
	贝凯什州	2.1	4.2	3.8	/	392.8
大平原北大区	**大平原北大区**	**2.1**	**7.4**	**3.6**	**70.9**	**501.9**
	加兹纳杰孔索尔诺克州	2.1	7.4	3.9	296.5	392.8
	豪杜伊比豪尔州	3.7	4.1	3.8	205.4	501.9
	索博尔奇索特马尔贝拉格州	2.1	4.4	2.9	70.9	229.8
北匈牙利大区	**北匈牙利大区**	**2.4**	**6.4**	**3.5**	**164.1**	**356.8**
	包尔绍德奥马乌伊曾普伦州	3.1	6.4	4.2	164.1	312.3
	赫维什州	2.9	3.2	3.1	295.4	350.5
	诺格拉德州	2.4	3.7	3.2	206.5	356.8
西多瑙河外大区	**西多瑙河外大区**	**2.6**	**8.5**	**4.3**	**114.4**	**425.6**
	杰尔莫松肖普朗州	3.2	5.3	4.0	307.1	425.6
	沃什州	3.7	6.4	4.9	114.4	175.8
	佐洛州	2.6	8.5	4.7	123.9	316.6
南多瑙河外大区	**南多瑙河外大区**	**2.1**	**6.4**	**3.5**	**126.0**	**500.8**
	巴兰尼亚州	2.1	5.3	3.6	126.0	500.8
	托尔瑙州	3.1	6.4	4.0	152.5	445.8
	绍莫吉州	2.1	2.6	2.3	167.3	261.5

数据来源：匈牙利投资贸易局。

（5）建筑成本

匈牙利钢材、水泥等建材供应充足，2020 年 5 月其价格见表 4－12。

表 4－12 匈牙利建材价格

项目	价格（人民币）
8 毫米螺纹钢	20 元/根
C20 号混凝土	545 元/立方米
普通水泥	23 元/袋/25 千克
沙子	32 元/袋/25 千克

资料来源：中国驻匈牙利使馆经商处采集。

4.1.3 外资引进模式

商业组织可由匈牙利居民、非居民自然人及法人单独或联合设立。此外，该等人士可作为成员加入商业组织，或获取其参与权。除有限责任公司和私人股份合作公司外，建立商业组织需要至少两名成员。

2006 年 7 月 1 日，为有效保护投资者的合法权益和提高企业注册效率，匈牙利颁布新的《公司法》（*Act V of 2013*）和修订《注册法》，并统一适用于匈牙利国内外企业。商业主体的主要形式有无限合伙公司、有限合伙公司、有限责任公司、股份有限公司。外国公司允许在匈牙利设有办事处或分支机构。

1. 注册公司

建立有限责任公司的最低资本要求是 300 万福林（约 10 000 欧元）。注册资本由配额持有人资本出资构成，出资可为现金或实物形式。有限责任公司可仅由实物出资建立。特定规则适用于出资金额，出资金额必须在提交注册申请日期之前提供；出资金额取决于是以现金或以实物提供，以及新建立公司是多位配额持有人建立还是全资实体。

2. 并购

外国投资者还可通过并购匈牙利公司的方式进行投资。根据匈牙利《公司法》《会计法》《资本市场法》和《证券交易法》等规定，外资企业可以通过获取股份、持有表决权股份或其他权益（例如在目标公司管理中至关重要的人事权）等方式并购匈牙利企业。外国企业在匈牙利并购上市还需要符合布达佩斯证券交易所的相关规定。

任何企业并购，如符合法律规定条件，须取得匈牙利公平交易局（Hungarian Competition Authority，GVH）的核准。外国投资者取得另一家公司股权达 75%以上时，该股权变动须于 15 日内向法院报告。金融机构和上市公司的并购案还应事先取得匈牙利央行金融机构监管部门的核准。

3. BOT/PPP 方式

匈牙利对建设—经营—转让（BOT）项目没有特别的法律规定。BOT 项目的实施需遵守《政府采购法》（*ACT CVIII of 2011*）和《特许经营法》（Act XVI of 1991）的规定。目前，匈牙利承包工程项目以公私合营（PPP）模式为主。

暂无中资企业在匈牙利开展 BOT 或 PPP 项目。

4.1.4 吸收外资的政策

1. 外资优惠政策

匈牙利的优惠政策主要有 5 种：欧盟基金支持、匈牙利政府补贴、税收减免、培训补贴和就业补贴。具体内容见表 4－13。

表 4－13　　匈牙利吸引外资优惠政策

优惠政策	补贴方式	补贴金额	申请条件	申请方式	主管部门
欧盟基金补贴	现金、事后补贴，不能同时申请匈牙利政府补贴	最多投资额的 35%，约 32 万至 320 万欧元。	主要针对综合技术和劳动密集型企业；最低投资额 92 万欧元；创造新工作岗位；在匈牙利中部以外地区。	向匈牙利经济发展中心提交申请文件。	投资促进局
匈牙利政府补贴	现金、事后补贴	由匈牙利政府单独决定。	发达地区：投资额不低于 2 000 万欧元，至少创造就业岗位 100 个； 优先发展地区：投资额不低于 1 000 万欧元，至少创造就业岗位 50 个； 特殊优先发展地区：投资额不低于 500 万欧元，至少创造就业岗位 50 个。	向匈牙利投资促进局提交相关材料。	匈牙利政府
税收减免	投产后的税收减免	投产后 13 年内，每年企业所得税减 80%。但总额不能超过政府给予的封顶补贴金额。	最低投资额 30 亿福林（约 1 000 万欧元），且最少创造 50 个新工作岗位；或在优先发展地区最低投资额 10 亿福林（约 330 万欧元），且创造 25 个新工作岗位。	向匈牙利投资促进局提交申请。	财政部
	绿地投资	控股结构的股东红利分配的资本利得税，和符合条件的知识产权许可版税的免税优惠，并对知识产权许可的版税给予最高 50%的补贴。	按地区发达程度享有最高额 20%～50%的补贴，而在相对接近于按欧盟规定的发达地区，则不能享受补贴。最高额补贴按投资额适用累进递降比例：投资额为 5 000 万欧元～1 亿欧元，根据所在地区享受最高 50%的补贴，但超过 1 亿欧元的投资部分，只能享受 34%的最高额补贴。	向匈牙利投资促进局提交申请。	财政部

续表

优惠政策	补贴方式	补贴金额	申请条件	申请方式	主管部门
税收减免	研发活动	企业所得税减免：100%～300%的直接研发费用（总额不超5 000万福林）不计入纳税额度；社会保障金：减免雇主为本公司研发人员缴纳的50%的社会保障金，即由19.5%降至9.75%（2019年1月1日起施行）。	经官方界定，企业从事研发活动。	向匈牙利投资促进局提交申请。	财政部
培训补贴	现金、事后补贴	培训费用通常的封顶补贴为培训费用的50%。新增工作岗位50～250人，最多补贴50万欧元；新增工作岗位251～500人，最多补贴100万欧元；新增工作岗位501～750人，最多补贴150万欧元；新增工作岗位超过751人，最多补贴200万欧元。	新创造符合要求的最低数量工作岗位；该决定由匈牙利政府单独做出。	向匈牙利投资促进局提交意向函。	财政部
就业补贴	现金、事后补贴	每个项目110万欧元。	在优先发展地区最少创造500个新工作岗位；由匈牙利政府单独做出决定。	向匈牙利投资促进局提交申请函。	财政部

资料来源：匈牙利投资促进局。

2. 地区鼓励政策

匈牙利根据欧盟规定，确定了不同规模企业在匈牙利不同地区投资，政府支持资金占投资总额的比例上限（见表 4－14）。

表 4－14　　政府支持资金占投资总额的比例上限（%）

	大布达佩斯地区	佩斯州、久尔—莫松—索普隆州、沃什州、佐洛州	科马罗姆—埃斯泰尔戈姆州、费耶尔州、维斯普雷姆州	巴奇—基什孔州、巴兰尼亚州、贝凯什州、包尔绍德—奥包乌伊—曾普伦州、琼格拉德州、豪伊杜—比豪尔州、赫维什州、加兹—纳杰孔—索尔诺克州、绍莫吉州、索博尔奇—索特马尔—贝拉格州、托尔瑙州
雇员少于 50 人；投资额不超过 1 000 万欧元（或营业额不超过 1 000 万欧元）	12	36	48	60
雇员少于 250 人；投资额不超过 4 300 万欧元（或营业额不超过 5 000 万欧元）	11	33	44	55
投资额不超过 5 000 万欧元	10	30	40	50
投资额在 5 000 万欧元与 1 亿欧元	5	15	20	25
投资额超过 1 亿欧元	3.4	10.2	13.6	17

资料来源：匈牙利投资促进局。

3. 特区鼓励政策

匈牙利境内的特殊经济区域是指工业园区。匈牙利 1996 年、2005 年和 2007 年分别通过法规［185/1996（XII.31.）Korm.rendelet az（XII.31）、186/2005.（IX.13.）Korm.rendeletben，illetve a pályázati rendszerben megfogalmazott feltételeknek.（IX.13）2/2007.（I.18.）Korm.rendelettel módosított，az “Ipari Park” címről és az ipari parkok fejlesztését szolgál ó rendszer műko¨déséről szóló 186/2005.（I.18）］，对工业园的设立、取消、转让和扩大等相关方面做了明确规定。根据规定，商业组织、公共利益组织、区域发展协会和地方政府均可向财政部申请设立工业园。

4. 能源效率投资税收津贴

能源效率领域包括翻修和现代化建设项目，可申请企业所得税税收优惠。补贴规则：（1）项目至少运营5年（合格运营时间）。（2）项目必须获得匈牙利能源和公共事业监督管理局认可的能源审核部门的证明。（3）补贴比例最高为合格成本的45%，补贴总额最高为1 500万欧元。（4）可在项目启动本年度和其后5年内获得该津贴。（5）同一投资项目不可同时申请能源效率投资税收津贴和发展税收津贴。此外，与发展税收津贴不同，能源效率投资税收津贴在布达佩斯地区也可获得，补贴比例上限为30%。

5. 欧盟资金提供的补贴

2021—2027年度欧盟资金提供的补贴资金将主要扶持研发、数字化和环保项目等，聚焦中小企业投资。项目的申请条件、补贴时限和额度差异较大。匈牙利欧盟资金补贴主要有：数字化革新项目+（DIMOP Plusz）、人力资源发展项目+（EFOP Plusz）、匈牙利渔业项目+（MAHOP Plusz）、一体化交通发展项目+（IKOP Plusz）、经济发展和创新项目+（GINOP Plusz）、区域发展项目+（TOP Plusz）、协调执行项目+（VOP Plusz）、环境与能源效率项目+（KEHOP Plusz）。

4.2 外商投资基础设施

4.2.1 工业园区

匈牙利的工业园区均作为独立的商业实体来运营，政府并不向其提供特殊的优惠政策。对于入驻企业，工业园区能够提供生产所需的基础设施（水电气、废水处理等）、咨询、安全保卫、办公场所等服务。由于各工业园区实际情况不同，其重点发展产业也不相同。2015年，匈牙利国家经济部（现财政部）制订的发展规划提出，将进一步鼓励发展绿色经济，鼓励可再生能源的开发应用，鼓励科技创新，扶持中小企业发展，强调工业部门的节能降耗。因此，匈牙利的工业园区将逐步由经济开发转向高新技术和生态园区。匈牙利境内共有200多个工业园区，总面积1万多公顷，入驻企业4 000多个，半数以上位于高速公路附近。

北匈牙利大区共有28个工业园区，其中15个位于包尔绍德—奥马乌伊—曾普伦州，9个位于赫维什州，5个位于诺格拉德州。北匈牙利大区产业集群信息见表4－15。

表 4－15　　北匈牙利大区产业集群信息

产业集群信息	北匈牙利信息技术集群：www.infoklaszter.hu 北匈牙利汽车产业集群：www.nohac.hu 能源安全产业集群、北匈牙利葡萄酒产业集群、地热产业集群、机械产业集群、生物能创新产业集群、Karpatok 供应商集群 匈牙利材料科学与纳米技术产业集群：www.manoklaszter.hu 匈牙利太空产业集群：www.hunspace.org

中多瑙河外大区共有 28 个工业园区，分布于该地区辖属的 22 个城镇。产业集群信息见表 4－16。

表 4－16　　中多瑙河外大区产业集群信息

产业集群信息	中多瑙河外大区木材家具产业集群：www.balaton-butor.hu Pápai 肉类食品产业集群：www.garzon.hu 中多瑙河外大区信息产业集群：www.papahus.hu 科马罗姆－艾斯特根州金属产业集群 中多瑙河外大区创新产业集群：www.veszpremikamara.hu 奥伊考机电一体化和汽车产业集群：www.amjk.eu 维尔泰什山－多瑙河地区汽车产业集群：www.vdj-klaszter.hu Pharmagora 品质生活产业集群：www.pharmagoraklaszter.eu 科马罗姆－艾斯特根州建筑环境与创新产业集群：www.kemekklaszter.hu Ökopolisz 产业集群：www.okopoliszklaszter.hu Pannon Pólus 科研产业集群 Pannon 网络教育产业集群 First Hungarian Firingand HHVAC 能源产业集群：www.emtek.info.hu 巴拉顿信息与旅游产业集群 北巴尔顿环境保护与废物利用产业集群 Sinus 环境技术创新产业集群 中多瑙河外大区太阳能产业集群：www.napenergiaklaszter.hu

西多瑙河外大区共有 16 个工业园区、创新技术中心，享受当地政府提供的完备基础设施及福利：土地租赁和/或购买津贴；完善工业区现有的电力、排污等基础设施；帮助解决法律及公共管理事务；在地区及国家层面进行政治与经济游说，帮助缓解新企业成立压力。产业集群信息见表 4－17。

表 4-17 西多瑙河外大区产业集群信息

产业集群信息	潘诺木材家具产业集群（PANFA） 潘诺热能产业集群（PANTERM） 潘诺物流产业集群（PANLOG） 潘诺纺织产业集群（PANTEX） 潘诺机电一体化产业集群（PANEL）
产业集群信息	潘诺当地产品产业集群（手工业集群） 潘诺再生能源产业集群 潘诺颗粒集群 潘诺信息技术产业集群 潘诺地区物流产业集群 匈牙利车辆工程集群 VisioTech 匈牙利机械制造产业集群

南多瑙河外大区共有20个工业园区，其中8个位于巴兰尼亚州，7个位于绍莫吉州，5个位于托尔瑙州。工业园区优势行业有汽车工业、食品工业、科学与生物技术、健康产业、环保业、电子行业等。产业集群信息见表4-18。

表 4-18 南多瑙河外大区产业集群信息

产业集群信息	生物技术创新基地集群 南多瑙河外大区环境产业集群 南多瑙河外大区能源产业集群 信息管理创新产业集群：www.i2k.hu 南瑙河外大区文化产业集群：www.kikk.hu 南多瑙河外大区发动机产业集群 蓝色经济创新产业集群：www.kekgazdasagklaszter.hu 区际再生能源产业集群 南多瑙河外大区葡萄酒旅游产业集群 南多瑙河外大区建设和创新产业集群 佩奇手套产业集群 塞克萨德汽车产业集群

大平原北大区共有36个工业园区，其中11位于加兹—纳杰孔—索尔诺克州，10个位于豪伊杜—比豪尔州，15个位于索博尔奇—索特马尔—贝拉格州。大平原北大区一直在充分利用传统工业（包括食品加工、金属业、塑料业、化工业）优势，同时重点发展本地区发展良好、具有附加值的行业，例如汽车工业、电子设备、制药业以及诸如生物技术、信息通信技术和光机电一体化的其他高科技行业。产业集群信息见表4-19。

表 4-19 大平原北大区产业集群信息

产业集群信息	热能、医疗旅游 电子设备 信息技术业、软件开发、研发、创新：www.itcluster.hu 制药、研发、创新：www.pharmapolis-hungary.eu/introduction 硅场区域信息技术产业集群：www.sziliciummezo.hu

大平原南大区共有 33 个工业园区，其中 10 个位于巴奇—基什孔州，8 个位于贝凯什州，15 个位于琼格拉德州。该地区传统产业（农业、食品业、工程）以及高科技产业（信息技术、生物技术、制药、汽车工业）发展均衡。产业集群信息见表 4-20。

表 4-20 大平原南大区产业集群信息

产业集群信息	3P 产业集群：包装、印刷、塑料业 www.3pklaszter.hu Hírös 供应商集群：汽车零部件供应商 www.hirosklaszter.hu AIPA 集群：经济发展 www.aipa.hu ArchEnerg 集群：能源行业 www.archenerg.hu 匈牙利第一包装产业集群：包装业 www.omnipack.hu 软件产业集群：软件业 友好生物技术集群：生物技术 www.goodwillcluster.com 地区纺织产业集群：纺织业

4.2.2 免税工业园区

根据匈牙利政府 2013 年 2 月 12 日颁布的法令，匈牙利共有 903 个社区成为免税工业园区（Free Enterprise Zone）。2013 年 5 月 15 日以后，又有 177 个社区成为免税工业园区。免税工业园区制度为投资者提供不同类型的税收减免，具体如下所列：

创业税收减免

10 年内，税收减免额最高可达企业所得税的 80%。

◎ 仅针对现值在 1 亿匈牙利福林（折合约 247 000 欧元）以上的投资项目。

◎ 投资目的应为建设新的经营场所、扩建已有经营场所，或对产品、服务或生产服务流程进行改良或改进。

◎ 创造新的经营场所并非税收减免的硬性要求。

社会保障缴费与职业培训缴费减免

免税工业园区内的企业有资格获得新聘员工（最低员工人数：1 名）的缴费减免。

◎ 条件是，新员工为企业的正式员工，其工作地点在园区内且在园区内居住的时间达6个月以上。如果符合上述条件，则自动获得缴费减免。

◎ 总工资中社会保障缴费（27%）和职业培训缴费（1.5%）比率的减免情况：

◎ 就业前两年完全免费，而非28.5%；

◎ 第三年仅须缴纳14%，而非28.5%；

◎ 可享受缴费减免的工资总额在100 000匈牙利福林（折合约246欧元）以下，因此每位新员工每月减免上限为28 500匈牙利福林（折合约70欧元），（即使员工的月薪超过100 000匈牙利福林，减免仅针对100 000匈牙利福林的工资，超过100 000匈牙利福林的部分仍然按正常税率征收。）

◎ 减免期最长可达3年。

4.2.3 经贸合作区

1. 经贸合作区建设状况

中资企业在匈牙利已建立园区有中欧商贸物流合作园区和中国匈牙利宝思德经贸合作区。

（1）中欧商贸物流合作园区

中欧商贸物流合作园区是根据商务部统一部署，由山东省政府承建、山东帝豪国际投资有限公司具体实施，按照“一区多园”的模式，在欧洲地区建设的首个国家级境外经贸合作区和首个国家级商贸物流型境外经贸合作区。中欧商贸物流合作园区规划总面积75万平方米。目前已基本完成了“一区三园”的规划布局建设。即，在欧洲地理中心——匈牙利首都布达佩斯建设完成的中国商品交易展示中心和切佩尔港物流园，在欧洲重要的基本港——德国第二大港不来梅港建设完成的不来梅港物流园，完成开发面积13.39万平方米。

中欧商贸物流合作园区通过一个商贸中心（中国商品交易展示中心）和两个物流园（切佩尔港物流园和不来梅港物流园）的服务，集商品展示、运输、仓储、集散、配送、信息处理、流通加工等功能为一体，初步形成了覆盖欧洲和中国主要城市的快捷、便利、畅通的配送网络体系，并逐步建立起以现代物流配送中心和高效信息管理系统为支撑的商贸物流型园区雏形。

（2）中国匈牙利宝思德经贸合作区

中国匈牙利宝思德经贸合作区（以下简称“合作区”）是中国政府和匈牙利政府合作建设的国家级境外经贸合作区。合作区是在商务部指导下，由亚太最大的聚氨酯公司——万华实业集团有限公司（以下简称“万华”）主导开发的以匈牙利最大化工公司——宝思德化学为依托的以化工、轻工、生物医药、机械制造、物流等为核心产业的加工制造基地。

2011 年 1 月 31 日，万华以 12.3 亿欧元收购了匈牙利最大的化工公司宝思德（BorsodChem，BC）96%的股权，成为中国企业目前在中东欧地区最大的投资项目。BC 公司主营异氰酸酯（MDI/TDI）和塑料原料（PVC）的生产和销售。经过半个多世纪的发展，BC 公司已形成了以 BC 集团为管理委员会的具有异氰酸酯特色的产业园区。万华收购 BC 公司后，拥有了匈牙利最大的化学品制造产业园——BC 工业园。为抓住欧洲产业从西欧向中东欧地区转移的历史机遇，吸引中国企业集群式“走入”欧洲，万华提出了建设中匈宝思德经贸合作区项目。万华计划依托 BC 工业园，进一步开展新园区建设，一方面可满足自身发展需要，另一方面为中国企业到欧洲投资发展提供优良的基础设施环境，带动国内相关产业集群式“走出去”。通过完善园区公用工程和物流等基础设施，使该产业园成为在 EMEA 地区极具竞争力的制造基地，吸引更多的中国投资者入园投资发展。

中匈宝思德经贸合作区位于匈牙利东北部包尔绍德—奥马乌伊—曾普伦州考津茨包尔齐考市。合作区总体规划面积 6 平方千米，将充分发挥万华 BC 龙头公司的作用，发展形成有全球竞争力的一体化产业链，规划成为中东欧地区以化工、轻工、生物医药、机械制造、物流等为核心产业的加工制造基地，建设成为中国在境外合作的产业园区典范。目前，园区入驻 15 家企业，其中中资企业 11 家，外资企业 4 家。2011 年，万华实业收购 BC 公司 100%股权项目后改为中国匈牙利宝思德经贸合作区，经营业绩持续改善，并于 2014 年成功扭亏为盈，2015—2017 年净利润超过 5 亿欧元。2018 年，净利润约 4.5 亿欧元。2019 年，园区完成年销售收入 16.4 亿美元，净利润约 2.04 亿美元，解决当地约 3 000 人就业。公司多次荣获匈牙利政府授予的突出贡献企业奖、最受欢迎外资企业等荣誉称号。为表彰中国企业为当地做出的杰出贡献，2018 年，匈牙利考津茨包尔齐考市政府出资在市政厅广场树立起中国龙。

2. 合作区扶持政策

经贸合作区享受中国财政部和商务部对外经济合作专项资金的扶持政策以及东道国的支持。合作区根据项目投资规模、技术水平、产出效益，土地租金及公用工程价格可给予优惠待遇，协助入园企业进行地方所得税议付。大型企业投资享受投资总额 50%等值的税收优惠及现金补贴，匈牙利政府投资促进局提供专人“在项目审批、规划、开工建设环节给予全程一站式服务”；中型企业投资可享受 60%的欧盟补贴上限；小型企业入园可享受 70%的欧盟补贴上限。

4.2.4 互联网基础设施

匈牙利在通信方面的支出接近欧盟 25 国平均水平的两倍。这使得匈牙利拥有覆盖范围广且高质量的电信网络。匈牙利电信市场为欧洲中东部地区监管最严、竞争力最强的市场。欧洲标准电信结构在匈牙利得到广泛应用，包括移动/固定电话以及互联网覆盖。匈牙利已与国际光纤骨干网络连接。2017 年，匈牙利 4G 网络可用性达到 89.26%。

目前，匈牙利固定电话市场约一半的市场份额由德国电信（Deutsche Telekom）及其子公司匈牙利电信（Magyar Telekom）控制。由于电信市场全面开放，匈牙利有较多外国网络服务供应商和移动网络提供商运营。三大运营商为德国电信（Deutsche Telekom）、挪威电信（Telenor）以及英国沃达丰（Vodafone），都是西欧运营商全资或控股公司，三家企业的市场占比分别为 46.8%、30.7%和 22.5%。为在欧盟国家中保持竞争力，匈牙利宣布将大力发展 5G 覆盖范围。在宽带服务方面，匈牙利电信占据约 35.7%的市场份额，UPC、Digi、Invitel 分别占 21.9%、14.1%、9.5%。2017 年，宽带已经覆盖了匈牙利 82%的家庭。匈牙利有高度发达的远程通信系统——GSM 900/1 800MHz 移动频率，提供 100%的物理覆盖和广泛的 4G 移动覆盖。

2017 年欧洲国家/地区的 4G 可用性及家庭宽带连接情况，见图 4－6，图 4－7。

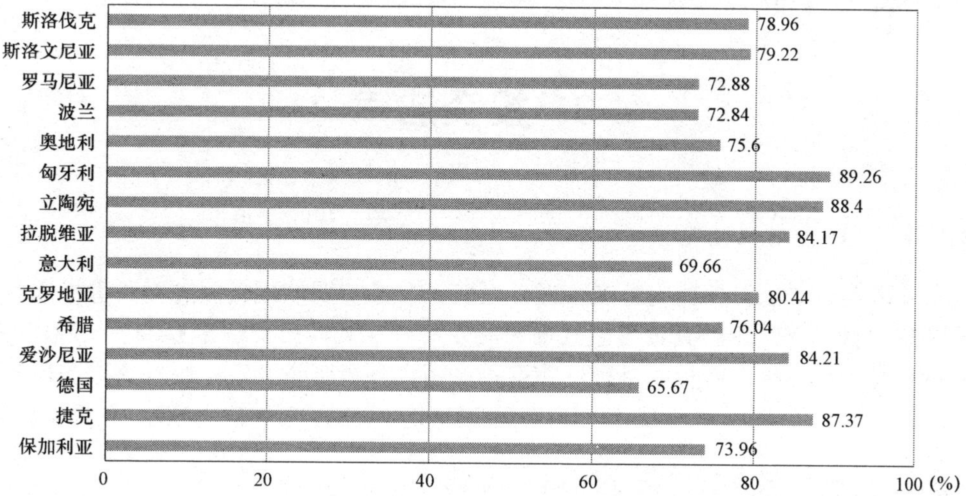

图 4－6　2017 年欧洲国家/地区的 4G 可用性

数据来源：Investromania。

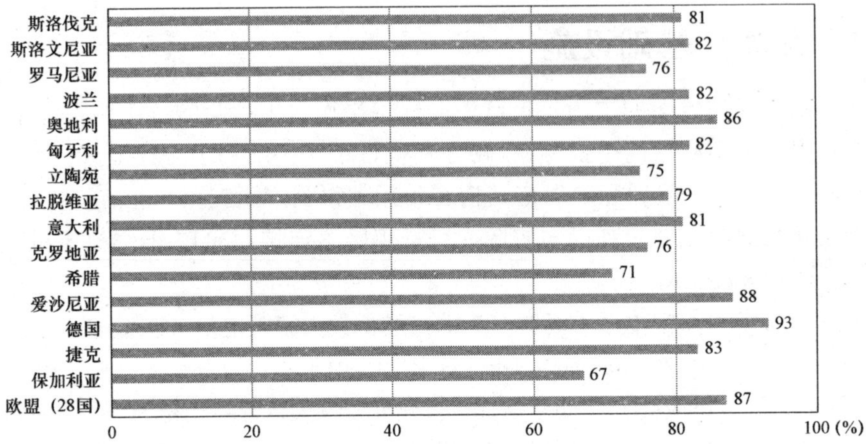

图 4－7　2017 年欧洲国家/地区的家庭宽带连接百分比

数据来源：Investromania。

据匈牙利中央统计局统计，2019 年底，匈牙利固定电话用户数 318.2 万户，每百名居民拥有固定电话数量 32.6 部；移动电话用户数 1 253.2 万；互联网用户为 1 025.6 万，同比增长 3.2%；宽带使用用户 306.4 万。完善的信息与通信基本设施以及信息通信技术方面的不断创新确保能为高质量物流技术提供有效支持，包括全球定位系统，超快速互联网连接，最先进的供应链软件开发技术，无线射频识别技术（RFID），SAP 软件等。

4.3　投资法律

4.3.1　主管部门

匈牙利外资主管部门为外交与对外经济部，其下属的投资促进局负责投资促进以及项目优惠政策的具体实施。匈牙利发布的《外商投资法案》（*Act XXIV of 1988*）对国内外投资者权益进行法律保护，国内外投资企业适用统一法律法规，外国企业和其他经济组织或个人可以在法律允许范围内从事大部分经济活动。

4.3.2　关于外商投资的法律法规

匈牙利议会通过的《2013 年第 V 号民法典》已于 2014 年 3 月 15 日正式生效，取代之前的民法制度。民法典将有关商业组织的规章纳入其范围，与公司法（即

《2006年第IV号商业组织法》）一起对商事行为进行规制，并引入部分新规章。民法典旨在保障债权人的安全，并提高有关商业组织运营的法律确定性。

除民法典和公司法外，《2006年第V号关于公众公司信息、公司注册和清算程序法案》规定了公司注册和清算程序。匈牙利法律健全，与投资合作有关的主要法律包括《外商投资法》《公司法》《注册法》《会计法》《资本市场法》《证券交易法》《劳动法典》《反歧视法》等。

4.3.3 外国投资的市场准入

2018年10月，匈牙利议会通过了《关于审查损害匈牙利安全利益的外国投资法案》(《2018年第LVII号法案》)，旨在通过限制外国投资者进入国家关键行业领域，将关键行业置于国家控制之下。该法案于2019年1月1日生效。根据该法案，外国投资者在购买对匈牙利安全敏感的资产前，须向匈牙利政府相关主管部门进行申报，主管部门部长须在收到申报后60天内做出接受或阻止交易的决定。在获得政府许可后，交易方可执行。

该法案所针对的外国投资者是指在欧盟、欧洲经济区和瑞士以外的国家或地区注册的实体公司或自然人；关键行业是指与国家安全相关的国防、双重用途产品、加密和窃听产品、政府IT服务、金融、能源、电信和重要基础设施等敏感领域。

外国投资者在上述关键行业领域执行如下操作时，须向匈牙利政府申报。（1）并购现有的匈牙利公司，单独或与其他外国投资者共同获得超过25%的“直接或间接”所有权份额（如果是上市公司，则为10%）；（2）在匈牙利设立新公司，外国投资者的所有权超过25%（上市公司为10%）；（3）在匈牙利注册分支机构，开展战略活动。

2020年5月26日，匈牙利发布了第227/2020.（V.25）号政府条令，即关于“预防威胁生命和财产安全的群体疾病所导致的人类大流行病，以及为了避免其后果出于经济目的对注册地在匈牙利的经济实体实行保护措施”。根据该条例，截至2020年底，所有外国投资者收购或购买匈牙利战略性企业，必须向负责国内经济事务的创新和科技部报批。部长将在收到申报40天内做出决策。政府此举旨在危机状态下保护本国经济及主权不受损伤。条令中指出，外国投资者是指：（1）欧盟、欧洲经济区和瑞士以外国家的公民、注册法人或实体；（2）在欧盟其他成员国、欧洲经济区其他国家、瑞士内注册的法人或实体，但其多数股权所有者为欧盟、欧洲经济区或瑞士以外国家的公民注册法人或实体。

报批时，负责国内经济的部长将就以下方面进行调查：产权收购（包括股权收购、增资、公司合并和分立、可转换或债券的购买、使用权转让）是否将损害或威胁匈牙利国家利益、公共安全、公共秩序，以及这些购买行为是否会威胁到社会基本需求的供应；申报人是否直接或间接地处在欧盟国家行政主管部门的调查中，是否曾参与任一欧盟成员国内的安全和公共治安活动，是否有进行非法或犯罪活动的风险。

需要报批的企业收购所涉及的部门及行业见表 4－21。

表 4－21　　匈牙利报批收购涉及的部门及行业

序号	部门	行业
1	化学部门	焦炭生产、石油加工
		化学材料和产品制造
		制药
2	商业设施	机动车和摩托车的贸易和维修
		零售贸易（机动车和摩托车除外）
		批发贸易（机动车和摩托车除外）
3	通信部门	电信
4	关键工业行业工业（包括电子、机械工程、钢铁生产和运输工具的制造）	计算机、电子和光学产品的制造
		电气设备制造
		机器、机械设备制造
		公路车辆制造
		其他机动车制造
		金属原材料制造
		金属加工产品的制造
5	安防工业	武器和弹药制造
		军用车辆制造
6	堤坝	水设施的建设
7	能源部门	电力、天然气、蒸汽供应，以及空调
8	紧急状况相关服务	国防
		公共安全、公共秩序
		防火
9	金融部门	金融中介（保险、养老基金业务除外）
		保险、分保和养老基金（强制性社会保险除外）
		其他金融活动

续表

序号	部门	行业
10	食品行业和农业	食品生产
		饮料生产
		烟草制品生产
		种植业、畜牧业、野生动物经济和相关服务
		林业
		捕鱼、养鱼业
11	政府设施	行政、防卫、强制性社会保险
12	卫生事务	人类卫生事务保障
		住宿的非医院护理
		非住宿的福利保障
13	信息技术	信息科技服务
		信息服务
14	核部门	核燃料制造
15	建造业	建筑建设
		其他设施建设
		特殊专业建设
16	供水和污水服务	水生产、处理和供应
		污水收集和处理
17	废品处理	废品管理
		去污及其他废品处理
18	建造原材料工业	采石、沙子和黏土的开采
		非金属矿物产品的生产
19	交通、运输和物流	陆路、管道运输
		水上运输
		航空运输
		仓储和运输辅助业务
		邮政、快递业务
20	医疗工具生产	医疗工具生产
21	旅游	住宿服务
		餐饮

4.3.4 外国人在当地工作的规定

《外国公民在匈牙利工作许可证法令》（Decree No. 8/1999）对外国公民在匈牙利就业做出了严格规定。外国公民在匈牙利工作必须由雇主申请工作许可证。工作许可证分个人工作许可证（含农业季节工）、团体工作许可证和团体工作许可证中的个人工作许可证 3 种。

工作许可证发放条件严格，主要有 3 个条件：匈牙利雇主向当地就业局提出有效的对外国劳务的需求；对具体的劳务需求，匈牙利就业局必须做劳务市场调查（需求测试），即按优先顺序考虑匈牙利公民、欧盟公民或欧盟公民的亲属，如无人适于该岗位，第三国公民才能被考虑；第三国公民必须满足就业岗位本身的要求。

对某些符合规定的外国公民，可不做劳务市场需求测试，直接发放工作许可证，或者不需要工作许可证即可工作，但对象基本限制在高端人群或特定职业。从 2011 年 8 月 1 日起生效的法律规定，不论薪水发放地，企业雇主必须向匈牙利移民局报告非欧盟国家的外国人就业的起始日期和结束日期。关于非欧盟公民就业起始时间和终止时间的告示必须在外国人工作许可证期满之前由雇主通过邮局提交。如果未在 5 天之内提交告示，雇主将会受到相应的处罚。此外，在雇用非欧盟国家雇员时，公司必须确保外籍劳务的居留和工作许可有效，上述文件复印件在就业期间需在公司妥善保存并且在就业终止之后保存 3 年。

4.3.5 外资企业获得土地的规定

外资在农业部门所占份额较小。匈牙利农业部门中外国资本所占比重只有 3.9%，这与匈牙利耕地法禁止外国人购买土地的政策直接相关。匈牙利土地都属于永久产权。外资企业或外国人可以以个人名义或在匈牙利注册公司购买土地，但耕地和保护用地除外。不允许外国企业或个人购买匈牙利耕地和自然保护区。外国人或公司购买土地必须首先获得匈牙利政府的许可证。许可证的获得约需要 2 个月时间，需要同时提交在匈牙利注册的律师或公证人签署的文件。公证费可以商谈，但一般为交易价格的 1%～2%。购地合同必须在签订后的 30 天内提交给相关土地注册部门，最终获得所有权注册大概需要 6 个月时间。

外国人购买除农用土地或受保护土地以外的其他地产时必须获得许可，但如果是在匈牙利注册的公司（包括外商独资企业）购买地产，则无需申请许可。外国人租赁房地产无需申请许可或批准，也不需要书面租赁合同；但为避免纠纷，尽量签署书面合同。租赁合同期限通常是中长期。房地产所有人通常会要求交纳 2～3 个月的押金。

1. 外资购买非农用用地的规定

在匈牙利购买土地必须向土地登记部门申请土地信息认证文件，申请登记时须一并提交经律师签字确认的土地买卖合同，以及买卖双方的商业注册信息。具体可见表 4－22。

表 4－22　　土地注册程序

步骤	程序内容	耗时	费用
1	向土地登记部门申请土地信息认证文件。	≤1 天	平均费用为 3 600 福林（约 12 美元）
2	双方签署土地买卖合同，并经律师签字确认。	1 天	合同价格的 0.5%～3%
3	向土地登记部门提交买卖双方的商业注册信息（商业注册信息可向司法机构或公证机构申请获得）。	1 天	3 000～7 000 福林（约 10～23 美元）
4	向土地登记部门登记土地所有权。	15 天	土地转让税金： 1. 土地价值为 10 亿福林(约 332.2 万美元）或以下，税金为土地价值的 4% 2. 超过 10 亿福林的部分按 2%征收税金，但不得超 2 亿福林（约 66.5 万美元）
			土地登记费： 1. 普通程序：6 600 福林（约 22 美元） 2. 快速程序：16 600 福林（约 55 美元）

2. 购买农业用地的规定

2014 年，匈牙利放开了对农业用地（包括耕地和林地）的禁令，允许欧盟国家个人购买农业用地，但如购买的农业用地规模达到 1 公顷以上时，要求购买者必须是农业生产者。符合以下条件之一的可被认定为农业生产者：（1）具有农业生产方面的专业资质，且在匈牙利至少从事了 3 年以上的农业生产活动；（2）个人在匈牙利注册的农业企业中至少拥有 25%的股份。同时，法律法规还进一步规定，购买耕地时，购买者必须拥有匈牙利定居身份，且具有农业生产资质，并自行耕种，不得转租。每个购买者最多可购买 300 公顷的耕地，并实行耕地所有人定期申报制度，违反申报规定的，土地将收归国有。

4.4 匈牙利税收方面的规定

4.4.1 税收体系和制度

自 2004 年 5 月 1 日起，匈牙利正式成为欧盟的成员国，欧盟立法在匈牙利生效。匈牙利的税收体系与欧盟有关法规相互协调，税收管辖权主要采取属人原则，实行中央与地方两级课税制度，税收立法权和征收权主要集中在中央，主管部门为匈牙利国家税务与海关总局。匈牙利的现行税制，是以所得税为主体税种，辅以其他税种构成的。它主要包括：企业所得税、增值税、个人所得税、社会保障税等。为应对金融危机，从 2010 年起，匈牙利对能源、金融、零售、电信等企业征收特别税。此外，针对特殊行业和产品，匈牙利还征收消费税、公共健康产品税、环保产品税、能源税、文化税等税种。匈牙利税收征收管理的主要内容包括对各税种的申报要求、税款缴纳、罚款与滞纳金以及税收法定时效期间、纠纷与法律救济等。

1. 纳税主体

持有匈牙利公民身份的个体（不包括在匈牙利非永久居住的双重国籍人士）以及持有匈牙利居住许可证的外国人为纳税居民。对于没有匈牙利居留许可证的外国人，如果在匈牙利有永久住所，那么也被视为纳税居民。如果该个体在其他国家也有永久住所或在匈牙利没有永久住所，但是他/她的切身利益所在地是在匈牙利，可被视为纳税居民。当该个人的切身利益所在地不能确定时，如果其常驻住所是在匈牙利（例如，在一个日历年里，在匈牙利居住时间超过 183 天），那么可被视为纳税居民。在匈牙利一年中居留超过 183 天的欧洲经济区（EEA）的公民被视为纳税居民。税务协定会影响居留期限。

2. 纳税年度

纳税年度通常是日历年，尽管纳税人可能会因纳税目的采用不同的财务年度，但同样适用。除金融企业、信贷机构和保险公司外，其余商业企业允许采用不同于日历年的财务年，须遵守特定标准（例如：能够证明采用不同纳税年是合理的）。

纳税年度通常为 12 个月，但在某些情况下可能会更短。企业必须告知税务机关他采用的不同的纳税年度。

4.4.2 主要税赋和税率

企业在匈牙利应缴纳的主要税种及税率如表 4－23。为应对金融危机，匈牙利决定从2010年起，对能源、金融、零售、电信等企业征收特别税。针对特殊行业和产品，匈牙利还有消费税、公共健康产品税、环保产品税、能源税、文化税等税种。

表 4－23　　匈牙利企业主要税种及税率

税种	税率	备注
企业所得税	9%	
增值税	27%、18%、5%及减免	奶制品、面包制品、互联网、餐饮服务、旅馆及其他食宿服务为18%；图书、报纸和个别药品为5%。减免服务主要适用于金融、银行、保险、医疗、教育、体育、邮政、部分投资相关服务、房地产销售和租赁。
个人所得税	15%	对于年收入超过 1 100 美元的部分，税基为纳税人毛工资乘以 1.27。
社会保障金	19.5%、22%	雇主缴纳员工工资额的 19.5%，员工缴纳工资额的 18.5%。
地方税	最高 2%	地方政府征收。
财产税	建筑物：每年 1 100 福林/平方米（套内面积），或最高不超市场价 3.6%；土地：每年 200 福林/平方米，或最高不超市场价 3%。	前者费率针对建筑物，后者费率针对土地。
公司车辆税	35 美元/季度，200 美元/季度	排量 1.6 立方米及以下适用前者，其他适用后者。
创新捐助	0.3%	
职业贡献税	员工工资额的 1.5%	由雇主缴纳

资料来源：中国驻匈牙利使馆经商处整理。

1. 增值税

匈牙利增值税基本税率是 27%，部分商品或服务可享受 18%、5%的税率，还有部分商品和服务可免征增值税。具体见表 4－24。

表 4-24　　匈牙利增值税税率

税率	课税对象
27%	除特定项目明确规定了适用低税率或可享受免税之外，所有的商品或劳务供应都适用基本增值税率
18%	基础食品（如牛奶、奶制品以及谷物或面粉生产的产品等）；部分室外公共音乐节门票
5%	人用药品和部分医疗用品；书籍、报纸、乐谱（纸质）；某些大型动物（猪、牛、羊、山羊）的活体标本或屠宰切碎（至某种程度）的肉；新鲜牛奶（包括超高温瞬时灭菌乳和延长货架期的巴氏杀菌奶）；现场食物供应和非酒精饮料；互联网接入；供人类食用的活鱼（观赏鱼除外）；除鲨鱼外，可供人类食用的新鲜、冷却或冷冻鱼类（鱼皮、鱼类产品、鱼糜、鱼肝，其他鱼内脏除外）；新鲜、冷却或冷冻鱼片或鱼肉，鲨鱼肉除外；国内猪肉，新鲜、冷藏、冷冻的肉和食用内脏；特定新建居民楼；酒店服务
免税	金融服务，如保险和证券交易；公共邮政服务；经批准的教育服务；财产租赁；土地出售或租赁；人类医疗与牙科保健；民间工艺

免征增值税的交易包括：两年以前签发的占用许可证或建筑租赁（有征税选项）、邮政和金融服务、教育、某些健康和公共电视服务、运动和赌博服务。免征增值税的产品包括基础医疗材料和民间艺术品。在匈牙利，坏债不能免除征收增值税。

2. 个人所得税

匈牙利居民个人需对其全球收入所得缴纳所得税，包括工作收入、营业收益、资本利得、投资收益等，非匈牙利居民仅对其在匈牙利取得的收入纳税。个人所得税税率为 15%。

3. 企业所得税

在匈牙利境内注册成立的企业应当就其来源于全球的所得缴纳企业所得税。未在匈牙利境内成立，但实际管理机构在匈牙利的企业，就企业所得税而言，被视作匈牙利的居民纳税人，也应当就其来源于全球的所得缴纳企业所得税。未在匈牙利境内设立实际管理机构的非居民企业，仅对其来源于匈牙利的收入纳税，包括从特定交易中获得的资本利得。自 2017 年 1 月 1 日起，匈牙利企业所得税取消分段税率，实行 9%的统一税率，成为欧盟国家中企业所得税税率最低的国家。对于企业间在匈牙利进行的股息、特许使用金和利息的支付，无预提税。

4. 不动产转让税

在匈牙利，不动产及其相关权属的转让需基于不动产市场价值征收转让税，纳税义务人为受让人。如某企业在匈牙利对某不动产拥有所有权，其他企业或个人获得了该企业 75%的股权时，该受让人也需缴纳转让税。不动产转让税税率为 4%（不动产市场价值为 10 亿福林或以下）和 2%（市场价值超过 10 亿福林），每宗不动产应付税额上限为2亿福林。中介公司或金融租赁公司购买不动产的，需缴纳2%～3%的转让税。机动车辆及机动车辆相关权力的转让也需缴纳转让税。税额取决于生产年限和发动机。

5. 赠与税

动产、不动产和无形权利的赠与应缴纳赠与税，赠与税税率一般为18%。获得与住宅物业相关权利（包括产权）的赠与税税率为9%。近亲属之间的赠与免赠与税。

6. 资本税

匈牙利不征收资本税。

7. 建筑税

建筑税需由该建筑业主支付。是否实行该税收，取决于建筑所在地的地方政府的决定。该税收可基于建筑面积的平方米数或该建筑调整后的市场价值进行计税。最高纳税义务可达每平方米1 100匈牙利福林（约合4欧元）（每年都会随消费者价格改变而调整，由匈牙利中央统计局发布）或调整后的市场价值的3.6%。

8. 土地税

土地税需由土地所有者支付。是否征收该税项，取决于土地所在地的地方政府的决定。该税可根据土地面积或土地调整后市场价值而定。税率由当地政府决定，不应超过每平方米200匈牙利福林（约合0.6欧元）。

9. 印花税

管理部门和法院手续需要缴纳手续费。一般来说，还贷或完成其他协议无须缴纳印花税。

10. 环境税

环境税的主要类型包括生产费用、排放费用和能源税。生产费用是对危害环境的产品第一次国内销售征收的，例如燃料油和矿物油、轮胎、制冷设备、包装材料、宣传单和电子设备。环境污染性物质排放费用是按排放到空气、土地或景观水体的物质总量比例来征收的。能源税则根据电力、天然气和煤炭进行评估。某些产品的第一次国内销售不在环境税的征收范围之内，因为这些产品应由第一次国内销售的卖方进行回收（例如电池、荧光灯等）。

4.4.3 双重征税协定

1992年，匈牙利与中国签订了《匈牙利共和国政府与中华人民共和国政府关于避免双重缴税、打击偷税漏税的协议》。中国与匈牙利签订了双重征税协定，以避免对自然人和法人的国际双重征税，同时防止所得税漏税。该双重征税协定限制了缔约国的征税管辖权，并限制两国税务体制可适用的范围。中国与匈牙利签订的双重征税协定是基于《经济合作与发展组织收入及资本税收协定范本》。该协定管理住址和常设机构问题，同时也规定征税权利的转让。

4.4.4 匈牙利报税相关手续

在匈牙利境内开展业务活动之前，纳税人应履行到税务机关登记的义务。纳税人注册登记时产生的税号也作为增值税识别号码，因此纳税人无须另行注册登记增值税。

1. 报税时间

上年度企业所得税额超过 500 万福林的企业，在下一个纳税年度分 12 次预付税款，其他公司按季预付税款。企业必须在本纳税年度之后最迟于 5 月 31 日前（如果实行不同于日历年度的财务年度的企业，必须在下一个财务年度的第 150 天之前）做下一年度报税，并预付税款。

个人所得税部分，由雇主在雇员下发工资中直接扣取，并由雇主于每月 12 日前向税务局缴纳上月税款。个体经营者根据经营规模每月或每季度预付税款，也必须在下个月的 12 日前预付上一个月税款。个体经营者年报税表必须在每个税务年度后的 5 月 20 日前上报。

企业通过会计师向税务局报税。

2. 报税手续

鉴于匈牙利报税手续十分繁杂，针对不同性质的公司有不同的报税手续，建议中国企业和个人在匈牙利设立企业后，聘请当地注册的会计师代为办理报税手续。

报税资料

报税时需提交以下材料：报税表、工资表、利润表及相关发票等。

4.5 开展投资合作所需相关手续

4.5.1 注册企业手续

1. 设立企业的形式

在匈牙利成立经济实体不需要获得特别的许可。外国人与匈牙利人同样可成立经济实体，享受国民待遇，并有多种企业形式可以选择。其主要形式有股份有限公司、有限责任公司、有限责任合伙公司、无限责任合伙公司等。

根据匈牙利公司法规定，有限责任公司的注册资本不得低于 50 万福林，上市股份有限公司的股本不得低于 2 000 万福林，非上市股份有限公司的股本不得低于 500 万福林。

设立人仅可以设立符合民法典规定的商业组织。当前民法典下可设立的组织形式有：有限责任公司、非上市股份有限公司、上市公司、普通合伙和有限合伙（2006 年 1 月 1 日起不可再设立合资公司）。最重要的合伙企业形式见表 4－25。

表 4－25　　最重要的合伙企业形式

<table>
<tr><th>公司形式</th><th>有限合伙公司</th><th>有限责任公司</th><th>非上市股份有限公司</th><th>上市公司</th></tr>
<tr><td>最高机构</td><td>成员会议</td><td>股东会</td><td>股东大会</td><td>股东大会</td></tr>
<tr><td>管理决策</td><td>有权进行管理决策的成员，作为高级管理者</td><td>至少 1 位总经理</td><td>至少 3 位董事会成员或 1 位执行董事</td><td>董事会</td></tr>
<tr><td rowspan="2">股东义务</td><td rowspan="2">至少 1 名成员承担无限连带责任，其责任不受公司资产的限制；并且至少有 1 名成员承担有限责任，仅以其出资额为限</td><td rowspan="2">股东仅以认缴的出资额为限对公司负责</td><td colspan="2">由预先确定数目和面值的股份构成的注册资本形成，成员（股东）的义务对于股份公司而言，只涉及股票面值或发行价值</td></tr>
<tr><td>股份不进入公开流通或进入公开流通的股份不再进行公开的销售，并从规范市场上撤出</td><td>根据证券法等相关特别规定的条件，股票部分或全部公开进入流通，或进入非公开流通后进入规范市场进行公开销售</td></tr>
<tr><td>最低注册资本要求</td><td>没有法律上的规定</td><td>3 000 000 福林（约 11 000 美元）</td><td>5 000 000 福林（约 23 000 美元）</td><td>20 000 000 福林（约 92 000 美元）</td></tr>
<tr><td>其他启动费用</td><td colspan="4">与成立公司有关的管理费用（律师费和其他费用、印花税）可以分别进行计算（例如，综合考虑公司注册手续、公司合同复杂性、主管/经营场地的数量）</td></tr>
<tr><td>优势</td><td>较低的资金需求，快速成立，简单灵活的法律架构</td><td>适度的资金要求和有限责任的形式，快速成立，“可量身打造”的操作模式</td><td>保证较高市场声誉的公司形式，由不同的股份类型确定所有权</td><td>保证较高市场声誉的公司形式，通过进入公开流通可以带来资金注入</td></tr>
</table>

4.5.2 外资企业获得土地的规定

匈牙利实行土地私有制。2013 年 6 月 27 日，匈牙利国会通过《土地法修订案》（下称新《土地法》），并于 2013 年 12 月和 2014 年 5 月分两步实施。新《土地法》对农业用地购买资质、购买数量上限、交易优先权等进行了严格限定，主要内容为：只有匈牙利本国及欧盟其他成员国的农民可以购买匈牙利农业用地，非欧盟公民及法人不得购买和租赁匈牙利农业用地；匈牙利本国和欧盟其他成员国公民最多只能购买1公顷的农用地，而在农用地出售时，按优先顺序，将农用地购买者划分为5类，确保当地农民的优先购买权，政府在为了实施《国家土地基金法案》或出于公共利益时可以成为第一顺位购买人。

匈牙利2014年放开对农业用地的禁令，欧盟其他成员国人可以购买匈牙利农业用地，但必须符合几个条件，如：必须在匈牙利从事农业种植3年以上经历；购买的土地必须自己耕种，不得转租他人；购买人名义下购买的土地不得超过1 200公顷；购买土地合同必须公示，邻居、政府有优先否决权等。

外国人可以在匈牙利租赁土地进行承包经营，但是租赁年限不得超过20年。如外国投资者在匈牙利注册公司租赁土地，则价格上享受与当地人相同价格，且不受年限限制。

4.5.3 外国承包匈牙利工程的规定

匈牙利对外国公司承包当地工程有关规定如下：

（1）许可制度

匈牙利对外国公司承包当地工程没有单独法律法规进行规定，与匈牙利公司一视同仁，但前提是外国公司必须在当地注册公司，并符合匈牙利承包工程的相应条件，方可参加工程项目投标，进行工程承包。工程项目的设计、施工、使用、环保等方面均需要向当地政府部门申请许可证。

（2）禁止领域

匈牙利对外国建筑企业进入市场无特殊限制。

（3）招标方式

匈牙利政府项目一般采取国际招标方式进行，但对参与投标企业的资格要求会因项目情况有所不同。外国企业只要符合其资格要求便可参与投标。匈牙利私营项目则会根据情况采取国际招标、直接议标等多种方式。

匈牙利承包工程市场概况和主要特点如下：

（1）土地私有制拿地成本高

由于私有产权的发展，承包业务会受到土地私有制等问题的困扰。20世纪90年代，匈牙利土地私有化改革造成了其土地细碎、规模不经济等问题，使得承包业务的土地领域面临着协商成本过高等潜在风险。

（2）市场以小承包商为主

匈牙利有数量众多的小承包商，对国外的承包商形成一定的制衡。20 世纪 90 年代开始的匈牙利经济转轨，使国家所有制比例降低、私人承包经营和私人所有制得到迅速发展。由于承包制度的发展，匈牙利社会党的变革中也宣称依靠独立劳动收入者、小承包者。小承包者对中资企业在项目运作过程中的二次外包具有一定的作用，但是小规模的承包商无法形成合力，也无力承担更大规模的工程，因此与之合作存在着较大的效率与安全隐忧。匈牙利建筑市场规模较小，全国共有建筑公司约 80 余家，大部分为 10 人以内小公司。建筑公司大部分采取临时招标、招募、租赁的方式进行施工。现有劳动力主要来源于本国及罗马尼亚等欧盟国家。匈牙利法律对分包模式方面并无强制性规定，可灵活采用专业分包、劳务分包等各种模式。对部分专业性较强的项目可能出现指定分包的情况。

目前在匈运营的大型基础建设公司主要有三家。其一是总部位于奥地利的 Strabag 公司。它是奥地利最大的建筑公司，也是欧洲最大的建筑公司之一。业务涉及公路、铁路、市政、房建等各个行业。其二是总部位于奥地利的 Swietelsky 公司，在奥地利及其邻国拥有分支机构和子公司。业务涉及公路、铁路、市政、房建等各个行业。其三是位于匈牙利的 V－HID 公司，是匈牙利本国规模较大的建筑公司。

（3）工程质量要求较高

匈牙利的工程多为改造、质量提升工程，对工程的质量要求较高，看重企业资质和历史。从总体上看，匈牙利工程承包市场虽然规模不是特别大，但正处于高速发展之中，市场前景看好。中资企业主要参与的是其基础设施改造项目。该类型的承包工程一般不是基础建设，而是改造，对后续的服务质量提出的要求客观上较高。

（4）当地工会力量强大

匈牙利有发达的谈判组织，存在承包业务中的劳工成本风险。匈牙利有较为发达的工会。在建筑业，匈牙利全国建筑承包委员会权限较大，具有很强的影响决策能力，对各公司的问题有较大的讨价还价能力，无形中增加了工程承包中谈判的时间成本。

（5）劳动力引入存在困难

匈牙利《外国公民在匈牙利工作许可证法令》对外国公民在匈牙利就业做出了严格规定，优先使用当地及欧盟公民。此外，在执业资格方面，按照匈牙利第 266/2013（VII.1）号政府令规定，从事设计及施工的相关人员必须具备匈牙利特有的执业资格。因此，无论引入欧盟外的普通劳工还是技术人员，都存在较大的难度。

开拓匈牙利承包工程市场面临的问题：

（1）中欧技术和产品标准体系对接难

匈牙利市场准入和技术准入标准较高。外国工程技术人员的职业资格必须符合当地的技术规范和标准要求，中方人员取得相应的资质需要通过当地的相关考试，难度比较大。外国建筑机械和建筑材料进入当地市场必须通过欧盟的 CE 认证，或者当地的认证，程序比较复杂，费用偏高。

中欧互不认同设计标准。中方提出的设计概念、设备选型、施工方法等可能受到质疑。双方在设计标准上的差异与鸿沟给项目的开发和实施造成困难。

技术设计转化难度大。在匈牙利实施承包工程项目采用欧盟标准，但是由于中欧在设计体系和理念上有很大差异，通常在欧洲进行工程总包，应选择当地设计院与本方联合设计或委托当地第三方设计机构进行图纸转化和施工图设计。图纸转化需要专业素质高、懂专业技术的翻译人才，时间成本和资金成本较大。

进入欧盟市场的产品认证制度比较复杂。以铁路为例，欧盟铁路互联互通技术规范（Technical Specification for Interoperability，TSI）认证是欧盟关于铁路产品的法规，任何进入欧盟国家的铁路产品必须具有 TSI 和 CE 认证证书。在轨道交通领域，欧盟标准是大多数国际标准的来源，获得欧盟认可，也意味着获得了铁路轨道交通产品进入欧洲市场的通行证。自欧盟成立以来，为了实现技术和标准的统一，欧盟相继出台了针对高速铁路的 96/48/EC 指令和针对传统铁路的 2001/16/EC 指令，并由现行的 2008/57/EC 替代了上述两个指令。通过颁布设计各方面的互通互用性技术规范 TSI，来实现跨国界无障碍的铁路运输。

（2）欧盟环境保护政策严格

欧盟非常注重环境保护，无论是项目本身或是实施项目的措施，都必须严格遵守欧盟的环境保护法，包括对自然环境的保护、对动植物的保护、对水资源的保护，以及采取一切可以采取的措施来防止光污染和噪声污染。欧盟对于环保要求极高，在噪声、污水、生态链保护等方面具有明确而细致的规定。基础设施类工程项目多数在荒郊野外实施，对生态和植被会产生直接影响。作为欧盟成员国的匈牙利，为了获得欧盟机构的基础设施项目建设资金补贴，必须严格遵守欧盟的法律。

匈牙利自身存在着众多农田和植被保护区，环保规定非常严格且体系复杂，对于工程项目占道、征地、施工的粉尘的噪声控制、植被保护等均有严格规定。

中资企业在项目考察期间，如事先不了解这些细致的规定，对自然地理和环保因素评估不足，不做充分的时间预估和成本预算，可能导致工期计算失误，出现延期交付。

（3）欧盟经济法律体系复杂

欧盟法律体系独特而复杂。匈牙利是欧盟成员国，必须遵循欧盟法。欧盟的经济法律体系特别复杂繁琐，不仅有细致的经济贸易法律，还有劳工法、环保法、政府采购法、反垄断法、反倾销法等。中资企业如果在匈牙利承包工程项目，既需要得到欧盟的批准，又要按照欧盟和匈牙利的两套法律体系行事。

匈牙利对健康、安全、环保标准非常重视。对于人员劳保、健康防护、环境保护的制度和系统极其严格。业主和工程师有权针对承包商不符合健康、安全和环境管理体系（HSE）要求的问题提出整改、索赔乃至停工。中资企业大部分对于上述问题重视程度不够，可能出现安全问题导致工期延误并遭索赔。以劳工法为例，劳工法是保护欧盟劳动者基本人权的强制性法律，超时间的劳动、无限制的加班、不完善的劳动保护等违反劳工法的行为，都将会面临项目所在国行政部门的巨额处罚。即使工程承包商雇佣的是非欧盟国家的劳工，欧盟的劳工法仍然对他们适用。

4.6 中国与匈牙利的投资关系

中匈两国高层交往频繁，政治互信日益深化，各领域合作不断拓展。匈牙利政府采取“向东开放”的政策，致力于吸引更多中国企业到匈牙利投资，这与中国对外开放政策存在高度契合。匈牙利实施的“向东开放”政策与中国的共建“一带一路”倡议成功对接，为中匈经贸合作发展注入了新动能。共建“一带一路”是中国首创、世界共享的宏大倡议，其核心理念是互利共赢，推动构建人类命运共同体。“向东开放”则是匈牙利基于本国国情独立提出的经济外交战略。“一带一路”倡议和“向东开放”战略高度契合，擦出亮丽的火花，正激发出磅礴的活力，为中匈深化全面战略伙伴关系提供不竭动能，而且实实在在地造福两国人民。随着双边贸易的不断发展，两国相互投资也稳步增长，匈牙利已成为中东欧地区中资企业最为集中的国家之一。

4.6.1 双向投资概况

近年来中国对匈牙利直接投资呈上升趋势。目前，中国对匈牙利投资涉及化工、金融、电信、基建、物流、汽车、新能源、中医药、安防科技等领域。越来越多的中资企业将目光投向匈牙利，匈牙利正成为中资企业在欧洲投资、设立分支机构的热门目的地。投资行业涉及金融、化工、通信设备等。2020 年，中资企业全年共有 10 个投资项目选择匈牙利，中国首次成为匈牙利年度最大外资来源国，如图 4-8 所示。截至 2020 年底，中国对匈牙利直接投资存量 3.4 亿美元。中国对匈牙利累计投资额超过 55 亿美元，占对整个中东欧国家投资的一半。创造 2.3 万个就业岗位，匈牙利继续保持中国在中东欧第一大投资目的国地位。

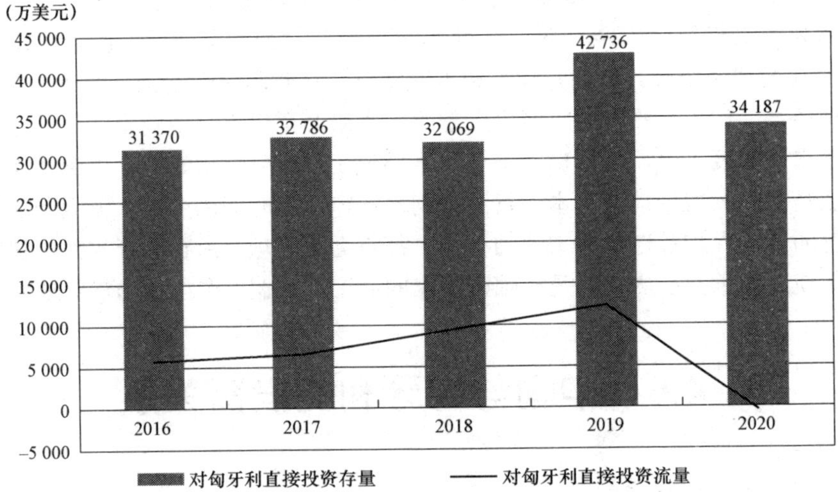

图 4-8 2016—2020 年中国对匈牙利直接投资情况

资料来源：中国商务部、国家统计局和国家外汇管理局《2020 年度中国对外直接投资统计公报》。

匈牙利相较于其他中东欧国家，处于全球制造业网络的较高层次，其生产和贸易以高科技产品为主，集中于汽车和电子行业。中国对匈牙利投资覆盖化工、金融、电子信息通信、商贸物流、汽车零部件、医药等行业领域。2020 年，中国对匈牙利投资主要分布在锂电池、电子信息通信。

中资企业在匈牙利投资合作发展前景较好，中国在匈牙利的主要投资企业见表 4-26。匈塞铁路、万华宝思德、中欧商贸物流园、丰原索尔诺克柠檬酸项目、华为欧洲供应中心、比亚迪电动大巴、中车—伊卡鲁斯双品牌新能源电动公交车等一批大型项目在匈牙利落地。其中，万华集团成功收购匈牙利宝思德化工公司是中国在中东欧地区最大的投资项目。

表 4－26 中国在匈牙利的主要投资企业

序号	企业名称	行业
1	烟台万华宝思德公司	化工
2	中国银行匈牙利公司	金融
3	中欧商贸物流合作园区	商贸物流
4	华为匈牙利代表处及欧洲供应中心	通信设备
5	中兴通讯股份有限公司	通信设备
6	比亚迪电动大巴/卡车匈牙利有限公司	汽车（电动大巴）
7	盈趣科技（匈牙利）有限公司	电子
8	延锋汽车内饰系统有限公司	汽车零部件
9	豪迈欧洲公司	汽车轮胎模具
10	安徽丰原索尔诺克柠檬酸项目	生物化学
11	中国机械进出口集团有限公司考波什堡100兆瓦太阳能电站项目	新能源

资料来源：中国驻匈牙利使馆经商处。

匈牙利对中国投资者具有的特殊吸引力表现在以下方面：

第一，中匈政治高度互信并持续深化。2014 年 2 月，匈牙利总理欧尔班正式访华。2015 年 11 月，欧尔班总理与李克强总理在苏州举行双边会见，双方就加强两国在政治、经济、科技、文教、中医药、旅游等领域合作达成广泛共识，成果丰硕。2016 年 11 月，欧尔班总理与李克强总理在里加举行会谈。2017 年 5 月，匈牙利总理正式访华，习近平主席、李克强总理、张德江委员长分别会见，两国发布建立全面战略合作伙伴关系的联合声明。2017 年 11 月，李克强总理出席在布达佩斯举行的“中国—中东欧国家领导人会晤”并访问匈牙利。2019 年 4 月 25 日，国家主席习近平、总理李克强在北京会见了匈牙利总理欧尔班。2019 年 5 月 21 日至 23 日，全国人大常委会委员长栗战书对匈牙利进行正式友好访问，会见总统阿戴尔、总理欧尔班。目前中匈关系是历史最好时期。与西欧国家相比，匈牙利市场政治期望和经济投诉较少。匈牙利积极响应中国提出的“一带一路”倡议，希望搭上中国经济快速发展的顺风车，这为中国企业投资中东欧国家提供了良好的政治环境。

第二，经贸合作日益密切。中国是匈牙利在欧洲以外最大的贸易伙伴；匈牙利是中国在中东欧地区第三大贸易伙伴，也是中国在中东欧地区最大的进口来源国。中匈之间：投资保护协定签订于 1991 年，避免双重征税协定签订于 1992 年，经济合作协定签订于 2004 年，政府间经济联委会 1985 年召开首次会议，第 19 次会议于 2016 年 3 月在布达佩斯举行。2019 年 4 月，中国商务部与匈牙利外交与对外经济部签署关于在双边联委会项下建立贸易畅通工作组的谅解备忘录。截至 2019 年 5 月，中国在匈牙利各类投资累计 45 亿美元，领域涵盖化工、金融、通信设备、新能源、物流等行业，在匈牙利的中资企业雇用当地员工超过 1 万人，匈牙利已成为中国在中东欧地区最重要的投资目的地。

第三，中国人在匈牙利生活工作条件便利。匈牙利有中国银行匈牙利分行、匈中双语学校、华人私立学校等。目前有近 3 万名华人华侨在匈牙利居住和生活，中国餐厅、商店、诊所、媒体等生活条件比较完备。

第四，匈牙利是联系东西方市场的桥梁。中国企业到匈牙利开展投资合作，可以节约大量商务成本，迅速融入欧盟内部产业分工体系，并利用欧盟优惠政策开拓西欧市场，实现互利共赢。中国企业可从两个方面在匈牙利开展投资合作：一是设立销售、制造、物流和研发中心；二是并购拥有优势技术的匈牙利企业。由于匈牙利市场进入门槛要低于西欧市场，中国企业可以先在匈牙利设立销售中心、投资中心，由易到难，逐步拓展整个欧洲市场。在取得一定市场份额的情况下，进而在匈牙利设立物流中心和制造中心，为企业在欧洲的长期发展提供支撑。如华为公司在匈牙利设立了欧洲供应中心和欧洲物流中心，产品覆盖整个欧洲、中亚和北非地区，效果显著。另外，还可以利用当地低成本高素质的人才优势，在匈牙利设立研发中心、培训中心等。可以预见在不远的将来，匈牙利将拥有越来越多的来自中国的投资中心、物流中心、创新中心、文化中心、旅游中心等。

4.6.2 中匈金融领域投资合作

20 世纪 50 年代，中国和匈牙利就进行过早期的金融合作，当时匈牙利尚处于社会主义时期。苏联和其他社会主义国家以超低利率贷款向中国出售工业制成品，以帮助中国恢复经济。1956 年，“匈牙利事件”平息后，中国和苏联也曾向匈牙利政府提供 1 亿卢布的贷款，以帮助匈牙利稳定国内形势。20 世纪 60 年代，中国和苏联的关系变得紧张，这使得中匈富有成果的金融合作陷入停滞，直到 20 世纪 70 年代后期，中国实行改革开放政策后，两国的金融合作才趋向正常。1968 年，匈牙利开始谨慎推行名为“新经济体制”的市场经济改革，这为中国后来的改革开放提供了可借鉴的经验。中国研究借鉴了匈牙利在金融和银行业改革方面的经验，并在此过程中与匈牙利建立了多方面的联系。在匈牙利获准加入国际货币基金组织时，中国人民银行从 3.75 亿美元的特别提款权配额中拿出 8 800 万美元贷款给匈牙利，帮助其缴纳份额费和会费。由于当时匈牙利国家银行资金不足，来自中国的贷款对于匈牙利成功加入国际货币基金组织起到了重要作用。

2010 年，欧尔班当选为匈牙利政府总理，匈牙利政府提出“向东开放”的外交政策，旨在通过有效的外交支持来加强与亚洲市场——中国和俄罗斯的贸易关系，并加深金融领域的合作，从而降低本国经济和金融对西方金融机构的依赖程度。

中匈金融合作的制度安排如下：

（1）中匈双边本币互换协议

2013 年 9 月 9 日，中国人民银行行长周小川与匈牙利中央银行行长马托尔奇在瑞士巴塞尔国际清算银行总部共同签署了中匈双边本币互换协议，以加强双边金融合作，促进两国贸易和投资，共同维护地区金融稳定。互换规模为 100 亿元人民币/3 750 亿福林，有效期三年，经双方同意可以展期。签署该协议旨在促进两国贸易和投资。匈牙利央行是最先签署此类协议的欧洲国家央行之一。

2016 年 9 月，中国人民银行与匈牙利中央银行续签了双边本币互换协议，互换规模保持 100 亿元人民币/4 160 亿福林，有效期三年，经双方同意可以展期。此举旨在加强双边金融合作，便利两国贸易和投资，共同维护地区金融稳定。

（2）中匈双方签署 5 亿美元基金合约

2013 年 11 月，匈牙利进出口银行与中国进出口银行达成协议，扩大银行间信贷额度，并签署成立 5 亿美元中东欧投资基金合约。根据协议，匈牙利将为投资基金出资 3 000 万美元，并可以引入总额约为 1 亿美元的投资。投资基金将被大量用于通信、能源、基础设施建设以及制造业等领域。

（3）中国银行匈牙利分行发行 5 亿欧元债券

2015 年 6 月，中国银行匈牙利分行发行 5 亿欧元（约合 5.6 亿美元）三年期无担保高级债券，主要用于支持中国企业在中东欧地区的投资经营需求。这次债券的成功发行表明国际投资者对匈牙利及中东欧地区未来经济发展充满信心，对中国“一带一路”倡议构想给这一地区带来的巨大机遇充满信心。此次债券发行是中国银行贯彻落实中国与匈牙利签署的“一带一路”倡议相关合作文件的重要举措之一，表明中国银行将以匈牙利为中心，在中东欧地区加快机构网络的延伸，促进中国企业对该地区的持续投资。

（4）中国人民银行与匈牙利中央银行签署人民币清算安排合作备忘录

2015 年 6 月 27 日，中国人民银行与匈牙利中央银行签署了在匈牙利建立人民币清算安排的合作备忘录和《中国人民银行代理匈牙利央行投资中国银行间债券市场的代理投资协议》，并同意将人民币合格境外机构投资者（RQFI）试点地区扩大到匈牙利，投资额度为 500 亿元人民币。之后，中国人民银行将建立匈牙利人民币业务清算行。上述安排标志着中匈两国金融合作迈出新步伐，有利于中匈两国企业和金融机构使用人民币进行跨境交易，促进双边贸易和投资便利化。

（5）匈牙利首次在中国发行人民币债券

2015 年 11 月 25 日，来华出席“16+1”领导人会晤的匈牙利总理欧尔班到访中国银行，并与中国银行董事长田国立共同签署了人民币主权债发行合作备忘录。根据此合作备忘录，匈牙利政府于 2016 年发行人民币主权债券。这支主权债券成为首支在中东欧地区发行的人民币债券和全球第三支人民币主权债券。中国银行充分发挥国际化和多元化的优势，与匈牙利政府有关机构充分沟通和交流，支持匈牙利政府发行人民币债券，并提供全方位的金融服务，进一步增强人民币在中东欧地区的影响力。2016 年 4 月，匈牙利在中国市场发行 10 亿元（约合 1.368 亿欧元）三年期人民币债券，利率 6.25%。这是中东欧地区发行的首只人民币债券，有助于深化中匈友好合作关系，拓宽两国金融合作领域，并进一步推动人民币国际化进程。

（6）中匈两国银行业协会签订谅解备忘录

2016 年 3 月 25 日，中国银行业协会与匈牙利银行业协会于中国海口成功签订了谅解备忘录（MOU）。谅解备忘录成功签订后，两国银行业协会将建立长期沟通机制，就两国银行业发展趋势、热点问题以及双方协会合作事项进行沟通交流；扩大双边合作，通过不定期举办论坛、研讨会等形式，为两国银行业金融机构搭建交流与合作的平台，鼓励并促进最佳实践、热点议题及专业知识的交流和讨论。此外，双方协会还将促进金融机构进一步发挥跨境金融优势，为两国企业海外合作及联合投资项目提供金融支持，扶持企业“走出去”，促进两国经贸合作。

（7）中国银行成功完成银行间市场人民币对匈牙利福林等 7 种货币的直接交易

2016 年 12 月 12 日，作为银行间外汇市场首批人民币对匈牙利福林、波兰兹罗提、丹麦克朗、瑞典克朗、挪威克朗、土耳其里拉、墨西哥比索的直接交易做市商，中国银行在银行间市场上成功完成人民币对上述 7 种货币的直接交易。此次央行授权开展人民币对匈牙利福林、波兰兹罗提、丹麦克朗、瑞典克朗、挪威克朗、土耳其里拉、墨西哥比索的直接交易，是人民币国际化进程的又一重要体现，有助于进一步拓展人民币在上述地区贸易投资结算中的使用，提升人民币的国际地位；同时，发展人民币对上述7种货币的直接交易，将有利于形成人民币对上述7种货币的直接汇率，降低交易汇兑成本，助力中国与上述地区的经济金融关系不断深入发展。

（8）匈牙利发行欧洲地区首张人民币银行卡

为更好地服务客户，适应人民币日益加快的国际化步伐，中国银行在布达佩斯推出了匈牙利福林、人民币双币芯片银联借记卡，是欧洲地区发行的首张人民币银行卡，可在全球标有银联标识的自动提款机（ATM）取款和销售点终端（POS）商户消费，产品的服务对象主要为往来中匈的匈牙利商旅客户、中资企业客户以及留学生群体。

4.6.3 中国与匈牙利投资合作项目

截至目前，我国对匈牙利的投资领域涵盖化工、金融、通信设备、商贸物流、汽车及零部件等行业，主要企业有万华宝思德公司、中国银行匈牙利分行、华为技术匈牙利有限责任公司和华为欧洲供应中心、中兴匈牙利公司、中欧商贸物流合作园区、波鸿集团匈牙利工厂、格林斯乐等。仅万华宝思德一家，已累计上缴税收超过1亿欧元，解决直接就业3 300人。中国企业在匈牙利经济和社会中的影响力逐步提升。

中国企业在匈牙利主要合作和投资的项目有：

（1）万华集团收购匈牙利宝思德公司

山东烟台万华集团是亚太地区最大的异氰酸酯生产商，匈牙利宝思德化学公司是中东欧地区最大的异氰酸酯生产企业。2011年1月，万华集团投资12.6亿欧元收购匈牙利宝思德公司96%股份，后续收购全部股份。万华对宝思德化学公司累计投资24亿美元，是目前中国在中东欧地区最大的投资项目。收购完成后，万华集团从各方面对公司业务进行整合，并大力推进设备改造和技术升级，企业运营已步入良性发展轨道。截至2018年，公司完成了TDI（甲苯二异氰酸酯）-2工厂、MDI（二苯基甲烷二异氰酸酯）产能提升、氯化氢氧化、离子膜烧碱等重大产能提升项目。

（2）中国银行（匈牙利）有限公司

2003年2月，中国银行（匈牙利）有限公司在匈牙利首都布达佩斯开业，由中国银行全资控股，是中国银行在中东欧地区设立的第一家营业性金融机构。为进一步提升中国银行在中东欧地区的金融服务能力和市场影响力，2014年12月，中国银行匈牙利分行正式对外营业，成为匈牙利第一家分子行双牌照的外资银行。2015年，中国银行匈牙利分行获准担任人民币清算行，成为中东欧首家人民币清算行。2018 年，中国银行匈牙利分行获得投资服务牌照，并成功发行 20 亿人民币熊猫债，实现结构化票据在布达佩斯交易所上市。中国银行（匈牙利）有限公司加强与主权机构合作，推动了人民币业务发展。截至 2018 年底，其资产总额达到 70.6 亿美元。

（3）中匈商贸物流园区

2011 年，山东帝豪国际集团收购布达佩斯“中国商城”，开始建立“中国商品交易展示中心”，2015 年 4 月，获批为国家级“境外经济贸易合作区”。截至 2018 年底，总投资达 1.13 亿美元，开发面积 13.39 万平方米，园区以“一区多园、两地展销、双向代理、内外联动”发展模式，进一步建设完善匈牙利中国商品交易展示中心、切佩尔港物流园、德国不来梅港物流园。2018 年，海尔、格力、雷士照明、同方威视、敦煌网、环球易购等知名企业先后进入园区。目前，园区入驻企业达到 172 家，其中中资控股企业 50 家。2018 年，园区完成贸易额 57 022.7 万美元，带动和拉动国内企业直接出口和间接出口达 8 亿美元。解决当地就业 1 499 人，其中外籍人员 1 412 人，园区自身实现利润 1 300 万美元，上缴税金 78.75 万美元。已经建设完成的有商贸和物流两大公共服务平台，以及匈牙利切佩尔港企业海外仓、德国不来梅港跨境电商海外仓。

（4）华为公司及其欧洲供应中心、欧洲物流中心项目

华为匈牙利公司成立于 2005 年 9 月。经过多年发展，华为逐步在匈牙利市场树立了品牌，与匈牙利电信、英国沃达丰（Vodafone）、挪威电信（Telenor）、欧洲跨国运营商 GTS、潘特尔（Pantel）、因维特尔（Invitel）等匈牙利及欧洲电信运营商、分销商建立了合作伙伴关系，并与匈牙利政府建立、保持联系。2009 年，华为公司与匈牙利有关企业合作，建立欧洲供应中心，从国内进口通信设备零部件，在匈牙利组装后销往欧洲、中亚和北非等地。2013 年底，华为公司在匈牙利比奥托巴吉市建立欧洲物流中心，完善供应链建设，实现本地采购、制造、测试、组装、配送一条龙生产线。截至 2018 年底，华为欧洲供应中心在匈牙利设有 2 个合作工厂和 1 个物流中心，共有生产及仓储面积 62 000 平方米，为匈牙利创造近 2 000 个就业岗位。

（5）中兴通讯匈牙利公司

中兴通讯匈牙利代表处成立于 2004 年，2010 年，注册成立匈牙利子公司，目前子公司拥有员工近 50 人，员工本地化率近 60%。经过 10 多年的发展，中兴通讯在匈牙利电信市场取得了良好的成绩，已跻身匈牙利主流通信设备及方案提供商，与匈牙利主流运营商均建立业务合作关系。特别与匈牙利第二大电信运营商 Telenor 长期保持全面的战略合作伙伴关系，独家承建了全国 2G/3G/4G 无线网

络，建设全国物理站点数量超过 4 000 个，覆盖全国并服务匈牙利超过 320 万用户，市场占有率超过 30%。

（6）比亚迪匈牙利公司

比亚迪公司在匈牙利累计投资 2 000 万欧元，完成了西欧、北欧以及汉诺威展车等不同电动大巴项目，同时还新建了底盘车间，供货英国整车厂。2019 年，比亚迪匈牙利工厂生产的纯电动客车投入使用，在欧洲建立了真正的中国企业欧洲制造的信誉和口碑，同时给当地制造业创造 255 个就业岗位。截至 2019 年 4 月，比亚迪在欧洲纯电动客车市场占有率超过 20%，成为欧洲电动客车市场的领跑者之一。作为比亚迪在欧洲的首个工厂，匈牙利工厂也成为观察中匈两国实现优势互补、互利共赢的一个窗口。

（7）盈趣科技（匈牙利）有限公司

厦门盈趣科技股份有限公司成立于 2011 年 5 月。在中国、加拿大、马来西亚等地拥有境内外 10 家全资或控股子公司，拥有企业技术中心、重点实验室、机器人研究中心，并在福州大学等高校设立产学研孵化基地。盈趣科技（匈牙利）有限公司（Intretech Hungary Kft.）作为公司的欧洲总部，项目选址匈牙利考波什堡市（Kapuvar），2019 年建成并投入使用，预计将为匈牙利当地解决超过 400 人的就业问题。同时，也将世界最先进的智能制造技术和研发能力带入匈牙利。

（8）延锋汽车内饰系统有限公司

2015 年，上海延锋汽车内饰有限公司正式控股（中方占股 70%，美方江森自控（JCI）占股 30%）建立当前的延锋汽车内饰系统有限公司。目前，该公司位于匈牙利帕波市（布达佩斯往西约 150 千米处），占地 3.8 万平方米，员工共 2 400 人，主要为阿尔法罗密欧、宝马、玛莎拉蒂、保时捷、沃尔沃提供汽车内饰产品，生产自动化程度较高，2018 年产值 1.37 亿欧元。

（9）豪迈欧洲公司

豪迈欧洲公司成立于 2015 年 7 月，位于匈牙利塞克什白堡市（Székesfehérvár）。目前，公司在职员工 53 人，其中匈籍员工 31 人，主营业务是轮胎模具零部件以及常规机械部件加工。豪迈欧洲是山东豪迈集团公司在欧洲的分公司，旨在为欧洲客户提供全方位的战略和快速服务。豪迈已与十多家世界 500 强企业展开了深度合作，包括与日本普利司通、法国米其林、美国固特异、德国马牌等开展轮胎模具业务方面的合作，与美国的通用电气（GE）、英格索兰、德国西门子、日本东芝、法国阿尔斯通以及中石油和中石化等开展零部件加工和油气业务合作。公司 7 次荣登福布斯排行榜，2015 年，山东省委宣传部将豪迈集团作为“省重大宣传典型”。

（10）匈牙利丰原索尔诺克生化公司

匈牙利丰原索尔诺克项目于 2015 年 12 月获得匈牙利环评与规划许可，2018 年初完成了整体设计，占地 600 亩。2019 年 3 月 28 日，合资公司与蚌埠阳光签订总承包合同，由蚌埠阳光承建 6 万吨/年柠檬酸项目。

（11）中国机械进出口集团有限公司考波什堡 100 兆瓦太阳能电站项目

该项目 2019 年 6 月动工，预计 12 月份建设完成并网发电。项目的施工将最大化使用匈牙利当地资源，项目并网运行后每年可发电 1.3 亿度，节约 4.5 万吨标准煤，减少 12 万吨二氧化碳排。

4.6.4 案例分析——万华收购案

万华化学集团股份有限公司（简称“万华”），前身为烟台万华聚氨酯股份有限公司，成立于 1998 年 12 月 20 日，2001 年 1 月 5 日上市。2011 年，万华收购匈牙利宝思德，是该公司全球化战略的重要举措。2013 年，公司更名为“万华集团股份有限公司”。目前，万华的机构遍及世界 23 个国家和地区，全球范围内拥有员工近 11 000 人，2016 年销售收入达 60 亿美元。

早在 2008 年全球金融危机之前，万华就已经评估了以绿地投资的方式在欧洲建立一个新的制造基地的可能性。最初的计划是在荷兰建立一家化学工厂，但由于经济危机后全球经济陷入低迷，该公司于是将战略重点转向兼并和收购。与此同时，匈牙利宝思德化学公司在匈牙利、波兰和捷克都建有生产基地，是理想的收购目标。该公司一直深陷严重的财务问题，管理层对收购持开放态度。在双方都有合作意向的情况下，2011 年，万华通过一笔 16 亿美元的交易，获得了这家匈牙利区域跨国公司 96%的股份，成为世界第三大异氰酸酯生产企业，这也是当年中国在欧洲最大的一笔投资。在由中国银行牵头的财团的支持下，万华强调这笔交易可能会成为引领未来中国在该地区投资的“灯塔”。

从根本上来说，万华收购宝思德主要出于两个方面的考量：第一，欧洲是万华的一个关键市场，通过收购，万华在欧洲市场内部保持充足的制造能力。第二，万华还可以获得宝思德化学在欧盟的销售网络，从万华的角度来讲，正是这一点在更大程度上促成了这次收购。万华同时获得制造能力和销售渠道的积极尝试，被证明是成功的。在做出最终决定之前，万华也对该地区其他的候选地做了评估，但匈牙利的比较优势和对投资者友好的商业环境，让管理层做出了倾向于匈牙利公司的决定。

万华在官方声明中宣称，这次收购把两家区域性公司变为一家全球性公司。宝思德被指定负责万华在欧洲的所有业务。宝思德管理层宣称，宝思德通过收购进入了亚洲市场，并获得了与万华的欧洲客户加强商业联系的机会。

2012年，匈牙利欧尔班总理代表匈牙利政府与万华宝思德工业园签订了以为园区提供“站式服务等条款”为主要内涵的《战略合作协议》。在获得各方面的支持之后，万华于2013年启动了中匈工业园项目。该项目旨在将后续前往匈牙利投资的中国公司吸引到宝思德化学公司所在的匈牙利东北部工业园区。在操作层面，匈牙利政府通过匈牙利投资促进局的咨询服务为万华提供支持。为了向在匈牙利的外国投资者提供帮助，匈牙利投资促进局与外国公司在当地的管理部门建立了良好的合作，并在优惠政策、技工雇佣等方面为投资公司提供高质量的支持，如安排与国务秘书的会晤、建立与有关部门或市政当局的沟通、寻找合适的供应商等。

2011—2016年，万华又额外投资了4亿欧元用于其匈牙利子公司现金流的补充和产能的扩容。通过技术转移，宝思德的生产能力翻了一番，随着这次收购，该公司在2014年首次实现了盈利。2016年也是宝思德转型过程中的一个重要里程碑，公司实现综合销售收入12亿欧元，成为其历史上最成功的财政年度。该公司息税折旧摊销前利润超过2.5亿欧元，比上一年增长了50%。作为兑现其承诺的一种表现，万华有进一步投资其匈牙利子公司的明确意向，欧洲市场仍然是万华预期中的一个关键市场，因此，继续扩大其在匈牙利的生产能力仍位列该公司议事日程的前列。2016年，宝思德启动了最新的投资项目，目标是建设一套价值1.14亿欧元的新的氯化物处理设施。

万华收购案例的成功启示：

一是良好的政治氛围起到了非常重要的推动作用。万华在匈牙利的投资与中匈两国的经济战略导向是完全一致的。习近平主席提出的“一带一路”倡议为万华在匈牙利的进一步扩大业务提供了坚实的基础，同时匈牙利总理欧尔班倡导的“向东开放”的政策，也营造了一种欢迎中国投资者的氛围，在这种良好政治氛围下，万华对宝思德的收购得到了多方面的支持。

二是文化融合非常重要。万华认为文化融合是近年来取得的最重要的成就，万华的领导层和2 700名匈牙利当地同事的团结，是宝思德得以成功运营的关键。

三是发挥与其他中资企业合作的协同效应很重要。万华在匈牙利成功实现了与其他中资企业合作带来的协同效应。如华为，作为一家领先的信息通信技术公司，与匈牙利建立了良好的业务关系，在一些专业技术领域成为万华完美的合作伙伴。2016年7月，华为与万华宝思德公司签署了一项战略协议，最大限度地提升其在匈牙利的生产技术水平。根据这项协议，万华将在匈牙利建立一家区域性的信息处理中心。这两家中国公司的合作也将引入基于大数据、云计算技术、智能化生产的最先进的生产技术。这项协议预计将服务于共同实现华为和万华的商业发展目标，同时也意味着两家公司增加了参与匈牙利社会以及培训当地专业技术人员方面的投入。

4.6.5 中国企业到匈牙利开展投资合作注意事项

中资企业对匈牙利投资方兴未艾，涉及的领域日渐宽泛，规模不断扩大，中资企业和华商数量逐渐增长，已经成为匈牙利经济中一支重要力量。中国企业到匈牙利开展投资合作应该注意以下事项。

一是首先解决“水土不服”问题。开展全面的市场调研，了解当地的语言环境、民俗风情、宗教信仰、生活习惯、文化水平等，同时了解近年来当地的经济发展、工业、技术水平，尤其是建筑行业的技术水平，以及相关政策及法律法规。可聘请当地专业咨询公司或律所提供翻译、法律、财务、商业及文化习惯等方面的准确信息和服务，以规避法律风险和商业漏洞。

二是深化调查研究，谨慎选择投资项目。中国企业应善于利用中国在匈牙利经贸合作区的平台资源，形成聚集效应、规模效应，延伸产业链，较大程度降低成本，有效开展境外生产和经营活动。中国企业在匈牙利开展直接投资时，应谨慎选择投资项目。在投资前，企业应对有关项目进行详细的考察，对所在工业园区的优惠政策、交通物流、基础设施等进行综合了解，并对合作伙伴的产品市场前景、项目可行性、资信状况等进行分析。

三是创新多元化的合作模式。目前“一带一路”合作的方式主要还是贸易和投资建设，合作的领域主要侧重基础设施等。企业今后需要注重其他方式的合作，如各种开发区与开放区的建设、“飞地经济”的发展等，甚至是发展经验的交流合作；合作的领域也需要进一步拓展，尤其需要加强在农业、传统制造、高科技业、旅游业等领域的合作。

四是关注保险和担保机制。中国企业在对匈牙利开展投资前可关注中国政策性保险机构提供的包括政治风险、商业风险在内的信用风险保障产品以及中国进出口银行等政策性银行提供的风险担保，为在匈牙利可能发生的潜在风险所造成的经济损失提供保障。

五是锁定币种及汇率，拆解外汇风险。匈牙利虽然是欧盟国家，但尚未加入欧元区。匈牙利使用自己本国的法定货币福林。福林汇率主要取决于匈牙利的经济表现、利率、通货膨胀、政府债券收益率等诸多因素。近年来，匈牙利经济发展势头持续向好，但福林汇率频繁波动，福林币值多次跌破历史纪录，不稳定性风险比较突出。企业在匈牙利开展投资合作应首选欧元作为承包工程的计价和支付货币。

六是与西欧企业开展第三方市场合作。匈牙利是欧洲大市场的重要组成部分，在匈牙利乃至中东欧地区开拓业务时，常被西欧企业误解为竞争对手而受到排斥。中国企业应与西欧企业进行良性竞争，尝试与西欧企业探讨合作开展第三方市场合作的可能性。中国投资匈牙利及中东欧地区有利于整个欧元区经济复苏。中国、中东欧国家、西欧发达国家三方优势结合，有利于推动欧洲平衡发展，弥合东西差距，实现多赢和共赢。

七是关注劳工法律环境。中国企业投资前须全面了解匈牙利的《劳动法典》和《工会法》等法律，熟悉当地工会组织的发展状况、制度规章和运行模式。匈牙利工会和谈判组织完善，影响力大。中国企业须严格遵循匈牙利关于雇佣、解聘、社会保障等方面的规定，依法签订雇佣合同，按时足额发放员工工资，缴纳退休保险、残疾补贴保险、病假补贴保险、劳动基金和职工福利保障基金，并对员工进行必要的技能培训。

八是关注当地生态环境。匈牙利生态环保的重点是土壤、大气和水体等。中国企业应事先关注匈牙利环境保护方面的政策和法规，并在规划设计过程中选好解决方案。在匈牙利，环保是一个独立的产业，市场上由专门的环保企业承担污水和废气处理业务。中国企业在投资合作中，也要做好环保预算。

九是承担必要的社会责任。中国企业要关注业务发展所带来的资源、环境、劳工、安全以及社会治理等问题，以免引起当地居民的反感和抵制。其中，劳工问题不仅涉及工薪待遇，还包括工作环境、加班时限等；环境问题包括工业生产造成的环境问题，也包括开发资源引起的生态问题。中国企业要在自己能力范围内回馈当地社会，如向孤儿院捐献财物，赞助一些当地的体育赛事等。此外，中国企业不应做违反当地法律和社会公德的事情，应对民族形象、企业声誉与品牌建设负责，对中匈两国的长期友好关系负责。

此外，在投资前，企业应高度关注自身的主营业务在匈牙利市场的盈利能力，匈牙利外企多为知名的世界500强企业，市场高度竞争，中国投资企业应正确评估自身进入匈牙利市场的经营优劣势，在合适的时间做出审慎专业的投资决策，争取能够在竞争激烈的匈牙利市场立足，并且做大做强。

4.6.6 未来投资合作趋势

匈牙利属欧盟国家，法律法规健全，投资政策优惠，投资环境较好，劳动力性价比较高。同时，匈牙利地处欧洲中心，地理位置优越，交通网络发达，基础设施完善，在匈投资可辐射欧洲大市场。匈牙利是第一个同中国签署“一带一路”

政府间谅解备忘录的欧洲国家，也是第一个同中国建立和启动工作组机制的国家。匈牙利实施的“向东开放”战略，与中国“一带一路”倡议向西开放高度契合。当前，两国政府正抓紧推动匈塞铁路建设，中匈两国也将基础设施合作作为重点领域，未来两国在基建、物流、旅游等领域合作潜力较大。

（1）基础设施建设

匈牙利政府对加强基础设施建设十分重视，专门制定了包括匈塞铁路，连接境外公路、铁路和水运交通设施以及多式联运枢纽等交通基础设施建设规划。作为中国与中东欧基础设施建设的重大合作——匈塞铁路，全长 350 千米，经现代化改造之后，匈塞铁路将成为客货共用电气化双线铁路，设计最高时速 200 千米，布达佩斯和贝尔格莱德两地之间的旅程将从目前的 8 个小时缩短至 3 个小时以内。同时，中国、塞尔维亚、匈牙利和北马其顿四国总理一致同意，共同打造中欧陆海快线。中欧陆海快线是匈塞铁路的延长线和升级版。这条快线建成后将为中国对欧洲出口和欧洲商品进口开辟一条新的便捷航线，对于促进欧洲内陆贸易以及全球贸易有着巨大的作用。目前，匈牙利政府对加强与中国在基础设施领域的合作意愿强烈。我国相关企业在匈牙利基础设施建设领域将有大量投资机遇。

（2）旅游业

匈牙利风景秀丽，气候宜人，旅游业比较发达。著名的景点有布达佩斯、巴拉顿湖、多瑙河湾等。近年来，旅游业已成为中匈两国合作的新领域。布达佩斯－北京直航航班等往返于中国与中东欧地区的航班大大促进了旅游业的发展。“17+1 合作”旅游协调中心正在逐步成熟，有助于将中东欧地区的旅游产品以高效的方式推向中国市场，促进两国旅游合作。随着中国居民出境游规模的不断扩大，未来中匈两国在旅游领域的合作将会更加密切，由此也将带来大量投资商机。

（3）物流业

匈牙利地理位置优越，是通向中东欧的大门和中东欧地区重要的交通枢纽，发展物流业具有得天独厚的优势。大量基础设施齐全的工业园区和仓储设施可供物流投资商选择。目前，匈牙利政府把加强物流基础设施建设作为国家战略发展的方向之一，不断推进多式联运物流中心。匈牙利已建成 10 余个多式联运物流中心，每个物流中心至少可提供两种以上的运输方式。相关企业可以关注匈牙利物流领域的投资机遇，充分利用匈牙利的区位优势，进一步进军中东欧市场。

（4）电子产业

匈牙利一直专注于汽车及其零件相关的电子产品行业，在该领域的部件生产涉猎甚广，经验丰富。匈牙利是中东欧地区最大的电子产品生产国和世界电子工业主要生产基地，近年年产值保持在100亿欧元以上，占中东欧和欧盟电子工业总产值的30%和4.5%。2015—2019年，匈牙利IT市场年增长率达3.8%。世界知名原始设备制造商和电子产品代工企业均在匈牙利设立生产基地和研发中心。其中，原始设备制造商20家，包括通用电气、三星、飞利浦、博世、IBM、西门子、国家仪器、爱立信、伊莱克斯等；代工企业5家，包括富士康、伟创力、捷普科技、新美亚科技、卓能电子。外资企业在该国电子工业中占据主导地位，产值占80%以上。迄今为止，该产业的外国直接投资总额为46亿欧元。近年来，中国电子设备研发生产发展迅速，中国企业可借助匈牙利产业契机，抓住产业机会，加强中匈的电子产业投资与合作，共同开拓欧洲市场。

（5）生物制药行业

匈牙利拥有欧洲中东部最成熟的制药产业与生物技术产业，对涉足生命科学领域的相关企业（计划在该区域或者巴尔干半岛地区以及更远的欧洲东部地区和亚洲地区进行进一步发展）来说，是个不二的选择。投资者将会在匈牙利发现著名的研发中心、大量大型制药企业、与日俱增的中小型生物技术企业以及数家快速发展的科研机构。

近年来，在政府的大力扶持下，匈牙利生物技术产业取得迅速发展，规模及技术水平已跃居欧盟新成员国前列。目前，匈牙利约有85家核心生物科技企业，从业人员近千人，研发领域包括：土壤和水污染处理、生物质能的生产和处理、再生处理、基因工程、纳米技术、分子化学等。近几年来，布达佩斯持续位列全球生物技术最具竞争力城市榜前列。

生物技术对匈牙利总体发展起了重要作用，在创造高质量就业岗位、促进经济增长、使用再生能源、保护生态环境以及发展公共卫生事业等多方面做出了积极的贡献。匈牙利生物技术产业将发展成为欧盟范围内一个获得国际认可且具有重要地位的生物技术开发区，部分相关行业有机会角逐全球领先地位。

匈牙利医药制造工业历史悠久，吸引了一批全球最大型的制药企业入驻，如赛诺菲（Sanofi）、梯瓦（Teva）、施维雅（Servier）、葛兰素史克（GSK）、迈兰（Mylan）等，这些大型制药企业在匈牙利成立子公司和供应中心不仅服务于匈牙利市场，也为欧洲中部地区、乌克兰、俄罗斯以及巴尔干半岛地区提供服务。

匈牙利也是中东欧地区第一大制药生产国和出口国，产品出口超过130个国家。根据匈牙利投资促进局的数据显示，药品在制造业增加值中所占比重为6.3%，医药行业研发支出占制造业研发支出的35.8%。匈牙利拥有许多中小型生物技术企业，以及多家大型制药企业和众多快速发展的研究机构。主要制药企业包括吉瑞（Richter）、爱吉斯（Egis）、斯诺菲－安提斯/奇诺伊恩（Snofi-Aentis/Chinoin）、梯瓦（Teva）、贝雷斯（Béres）和阿尔卡莱达（Alkaloïda），以上 6 家企业产值占匈牙利制药业总产值的 90%左右。目前，全球前十大药品和生物技术公司中，有 8 家在匈牙利开展生产或研发活动。未来，匈牙利还将加大对生物医药领域的支持力度，发挥领先企业的带动作用，以大带小协同发展，并推进国内外药企合作，加强联合研发，重点发展诊治癌症、大脑失调、新陈代谢、感染性疾病以及炎症等疾病的新药研制。因此，中国企业可加强对匈牙利生物制药领域的关注，在研发、生产、贸易等各个环节拓展机遇，加强投资合作。

匈牙利制药产业拥有一百年的历史，在吸引并进行临床试验方面享有国际声誉。匈牙利为最大且最成熟的药品市场，人均药品消费量高于平均水平，制药产业外商直接投资（FDI）方面，匈牙利在整个欧洲中东部地区保持着最佳业绩记录，且良好的知识基础对创建有利于生物技术产业发展的环境也起到了推动作用。

（6）汽车全产业链领域

汽车工业是匈牙利的支柱产业。目前，世界最大 20 家一级汽车供应商有 14 家落户匈牙利，并且生产规模在不断扩大，如博世（德国）、普利司通（日本）和韩泰轮胎（韩国）。有 5 家原始设备制造商在匈牙利进行生产活动，如奥迪、宝马、奔驰、欧宝和铃木。完善的本地供应商体系加上优越的地理位置和丰富的人力资源，使匈牙利汽车产业极具吸引力。匈牙利汽车产业链较为完整，从生产到研发，各环节实力均不容小觑，且外资在匈牙利汽车工业中占据举足轻重的地位，乘用车和发动机生产企业基本为外资，本土企业主要从事商用车和汽车零配件的生产。近年来，匈牙利不断推进新能源汽车、自动驾驶、5G 网络等新概念与新技术的发展和突破，推动传统和新兴汽车工业协同发展。随着中国汽车产业的快速发展，中国企业应把握时机，开拓新兴市场，进一步与匈牙利汽车产业加强对接合作，共同推进技术突破。

在汽车设计资质及创新方面表现活跃的高等教育机构已根据其各自的地区优势和企业能力来划分了相关的任务工作。而各大院校均将主要精力集中在了与相关公司联合开发的知识库上（见表 4－27）。因此，杰尔本地大学主攻的是内燃机方面的研究，维斯普雷姆州的潘诺尼亚大学主攻的是燃料与润滑油，布达佩斯科技经济大学专注于电子与机电一体化方面，米什科尔茨大学专注于传动系统，而凯奇凯梅特学院研究的是材料科学和汽车装配。

表 4-27 匈牙利高校与公司联合研发汽车产业

高校	主要优势	次要优势
布达佩斯科技经济大学	汽车技术	物流
	电子与软件	生产技术
凯奇凯梅特学院	材料激素	汽车技术
	生产	备用驱动方面
米什科尔茨大学	汽车驱动系统	物流
	机电一体化	材料科学
奥布达大学	汽车技术	软件
	电子方面	
潘诺尼亚大学（维斯普雷姆州）	机电一体化	信息学
	燃料和润滑油	
塞切尼伊什特万大学	引擎技术	机电一体化
	制造与加工	

（7）化工行业

匈牙利化工产业发展基础扎实，在后欧债危机时代，化工企业普遍遇到资金、技术等方面的瓶颈。而在欧洲贸易保护主义势力抬头，中国化工产品在进入欧洲市场频频受阻的情况下，可抓住机遇，借助匈牙利市场，在化工领域深化国际产能合作。

化工产品的供应占了整个加工行业39%的国内销售。在匈牙利转型之前，化工行业已经是一个主要行业，其中两家最大的企业，宝思德（BorsodChem）和蒂萨化学集团（TVK），扮演着互补的买卖角色。

（8）金融服务

匈牙利的银行业非常集中。一些银行在吸收存款和放贷方面占据着支配地位。外资银行在整个行业资产中占比超过80%。保险企业、资产管理企业、风险资本和私募股权企业在内的非银行金融机构扮演着重要性较低的角色。这些企业中绝大多数都归属于商业银行。随着外国和国内企业客户对简单而迅速的服务的需求不断增加，越来越多的金融机构开始提供综合银行业务，范围包括从直接贷款到投资银行业务和证券交易。大多数外国企业都倾向于通过本国金融机构在匈牙利开设分公司来进入当地信贷和资本市场。

第5章 匈牙利对外关系

地处中欧腹地的匈牙利，位于东西大国交界地带。受地缘政治和小国禀赋的制约，其对外政策的主要方向是在区域和次区域层面加入更强大的政治、经济和军事组织。在区域层面，北约和欧盟是匈牙利外交获取安全保障和经济支持的出发点。在次区域层面，匈牙利积极在维谢格拉德国家集团内发声，突出匈牙利的中欧特性和民族国家外交，并通过维谢格拉德集团平台扩展其在欧盟内的影响力。随着国际政治、经济和军事力量的中心由跨大西洋地区逐步向太平洋地区转移，为应对全球性的挑战，匈牙利积极调整其外交与安全政策，推出"向东开放"战略，采取追求以经济利益为导向并致力于国家贸易关系多样化的务实性外交。

5.1 对外关系概况

匈牙利主要外交目标和任务是：保障国民安全，服务国内经济发展和改善民生；高效应对经济全球化挑战；加强中欧地区合作，积极参与欧洲一体化建设；加强匈牙利族人团结。在国际金融危机影响的情况下，匈牙利致力于成为亚欧贸易桥梁，视中国、俄罗斯、印度为经济外交的重点。目前，匈牙利同170多个国家建立了外交关系，并将发展与美国、欧盟、俄罗斯、中国及周边邻国关系列为五大优先方向，重点推进与上述国家和地区的务实合作。匈牙利于1999年3月加入北约，于2007年12月21日正式加入申根协定。2004年5月1日，匈牙利正式成为欧盟成员国，其在欧洲议会中占有22个席位。匈牙利政府积极推进欧洲一体化建设，着力打造睦邻关系，进一步加强地区合作。匈牙利是欧盟、北约、申根公约、联合国、国际货币基金组织、世界贸易组织等重要国际组织的成员（见表 5-1）。

表 5-1　　匈牙利国际组织加入情况

联合国专门机构			
1	国际民用航空组织（ICAO）	9	联合国工业发展联盟（UNIDO）
2	国际农业发展基金（IFAO）	10	世界旅游组织（UNWTO）
3	国际劳工组织（ILO）	11	万国邮政联盟（UPU）
4	国际货币基金组织（IMF）	12	世界银行（WBG）
5	国际海事组织（IMO）	13	世界卫生组织（WHO）
6	国际电信联盟（ITU）	14	世界知识产权组织（WPO）
7	联合国教科文组织（UNESCO）	15	世界气象组织（WMO）
8	联合国粮食及农业组织（UNFAO）		

5.2 同中国的关系

1949 年 10 月 4 日，匈牙利宣布承认中华人民共和国，是最早承认新中国的国家之一。

10 月 6 日，中国与匈牙利正式建立外交关系。20 个世纪 50 年代，中匈友好关系全面发展。60 年代中期至 70 年代末，受中苏关系恶化影响，两国关系一度冷淡甚至停滞。80 年代逐步改善并不断发展。长期以来，中匈两国在平等互利基础上保持和发展友好合作关系。建交后，两国友好关系全面发展，领导人互访等各种形式的往来密切，各领域合作不断加强，两国人民的友谊进一步加深，双方在国际事务中相互支持，密切配合。

近年来，两国高层交往更加频繁，双边关系驶入快车道。2009 年，时任国家副主席习近平成功访问匈牙利，当年欧尔班以在野党青民盟党主席身份访华，并于 2010 年以总理身份出席上海世博会闭幕式。2011 年，温家宝总理成功访问匈牙利，并出席首届中国—中东欧国家经贸合作论坛，双方共同开启了中国—中东欧国家合作序幕。

2012年，时任国务院副总理李克强成功访问匈牙利，与欧尔班总理就中匈关系发展等深入交换意见，达成诸多重要共识。2013年，李克强总理与欧尔班总理在中国—中东欧国家领导人布加勒斯特会晤期间成功会见，进一步就双边关系、地区合作等交换意见。

2013年11月，欧尔班总理出席中国—中东欧国家领导人会晤，并与李克强总理举行双边会晤。

2014年2月，欧尔班总理正式访华，同年12月赴塞尔维亚出席中国—中东欧国家领导人第三次会晤。

2015年6月，两国签署了《中华人民共和国政府和匈牙利政府关于共同推进丝绸之路经济带和21世纪海上丝绸之路建设的谅解备忘录》。匈牙利成为第一个同中国签署此类合作文件的欧洲国家。

2015年11月，欧尔班总理出席在中国苏州举行的第四次中国—中东欧国家领导人会晤，期间与李克强总理举行会谈。会后，李克强总理与匈牙利总理欧尔班、塞尔维亚总理武契奇共同出席中匈、中塞两国三方共同建设的匈塞铁路合作文件签字仪式。

2016年11月，李克强总理在拉脱维亚首都里加出席"16+1"领导人峰会期间会见匈牙利总理欧尔班，并就推进匈塞铁路建设等事项举行会谈。2016年10月，中共中央政治局常委、书记处书记刘云山对匈牙利进行正式友好访问，分别会见匈牙利总统阿戴尔，青民盟主席、政府总理欧尔班和国会主席克韦尔，并出席中国—中东欧政党对话会。2016年7月15日，陪同李克强总理出席第十一届亚欧首脑会议的外交部部长王毅在乌兰巴托会见匈牙利外交与对外经济部部长西雅尔多。2016年11月，国务委员杨洁篪、外交部部长王毅分别在北京会见匈牙利外交与对外经济部部长西雅尔多。

2017年5月，欧尔班总理应邀来华出席"一带一路"国际合作高峰论坛，对中国进行正式访问，期间同习近平主席进行会见，双方一致同意建立全面战略伙伴关系。在近年两国高层交往持续带动下，中匈政治互信日益增强，各领域交流合作持续拓展深化，双边关系已进入历史最好发展时期。

2017年11月，国务院总理李克强抵达布达佩斯参加第六次中国—中东欧国家领导人会晤，并对匈牙利进行正式访问。

2018年2月，谢姆延副总理、劳多尔曹伊国会副主席访华。

2019年4月25日，国家主席习近平会见来京参加中国第二届"一带一路"国际合作高峰论坛的匈牙利总理欧尔班。2019年4月25日，中国总理李克强会见了匈牙利总理欧尔班。2019年5月21日至23日，中国全国人大常委会委员长栗战书对匈牙利进行正式友好访问，在布达佩斯会见总统阿戴尔、总理欧尔班。

2019 年 7 月 12 日，匈牙利总理欧尔班在布达佩斯会见国务委员兼外长王毅，同日，王毅同匈牙利外交与对外经济部部长西雅尔多举行会谈并共同会见记者。2019 年是中匈建交 70 周年。

除了高层领导人的互访交流之外，中匈之间还建立了副部长级定期磋商机制、人权对话、反恐与安全合作等多项政治交流渠道。这些机制化政治合作有利于中匈关系稳定、深入地发展。

匈牙利人追求自由的个性，不仅闻名于欧洲，也一度影响过中国。柔石翻译的裴多菲的诗句“生命诚可贵，爱情价更高。若为自由故，二者皆可抛”，经过鲁迅《为了忘却的记念》一文的引用在中国可谓广为人知。从此，裴多菲的名字就一直和鲁迅联系在一起，以至于上海的鲁迅公园、北京的鲁迅故居都安放着裴多菲的塑像。

2007 年 9 月 5 日，正在上海访问的匈牙利总理久尔恰尼为鲁迅公园内裴多菲塑像落成揭幕。这尊裴多菲塑像是匈牙利教育与文化部为 2007 年 9 月至 2008 年 4 月在华举办的“匈牙利节”，由匈牙利雕塑家制作，专程运至中国，送给上海的一份特殊礼物。

两国地方间交往不断扩大，截至 2017 年，双方结好省州、城市已发展到 36

对。2008年2月，首届中匈友好省市大会在匈召开，中国人民对外友好协会会长陈昊苏出席，16个中国省市派代表团与会。2013年4月，第二届中匈友好城市大会在匈召开，中方有37个省市，匈方有近90个州市派代表与会。

两国人民友谊不断加深。2008年“5.12”四川汶川特大地震后，匈牙利总统寿尤姆、国会主席西里、总理久尔查尼第一时间致电我国领导人表示慰问。国会主席西里、总理久尔查尼、外长根茨赴我国驻匈使馆吊唁地震遇难者。2008年8月4日至25日，应匈牙利政府邀请，四川地震灾区50名中小学生在匈牙利度假疗养。2013年，“4.20”四川省雅安地震后，匈牙利总统阿戴尔和总理欧尔班分别致电我国领导人表示慰问。

5.3 同欧盟的关系

2004年5月1日，匈牙利正式成为欧盟成员国。匈牙利在欧洲议会中占有22个席位。2007年12月21日，匈牙利正式加入申根区。2011年1月1日至6月30日，匈牙利曾担任欧盟轮值主席国。近年来，匈牙利与欧盟其他成员国领导人互访频繁。2012年，时任总统施密特（2012年5月卸任）访问比利时；欧尔班总理访问德国、波兰、斯洛文尼亚。波兰总统科莫罗夫斯基、爱尔兰总理肯尼、瑞士外长伯克哈尔等分别访问匈牙利。2013年3月，阿戴尔总统访问德国、波兰；5月和10月，欧尔班总理分别访问芬兰、英国；同年斯洛伐克总理菲佐访问匈牙利。2014年，欧盟主席巴罗佐、时任波兰总统图斯克分别访问匈牙利；同年欧尔班总理除参加欧盟有关峰会外，还分别出访德国、希腊、罗马尼亚等国家。2015年，俄罗斯总统普京、德国总理默克尔、英国首相卡梅伦正式访问匈牙利。2016年，匈牙利总理欧尔班访问英国、塞尔维亚等；外长西雅尔多访问塞尔维亚、马其顿（今北马其顿）、德国等。英国首相卡梅伦、奥地利总理克恩、波兰总理谢德沃、波兰总统杜达、拉脱维亚外长林克维奇斯等访问匈牙利。2017年，匈牙利总统阿戴尔访问西班牙、罗马尼亚、波兰、克罗地亚、黑山等；总理欧尔班访问格鲁吉亚、斯洛文尼亚、波兰、马其顿（今北马其顿）等；外长西雅尔多访问斯洛伐克、立陶宛、意大利、罗马尼亚等。爱沙尼亚总理罗伊瓦斯、拉脱维亚议长穆尔涅采、希腊总理齐普拉斯、克罗地亚总统基塔洛维奇等访问匈牙利。

5.4 同邻国的关系

第一次世界大战前作为于1867年组成的奥匈帝国一部分的匈牙利封建王国，统治着欧洲大片土地。第一次世界大战结束后，匈牙利于1920年3月22日签署了《特里亚农条约》，失去了将近2/3的领土和近1/3的人口，当时大约有250万匈牙利族人成为其他国家的公民。其中斯洛伐克和外喀尔巴阡的乌克兰地区划归捷克、斯洛文尼亚、克罗地亚，巴契卡和巴纳特西部归南斯拉夫，特兰西瓦尼亚和巴纳特东部归罗马尼亚，布尔根兰归奥地利。《特里亚农条约》引发的匈牙利人的受害情结和悲情意识成为匈牙利现代民族主义的重要来源。从那时起，匈牙利对外政策中出现了一个新的主题——对居住在国外的匈牙利少数民族权利的保护。这个主题一直存在于匈牙利的外交政策思想中，尽管在不同的时间段重视程度有所差别。可以说匈牙利对周边国家的外交关切也部分源于对居住在周边国家的匈牙利少数民族的承诺。

20世纪80年代末和90年代初，中东欧国家各国政局纷纷发生变化，匈牙利重新审视与邻近其他中东欧国家的关系，通过签订一系列双边条约，建立国家间关系的新基础。采取的主要措施如下：第一，改善与邻国的关系。为了尽快加入欧盟和北约，努力加强同各邻国的关系，同它们签署基础条约，解决边界问题，保证境内少数民族享有平等权利。第二，积极参与区域合作和地区性问题的解决，努力成为地区稳定与安全的积极因素。区域合作的重点之一是安全领域的合作，与邻国一起，在预防和解决冲突、防止跨国犯罪、打击和防范恐怖活动和其他非常规威胁方面，特别是在打击黑社会、武器走私、偷渡与非法移民、腐败、贩毒问题上进行卓有成效的合作。第三，为周边国家提供政治和外交上的支持，促使其他中东欧国家和东南欧国家逐步加入欧洲大西洋框架体系。这样也可以促进境外匈牙利国籍的人积极推进欧洲一体化进程，匈牙利人之间的自由往来不再被边界阻断。匈牙利人整体在安全方面得到北约保障。这样有助于重建匈牙利人在语言、文化、经济和基础设施各方面的联系。第四，在保障境外匈牙利国籍的人权益的问题上，匈牙利的外交有两个方向：一是在相关的欧洲机构框架内，就欧盟内外保护少数民族权利的目标和责任方面提出相关提案，推动欧盟对此类问题的关注和解决，以及共同标准的成立。二是积极参与欧盟内相关政策的制定，如签证、跨境合作和跨边界贸易制度等。2001年6月19日，匈牙利议会通过了《邻国匈牙利族人地位法》（以下简称《地位法》）。2002年1

月1日，该法案开始生效。《地位法》规定，匈牙利政府将向其6个周边国家（罗马尼亚、斯洛伐克、南斯拉夫、斯洛文尼亚、克罗地亚和乌克兰）境内的匈族人提供文化、教育及社会福利保障等多种优惠待遇和经济补贴。同时国内各政党就是否允许居住在国外的匈牙利人申请匈牙利公民身份展开旷日持久的辩论，直到2011年通过该条款。

在中东欧地区合作方面，匈牙利是维谢格拉德集团的发起国，匈牙利把维谢格拉德集团不断加深合作看作是中欧国家具有共同特征的体现，也看作是中东欧政策的框架。1991年2月，捷克、匈牙利、波兰三国高级领导人在维谢格拉德签订了合作声明，商定在融入欧洲和取消华约进程中协调步伐。在维谢格拉德国家集团内部的协调问题上，匈牙利与斯洛伐克就边界问题的沟通最为典型。在斯洛伐克约生活着60万匈族人，占斯洛伐克总人口的10%左右，而在匈牙利生活着约10万名斯族人。匈牙利当局支持斯洛伐克境内匈牙利少数民族的自治要求。双方在这一问题上不断发生争执，此外，斯洛伐克与匈牙利接壤的边界最长，也是斯洛伐克历史上变动次数最多的一段边界。1995年3月，斯匈两国签署《斯匈睦邻和友好合作条约》，条约重申双方相互无领土要求，并将欧洲委员会关于少数民族权利问题的第1201号建议纳入条约。目前，匈牙利与邻国的关系基本得到了解决，其中大多数国家也是欧盟和北约的成员。匈牙利认为与邻国的关系不仅是匈牙利的外交和安全政策，也是国家政策和经济合作方面努力的一个非常重要的领域。周边区域的政治、社会、经济和环境发展对匈牙利的安全具有最直接的影响。中欧、东欧和东南欧地区的稳定，民主体制和市场经济的进步，以及日益密集的合作符合匈牙利的基本利益。匈牙利的战略利益是促进周边地区各国成为欧盟和北约的成员，在政治上支持它们为此做出的努力，并为其准备提供实际援助。匈牙利在支持邻国罗马尼亚、克罗地亚完成加入欧盟和北约的目标后，也并推动西巴尔干的欧洲一体化进程。匈牙利积极发展与塞尔维亚和黑山等西巴尔干国家的关系。同时，匈牙利积极支持欧盟的东部伙伴关系对象国，特别是与乌克兰和摩尔多瓦加强合作。与此同时，匈牙利希望能够同时成功地通过共同的安全，经济和其他利益以及与居住在邻国的匈牙利族人的社区形成跨境的次区域合作，在加强和促进该地区的多边机构和合作论坛中扮演积极角色。

在对周边国家的对外发展援助方面，《匈牙利国际发展合作政策》文件中规定，匈牙利的发展合作包括在教育、知识产权转让、农业、医疗保健、水管理和基础设施规划方面对周边国家的援助。该合作文件宣布匈牙利的发展援助应根据即将加入欧盟的计划进行规划，并应在此过程中考虑欧盟和经合组织的发展原则。

匈牙利政府开展的国际发展合作和民主援助的地理重点是两个区域，一是巴尔干区域，二是欧盟的东部伙伴对象国。这也反映在匈牙利外交资源的投入中，例如大使馆的规模和外交人员的数量。乌克兰和摩尔多瓦是匈牙利优先考虑合作的对象。布达佩斯在东欧的发展援助也集中在这两个国家，2008 年，两国都被宣布为战略合作伙伴。另一个对匈牙利非常重要的多边合作项目是多瑙河战略，这使匈牙利有机会将其周边政策的两个优先区域联系起来。

从区域维度来看，匈牙利政府，无论其政党组成如何，都一直支持维谢格拉德集团合作，强调中欧模式的重要性。维谢格拉德集团是中东欧地区最重要的地区组织之一，捷克、匈牙利、波兰和斯洛伐克是成员国，目前已经发展出了“V4+德国”“V4+法国”“V4+波罗的海国家”和“V4+西巴尔干国家”等多种合作模式。匈牙利会继续在维谢格拉德国家集团中发挥积极作用。欧尔班政府将加强与波兰政府的合作，提升维谢格拉德国家集团在欧盟的影响力和发言权。匈牙利总理欧尔班认为“中欧人民需要根据中欧利益，在俄罗斯和德国这两个伟大国家之间组织这个世界。这不是对任何事情的制衡，而是从我们的历史中吸取的教训”。维谢格拉德国家集团是匈牙利重要的外交资源。V4 的创立取得了巨大的成功，也是匈牙利外交的成就。

2000 年，匈牙利、乌克兰、罗马尼亚和斯洛伐克决定共同建设蒂萨河国际防灾工程营。6 月，匈牙利、波兰、捷克、斯洛伐克四国总理在布拉格会晤，敦促欧盟尽快就吸收新成员制定时间表；四国外长在捷克会晤，并与到访的法国外长韦德里纳就欧盟东扩问题举行磋商；中欧倡议组织成员国外长会议在匈牙利举行。9 月，匈牙利、意大利、斯洛文尼亚、克罗地亚四国总理在布达佩斯会晤；匈牙利议长阿戴尔赴萨格勒布出席东南欧稳定公约签字国议长会议。11 月，中欧自由贸易协定成员国会议在华沙举行；中欧倡议组织成员国政府首脑会议在布达佩斯召开，着重讨论地区经济合作问题。2001 年 6 月，匈牙利与南联盟签署了避免双重征税协定和投资保护协定；7 月，匈牙利与克罗地亚、乌克兰、罗马尼亚等国就匈牙利国会通过的《邻国匈族人地位法》进行磋商；8 月，匈牙利在南联盟伏伊伏丁那省开设总领事馆。2002 年 3 月，匈牙利与南联盟签署《自由贸易协定》，该协定从当年 7 月 1 日起生效；同月，匈牙利总理麦杰希出席在斯洛伐克召开的中欧倡议组织成员国首脑会晤；12 月，总理麦杰希与维谢格拉德集团国家总理在布达佩斯举行会晤就加入欧盟谈判最后阶段的立场进行协调。2005 年 10 月 13 日，匈牙利外交部政治国务秘书巴尔绍尼会见塞尔维亚和黑山外交部副部长，双方就发展双边关系、巴尔干地区稳定问题交换了意见。

（1）与罗马尼亚的关系

匈牙利与罗马尼亚由于匈牙利族人问题而不断发生争端。经过长时间的谈判，1996年，匈牙利和罗马尼亚签署了《谅解、合作和睦邻友好条约》。条约称，双方尊重共同边界不可侵犯性和对方的领土完整，一方对另一方均无领土要求，今后也不会提出这样的要求，在双边关系中放弃使用武力和以武力相威胁。关于少数民族地位和权利问题，条约内容与欧洲委员会通过的关于少数民族问题的框架公约一致。匈牙利与罗马尼亚关系逐步改善，2000年，匈牙利总理欧尔班访问了罗马尼亚。2001年，匈牙利与罗马尼亚签订关于保护境内少数民族语言、文化及宗教的议定书。2001年12月，匈罗两国总理签署了关于解决《邻国匈牙利族人地位法》的谅解备忘录。近年来，匈牙利一直积极支持罗马尼亚加入欧盟。从2001年1月1日起，匈牙利与罗马尼亚实行完全自由贸易。2002年9月，匈牙利与罗马尼亚签署了有关建立匈罗战略伙伴关系的文件。

（2）与斯洛伐克的关系

1996年，两国签署了友好条约，解决了斯洛伐克境内的匈牙利族人的问题。1977年，根据匈牙利与捷克斯洛伐克签订协议修建多瑙河上的水电大坝工程，但1992年由于匈牙利声称该工程对环境和供水有危害而退出，1993年，斯洛伐克独立后仍继续修建大坝，两国为此争执不休。1997年，国际法庭进行了审理并做出裁决，双方也为此做出努力，最终解决了两国间的争端。2000年，匈牙利总统马德尔访问斯洛伐克，斯洛伐克总统舒斯特也访问了匈牙利。2001年9月，斯洛伐克在匈牙利设立新领事馆。

（3）与克罗地亚的关系

1992年1月16日，匈牙利与克罗地亚建立了大使级外交关系，在克罗地亚首都萨格勒布建立了匈牙利大使馆。2002年1月，匈牙利在克罗地亚的奥希耶克（Osijek）建立了匈牙利总领事馆；1997年，匈牙利在日耶卡（Rijeka）建立了荣誉领事馆；2001年，匈牙利在施普里特（Split）建立了荣誉领事馆。克罗地亚在布达佩斯建立大使馆，在佩奇建立了总领事馆。2003年9月，克罗地亚总统梅西奇对匈牙利进行正式访问。2005年1月11日，匈牙利外长访问克罗地亚。2005年2月，克罗地亚总理对匈牙利进行正式访问，并与匈牙利总理进行会谈。2005年2月，匈牙利外长访问克罗地亚，与克罗地亚外长就双边关系问题进行了会谈。2005年10月，匈牙利总理和克罗地亚总理在萨格勒布举行了会谈，双方同意在不久的将来举行一个双边政府间会议。2005年11月12日，两国总统参加了在匈牙利城市肖普朗举办的克罗地亚日。2005年9月5日，匈牙利总理久尔查尼在给欧盟轮值主席国英国首相布莱尔的信中敦促英国努力创造条件与克罗地亚开始入盟谈判，他还强调，尽快开始与克罗地亚的入盟谈判能够加强中东欧地区的稳定。

5.5 同美国的关系

1945年9月25日，匈牙利与美国恢复了因第二次世界大战而中断的外交关系。1966年9月8日，两国外交关系升至大使级。2006年，布什总统短暂访问匈牙利。2008年及2009年，两国分别签订《打击恐怖主义组织信息交换协议》《刑事犯罪信息交换协议》和《匈美刑事犯罪法律援助协议》。2014年1月，美国共和党参议员亚力桑那访问匈牙利。2016年12月，匈牙利总理欧尔班与美国当选总统特朗普通话。近年来，针对美国敦促匈牙利对俄罗斯和中国采取更强硬立场、要求配合美国遏制俄罗斯和中国在欧洲影响力的施压行为，匈牙利总理欧尔班表示强烈反对。2019年2月，美国国务卿蓬佩奥访问匈牙利时强调："过去美国在中欧缺席太久，如今是时候重新参与进来了，而中东欧国家则需要在美国和中俄之间做出选择。"匈牙利外长西雅尔多直接而明确地回击美国说："那些总是热衷于干涉他国内政的国家，不会让这个世界变得更好。匈牙利可以与中国、俄罗斯，以及西方国家都保持透明的关系，但单独把匈牙利与俄罗斯或中国的关系挑出来加以指责非常虚伪；与中国或俄罗斯合作并不会对我们造成伤害。"在第二天的相关报道中，美国《华尔街日报》指出，匈方的言论无疑进一步加深了美国对匈牙利脱离其影响力范围的担忧。2019年5月13日，美国总统特朗普邀请匈牙利总理欧尔班访美，两国首脑一对一晤谈讨论如何深化两国的合作，包括贸易、能源与网络安全等。

5.6 同俄罗斯的关系

匈牙利与俄罗斯的关系在苏联解体后曾一度疏远。1992年11月，俄罗斯总统叶利钦访问匈牙利，建立了新的双边关系基础。在叶利钦访问期间，两国共签署了9项政府间和部门间协议。在这些协议基础上开始了双边合作机构框架的建设进程，同时，政府间和各部门间协议也开始逐步发展，如内务部、外交部、教育部及文化部之间的合作有相关的法律进行规定。1995年，匈牙利和俄罗斯签署了一项政府间协议，规定对在对方国家牺牲的本国士兵的墓地和纪念碑应该予以关照。

2002 年社会党政府上台后，匈牙利对俄罗斯开展务实外交，推动双边经贸关系的发展，两国关系显著改善，实现了高层互访。两国在众多合作领域签署了协议。在经贸合作方面，2000 年以后双方合作持续增长。在匈牙利，俄罗斯文化被看作是欧洲文化最重要的组成部分之一。而位于莫斯科的匈牙利文化、科学和信息中心在向俄罗斯宣传匈牙利文化方面起到非常重要的作用。在 2008 年的俄格战争问题上，匈牙利采取温和立场。当时执政的匈牙利社会党政府一直不愿进一步批评俄罗斯，也对欧盟与北约支持格鲁吉亚的共识声明保持沉默，这也在当时引起了美国的不满。2004 年加入欧盟后，匈牙利在《国家安全战略》文件中宣称，"从区域安全的角度来看，我们认为俄罗斯和乌克兰的局势至关重要"。考虑到匈牙利对俄罗斯的能源依赖极为严重。目前，匈牙利 100%的进口天然气来自俄罗斯，占国内的 88.7%。匈牙利外交政策中的重要点就是不过分疏远俄罗斯。2010 年 1 月，两国签署了"南溪"天然气管道工程匈牙利项目及"南溪"股份公司的成立协议。2010 年，政府计划表达了打算向东方开放匈牙利经济的意图，包括俄罗斯。政府计划特别强调了向俄罗斯发展运输基础设施的重要性，同时向匈牙利农业、加工业和旅游业开辟了新的市场。2011 年 12 月发布的外交政策战略文件中进一步阐述了这些优先事项。

近年来，匈牙利与俄罗斯的关系越发紧密。2017 年 2 月，俄罗斯总统普京访问匈牙利。2019 年 5 月，匈牙利外交和对外经济部长西雅尔多表示，匈牙利将与俄罗斯签署天然气增供协议。匈牙利根据其多样化外交的原则，为维护和深化与俄罗斯及其他东欧国家的政治和经济关系一直在努力。

5.7 同其他国家的关系

匈牙利重视发展与亚太地区各国的关系和加强同广大发展中国家的往来。2017 年，匈牙利总理欧尔班访问新加坡、越南等；国会主席格维尔访问墨西哥；外长西雅尔多访问澳大利亚、日本、阿尔及利亚、突尼斯等。埃及总统塞西访问匈牙利，会见总理欧尔班并举行"V4+埃及"总理会晤；以色列总理内塔尼亚胡访问匈牙利，举办匈以经贸论坛、"V4+以色列"总理会晤；蒙古国总统哈勒特马、黎巴嫩外长巴西勒等访问匈牙利。2018 年，总理欧尔班访问以色列等；国会主席格维尔访问哥伦比亚、厄瓜多尔、秘鲁等；外长西雅尔多访问阿联酋等；越共中央总书记阮富仲、老挝国会主席巴妮·雅陶、土耳其总统埃尔多安等访问匈牙利。

2019 年，总统阿戴尔访问日本、老挝等；总理欧尔班访问巴西、埃及、佛得角、土耳其、日本等；国会主席格维尔访问乌干达；外长西雅尔多访问土耳其、乌干达、以色列、巴西、日本、韩国等；土耳其总统厄尔多安、以色列总理内塔尼亚胡、缅甸国务资政昂山素季、柬埔寨首相洪森、纳米比亚议长卡察维维、菲律宾外长、佛得角外长、乌兹别克斯坦投资与对外贸易部长、老挝外长、印度外长、澳大利亚前总理阿伯特等访问匈牙利。

5.8 同国际和地区组织的关系

2017 年，总统阿戴尔出席在波兰举行的三海倡议峰会、“世界水周”斯德哥尔摩会议、V4 集团成员国元首峰会、联合国高级别水资源和灾难会议等；外长西雅尔多出席第 72 届联合国大会、人权理事会第 34 次会议、V4 集团外长会议等。2018 年，总统阿戴尔出席布加勒斯特 9 国集团领导人会晤（波兰）、全球气候行动峰会（美国）、V4 集团首脑会议（布达佩斯）；总理欧尔班出席欧非峰会（奥地利）；外长西雅尔多出席联合国大会全球移民契约谈判、第 73 届联合国大会、亚欧会议。2017 年 7 月至 2018 年 6 月，匈牙利担任 V4 集团轮值主席国，在布达佩斯举办 V4 总理会晤、V4 防务委员会会议、V4 议长会、“V4+澳大利亚”部长级会晤、V4 中亚五国外长会晤、“V4+奥地利”总理会晤、“V4+奥地利”内务部长会晤；组团来华举行首次中国同维谢格拉德集团（V4 集团）副外长级磋商。2019 年，总统阿戴尔出席联合国关于气候变化和可持续发展高级别论坛；总理欧尔班出席“V4+德国”会议（斯洛伐克）、突厥语国家合作委员会第七次峰会（阿塞拜疆）；外长西雅尔多出席欧盟—非洲外长会议、突厥语国家合作委员会外长会议、联合国大会；10 月，匈牙利在布达佩斯举办第三届布达佩斯水峰会，总统阿戴尔出席并致开幕辞。

5.9 对外军事关系

第二次世界大战后，匈牙利成为华沙条约组织成员，一直是在苏联提供的安全空间内，借助华约的集体防御机制维护本国的安全。华约解体后，匈牙利认为北约能够为其提供安全框架，因此，匈牙利把加入北约作为国家安全战略的一个重要内容。

匈牙利积极扩大与北约的联系，北约总部的许多高级官员和几乎所有成员国的政府首脑、军事首脑都应邀访问过匈牙利，匈牙利也正式提出加入北约的申请。1994 年，匈牙利与北约签署了建立“和平伙伴关系”的协议。1999 年 3 月 12 日，匈牙利成为北约正式成员国。从此，匈牙利正式和永久地成为欧洲—大西洋框架的一部分，在政治和安全体系中追求共同利益和目标。匈牙利与北约的军队一体化正在进行，军事改革的协调一致是军事一体化进程的重要方面，建立一支有效和可持续的军事力量是匈牙利军队改革的目标，这样的军队才有可能迎接加入北约后新的挑战。匈牙利在北约解决科索沃问题的行动方面提供了积极有效的帮助，参与了在马其顿（今北马其顿）收集武器的行动。

匈牙利开展积极的全方位外交活动，与周边各国订立双边条约，保证互不侵犯、互不干涉内政，如与捷克、波兰等国成立“维谢格拉德集团”和“中欧倡议组织”，在政治和经济上形成次区域一体化组织，加强安全合作，建立区域性安全空间；匈牙利与斯洛文尼亚进行双边空域安全保护形式的合作，即依靠匈牙利空军战斗机共同保护两国领空。同时，匈牙利与欧盟订立“和平伙伴关系”，扩大与北约的安全合作，争取西欧国家的政治支持、经济援助与军事合作。匈牙利积极参加多边国际组织，如欧安会、联合国的活动，以为国际社会做出一定贡献的方式，扩大安全空间，谋求国际社会提供安全保护。

匈牙利有数千名军人和非武装文职人员参与联合国、北约和多国的全球行动，匈牙利还向阿富汗派遣了一支小型医疗队。匈牙利不断参与北约事务，与北约保持密切联系，参与并担负了北约的集体任务，主要是执行特殊任务，如军事治安工作、淡水净化、桥梁建设等。2003 年，匈牙利组建了一支远程侦察连，接受了专门和特殊的训练，担任北约快速反应部队的值班部队。此外，匈牙利近年来积极参加联合国维和行动，派出 15 支部队，人数约为 920 人。

第6章
匈牙利社会文化环境

6.1 文　化

6.1.1 文学

匈牙利有着悠久的历史文化传统，文学种类丰富，内容多元，具有浓厚的民族色彩和独特的艺术魅力。

1. 浪漫主义文学

匈牙利的浪漫主义文学是在争取社会改革与民族独立的斗争中出现的。浪漫主义作家主张发展祖国文化和争取民族独立，反对古典主义的束缚，表现了深厚的爱国主义思想。匈牙利浪漫主义文学的先驱者基什法鲁迪·卡罗伊（1788—1830）的贡献，在于组织文学活动，宣传浪漫主义文学观点。改革时期的另一位诗人和批评家考尔岑·费伦茨（1790—1830），他的活动始终受到法国启蒙运动思想的影响。弗勒斯马尔蒂·米哈伊于1825年出版的长篇史诗《卓兰的出走》，叙述匈牙利人征服多瑙河与蒂萨河流域一带建立国家的过程。他的诗剧《钟哥与金黛》，表达了作者对幸福的渴望和对黑暗势力的抨击。

1848年3月15日，在匈牙利首都布达佩斯爆发了资产阶级民主革命。领导这次革命的是革命民主主义诗人裴多菲·山陀尔。他早期的抒情诗，例如《人民》《贵族》《反对国王》等，抨击哈布斯堡王朝和大贵族地主阶级。他的长诗《亚诺什勇士》歌颂了劳动人民的勇敢精神。他的《民族之歌》《大海沸腾了》以及长诗《使徒》赞扬了人民起义的威力。阿兰尼·亚诺什也是来自人民的诗人。他的长诗《多尔第》塑造了14世纪一个力大无穷的传奇英雄的形象。

资产阶级民主革命失败以后，浪漫主义文学得到了进一步的发展。这一派作家团结了全国人民，保持革命的民主传统和发扬反抗精神，在作品中以曲折隐晦的象征手法，揭露与批判现实社会的黑暗。代表作家是约卡伊·莫尔，他的长篇小说《铁石心肠人的儿子》《黑钻石》和《金人》，描写资产阶级的冒险投机，暴露匈牙利资本主义经济发展的弊病。马达奇·伊姆雷的《人的悲剧》，表现了 19 世纪 50 年代欧洲革命失败以后革命者的思想危机和对民族前途的悲观主义态度；但是他在另一方面却表现了新的时代精神，剧中利用自然科学研究所取得的成果，破除教会所散布的愚昧与迷信，同时揭露资本竞争的弊端。

裴多菲雕像

2. 文学分裂

19 世纪末，匈牙利文学界分裂成两个对立的阵营。一方是美化现实的保守派作家，他们代表官方立场，崇尚陈腐的空谈，在文学活动中占领导地位；另一方是与官方对立的文学团体，他们关心社会改革，要求维护个人权利和发展诗人的想象力。这一派诗人中较有成就的是瓦伊达·亚诺什，他的抒情诗吸取了弗勒斯马尔蒂和裴多菲的艺术特点，形成了自己的独特风格。

现实主义作家米克沙特·卡尔曼在小说中运用讽刺与幽默的手法，暴露现实的丑恶。他的小说《年轻的诺斯季和托特·玛丽的故事》，反映了外国资本的渗透和国内阶级分化的过程；长篇小说《奇婚记》揭露上流社会的无耻和堕落。在米克沙特的创作后期，可以看出他受约卡伊的浪漫主义的影响而又企图克服这种影响的倾向。他的现实主义的创作方法在19世纪90年代得到了充分的发展。

1908年，匈牙利出现了“西方社”的文学团体，并形成西方文学流派。它标志着匈牙利文学的复兴阶段的开始。这一流派的著名小说家莫里兹·日格蒙德的作品反映了农村的贫困与落后，表现出作者急于改变这种状况的要求。他在《七个铜板》《饱吃一顿》等作品中，提出了只有民主和进步才能改变农村落后面貌的主张。他的长篇小说《火炬》《亲戚》等，在匈牙利现实主义文学中占有重要地位。西方派著名诗人奥第·安德莱认为，只要匈牙利能获得独立与民主，就能繁荣和富强。他的诗歌《向革命迈进》《无产者儿子之歌》等，开始歌颂工人阶级，为匈牙利无产阶级文学做出了一定的贡献。同时期的另一个诗人巴比契·米哈伊是具有保守观点的资产阶级唯美派诗人。科斯托拉尼·德热是这一时期的印象派作家之一，他的作品具有浓厚的颓废色彩。尤哈斯·久拉的诗带有感伤情调。

3. 无产阶级文学

在俄国十月革命的影响下，1919年匈牙利爆发了无产阶级革命，成立了苏维埃共和国。这时，无产阶级文学开始走上了健康发展的道路。但由于苏维埃共和国存在时间很短，留下的作品极少。无产阶级文学的代表作家尤若夫·阿蒂拉的主要作品《工人们》《在城市的边缘》《我的祖国》等诗篇，是匈牙利工人阶级同黑暗势力进行斗争的颂歌，表现了无产阶级对资本主义世界的抗议。劳德诺蒂·米克洛什惨死在纳粹的屠刀下，卢卡契·拉斯洛、埃泰·日格蒙德、维托·米克洛什等死在德国集中营里，他们都是匈牙利无产阶级文学的先驱。1945年匈牙利解放后，许多流亡作家例如伊列什·贝拉、盖尔盖伊·山陀尔、加博尔·安道尔等返回祖国，他们同长期转入地下的共产党员作家和民粹派作家（他们在政治上主张走第三条道路）之间增强了团结。解放初期，出现了一批优秀的作品，例如萨博·帕尔描写土地改革的《新地》和描写农业合作化的长篇小说《一寸土》。里德格·山陀尔的小说《参孙》，塑造了一个同地主进行斗争的英雄人物形象；维雷什·彼得的短篇小说集《考验》，描写农民的新生活。此外，希蒙·伊斯特万、尤哈斯·费伦茨的诗歌作品，歌颂了农业合作化和工厂国有化以后生产发展、工人阶级以主人翁身份管理工厂的事迹。解放初期的匈牙利文学创作有所发展。1956年发生“匈牙利事件”，文艺界有人批评个人迷信，批评官僚主义，产生了一些动乱。60年代，先前一些被捕的作家获释，得到平反和恢复名誉，戴里·蒂姆尔等人又恢复了创作活动。他们同其他作家一道，为繁荣当代匈牙利文学做出了贡献。

两次世界大战之间的文学在匈牙利文学史上占有重要的地位。这一时期是无产阶级文学的成长过程。苏维埃共和国失败后，许多作家流亡到柏林、维也纳，后来在苏联形成了匈牙利文学活动中心。伊列什·贝拉的《蒂萨河在燃烧》《喀尔巴阡山狂想曲》《祖国的光复》，以及加博尔·安道尔的报告文学，均为两次大战期间匈牙利流亡作家的代表性的作品。

6.1.2 音乐戏剧

1. 音乐

匈牙利对民谣音乐有相当多的贡献，包含流行音乐及古典音乐。匈牙利民谣音乐同时也是匈牙利人自我认同中相当重要的支柱与象征，也持续在邻近地区扮演着举足轻重的角色，像罗马尼亚、斯洛伐克、波兰南部，尤其是在南斯洛伐克及川西凡尼亚的罗马尼亚人所在地影响较大，因为这里也是许多匈牙利人的故乡。另外在索博尔奇—索特马尔—贝拉格州区域，以及紧邻克罗地亚的外多瑙地区西南部，同样有着相当程度的影响力。

现代匈牙利民谣出现在 18 世纪由哈布斯堡统治的帝国时代，东欧的音乐元素对其影响巨大，包括固定的制式舞曲和进行曲结构，取代了旧时代自由形式的风格。此时的民谣音乐的形式，已经由演奏弦乐的吉卜赛人或洛马人取代了乡村的风笛手。19 世纪，洛马管弦乐队在全欧洲逐渐建立起知名度，在当时也常被认为是匈牙利原始音乐的传统与遗产，像在李斯特的匈牙利舞蹈与狂想曲中，运用了匈牙利洛马音乐来表现匈牙利民谣音乐。

19 世纪，维尔补恩克斯是匈牙利最受欢迎的音乐风格。这是一种节奏鲜明的舞蹈音乐形式，由快速舞蹈延伸出的慢舞形式所组成。这种舞蹈音乐有快慢交错的两种形式，也曾被视为是“两个截然不同的音乐类型”。维尔补恩克斯源自新兵加入军队宣誓时，在军队典礼中所使用的音乐表演形式。后来有部分曲式成为进行曲，也形成音乐家李斯特与埃克托·柏辽兹作品中重要的一部分。

维尔补恩克斯日渐受到欢迎，但不只是在贫苦农民之间传唱，也在上层贵族中流行了起来。他们认为维尔补恩克斯是真正代表匈牙利民族的音乐。18 世纪末期，维尔补恩克斯被应用在歌剧、室内乐、钢琴音乐及歌词文学当中，并且被视为“古匈牙利舞蹈与音乐的复兴，此种音乐的成功象征了大众艺术的兴起”。

匈牙利的古典音乐长期以来就像是“在匈牙利的土地上流传已久的音乐实验，并运用其民谣音乐的广泛流传，加以开创出属于自己具有深度、自知的音乐文化。”尽管匈牙利上层阶级长久以来与欧洲其他各国有密切联系，使得全欧洲的音乐观念能涌入匈牙利，但位处乡村的农民亦能够保存并延续己身的传统。正因如此，19 世纪末的匈牙利作曲家们才能从乡村农民音乐中汲取养分，创作出不同以往的匈牙利特有的古典音乐风格。举例来说，巴托克·贝拉与高大宜这两位匈牙利最有名的作曲家，即因运用民谣元素在个人作品中而闻名。巴托克采集整个东欧地区（包括罗马尼亚及斯洛伐克）的民谣歌曲，而高大宜则着重在找寻匈牙利音乐中具特色且不同于其他音乐的部分。

李斯特

在全世界的古典音乐中，匈牙利贡献最显著的音乐家就是李斯特，这位创作了匈牙利狂想曲与前奏曲的大师，是 19 世纪备受尊崇的钢琴家与作曲家。李斯特生活的年代，也是寻找自我本质的现代匈牙利古典音乐成型之际。匈牙利也孕育出了许多杰出音乐家，像是创作《乡村婚礼交响曲》的作曲家卡尔·戈德马克、作曲家兼钢琴家埃尔诺·多赫南伊和钢琴乐作曲家斯蒂芬·海勒。许多来自匈牙利的小提琴家皆享誉国际，尤其是姚阿幸·约瑟夫、耶讷·胡鲍伊、爱德华·雷门尼与莱奥波德·奥尔。出生于匈牙利的指挥家有安塔尔·多拉蒂、尤金·奥曼迪、弗里兹·莱纳及乔治·塞尔。

李斯特雕像

2. 戏剧

匈牙利戏剧是在中世纪匈牙利民间艺术的基础上，以宗教神秘剧和奇迹剧为最初形式逐渐演变和发展起来的。16—17 世纪，匈牙利人民反抗土耳其统治的斗争，成为这一时期匈牙利文学发展的动力。作家波得涅米萨编译的《厄勒克特拉》（索福克勒斯原著）是匈牙利第一部剧作。18 世纪以后，法国启蒙运动和资产阶级革命促进了匈牙利文学艺术的发展。匈牙利戏剧文学奠基人拜塞涅伊的拟古悲剧《阿吉什》是匈牙利启蒙文学的开端，他的著名喜剧《哲学家》是匈牙利第一个演出团体首次上演的第一部匈牙利剧本。

1790 年，凯莱曼创办了匈牙利第一座职业剧院。剧院的活动促进了戏剧的发展，活跃了戏剧生活。早期的现实主义作家、诗人和剧作家乔科诺伊的著作集中体现了启蒙时期文学的重要成就，他为剧院翻译和改编了许多外国剧本。他的《泰姆派菲伊》，描写一个青年诗人坎坷的遭遇，具有民主主义和爱国主义思想，是匈牙利第一部社会讽刺剧。1792 年在德兰斯瓦尼亚区，匈牙利建立了第二座剧院，即科罗日瓦尔兄弟剧院。它的领导人、导演兼演员是才华卓著的苛奇。匈牙利启蒙时期的优秀剧作家考托纳的代表作《邦克总督》是匈牙利第一部成功的悲剧。此剧在作者逝世后的 1833 年首演，一直是匈牙利民族剧院的保留剧目。

19 世纪上半叶，浪漫主义在匈牙利戏剧中占有特殊地位。剧作家反对古典主义的束缚，杰出的诗人、剧作家和戏剧评论家弗勒斯马尔蒂被称为浪漫主义剧作的领袖。他的哲理诗剧《钟哥与金黛》表达了他对幸福的向往和对黑暗势力的抨击。西格里盖蒂的社会剧《牧马人》和匈牙利著名诗人裴多菲的历史剧《老虎和鬣狗》在匈牙利浪漫主义剧作中都占有一定的地位。

1831 年，匈牙利科学院成立了戏剧委员会。1837 年，匈牙利在佩斯建立了马扎尔剧院，从 1840 年起改称为民族剧院。这是匈牙利最大的剧院。它聚集了匈牙利著名的导演和演员，如民族剧院的创始人之一埃格莱西兄弟、德里夫人等。曾任民族剧院院长的西格里盖蒂为剧院创作了近百部剧本，其中《弃儿》《罢工》等剧作被称为“人民的戏剧”。

1848 年 3 月 15 日，民主革命失败后，许多作品以曲折隐晦的象征手法揭露和批判社会弊端。马达奇的著名诗剧《人的悲剧》取材于《圣经》，描写亚当和夏娃探索人生的意义和目的，表现信心和疑虑、乐观与悲观的抗争。该剧 100 多年来一直是匈牙利舞台上的保留剧目，并被译成多种语言。19 世纪末，匈牙利文艺界在政治上分为拥护官方的保守派作家和反对官方的进步文艺团体两派。后者关心社会改革，要求维护个人权利，主张发展民族文艺。批判现实主义剧作家契基的讽刺喜剧《寄生虫》、喜剧《贫困》和《气泡》等揭露了资产阶级的堕落和腐朽，在喜剧艺术技巧上取得了可喜的成就。

两次世界大战之间，匈牙利戏剧文学继承了批判现实主义戏剧的传统，出现了一批优秀的喜剧作品。布洛迪是匈牙利批判现实主义戏剧文学的代表人物之一。他的社会心理剧《奶娘》和《女教师》歌颂了劳动妇女的美德，批判了当时的社会现实；《医生》和《情妇》等，也具有较高的思想艺术水平，被译成多种文字，在许多国家上演。莫尔纳尔是这时期匈牙利戏剧文学的代表人物之一。他的剧作构思巧妙，富有戏剧性，受到国内外观众的好评。代表作《剧院》由《元帅》《紫罗兰》和《李尔王序幕》3 个独幕剧组成，构思巧妙，演出轰动一时。他的讽刺喜剧《天鹅》《奥林匹亚》《和谐》和《一、二、三》等，揭露了贵族、资产阶级的生活方式和金钱万能的社会现象。达尔瓦什 1941 年创作的《深渊》一剧，深刻反映了匈牙利的农村生活。

1945 年匈牙利解放，戏剧开始了新的阶段。50 年代初，曼迪的《普通英雄》、萨博的《夏日骤雨》、乌尔本的《战斗的洗礼》、沙尔卡迪的心理剧《九月》等，都塑造了工农兵和知识分子的形象。50 年代末，喜剧创作发展迅速，费赫尔的《我们不是天使》、奇兹马列克的《废品的报复》等，都具有较高的艺术水平。

匈牙利国家歌剧院

20 世纪 60 年代后，匈牙利实行文艺开放政策，其剧作题材更加广泛，形式更加多样。战争题材的剧本有多波兹的《春天来了》、胡巴伊的《爱情的三个夜晚》、沃尔克尼的悲喜剧《多特一家》等；道德题材的剧本有伊列什的《异己者》、涅曼特的《大家庭》；写历史人物的名剧《伽利略》；神话题材的剧本有久尔苛的《我的爱，厄勒克特拉》等。喜剧、讽刺喜剧以及现代派剧作在舞台上占有一定比重，如沃尔克尼的《猫戏》、加尔法什的讽刺喜剧《拉姆别金上校的高升》等。

6.1.3 绘画与雕刻

1. 绘画

匈牙利最早的壁画是 12 世纪费尔德布洛教堂的壁画。从壁画主题和拉丁文题字中可以看出，拜占庭式绘画通过意大利传入了匈牙利。由于罗马教堂及绘画大部分被毁，只有在匈牙利一些小村中得以保存，因此 12 世纪时，罗马式绘画在匈牙利已经非常多。在这些教堂中，希德格谢格教堂最重要。该教堂后殿的壁画，其形式在德国南部和奥地利非常普遍。

埃斯泰尔戈姆皇宫是在 12 世纪末 13 世纪初建立的，其中的小教堂是法国式建筑风格，装饰的是哥特式壁画。在 13 世纪中期建造的威斯普林的吉泽拉教堂中体现了拜占庭和意大利的造型艺术；在小村萨罗纳的教堂中的罗马式壁画开始具有匈牙利民间特色。受奥地利和捷克艺术影响的古典的哥特式画派在图洛兹圣马尔通和索莫尔约以及特兰西瓦尼亚的霍莫罗道罗茨、戈兰茨和博戈兹教堂中都有体现。

15 世纪末，马加什国王再次引进意大利文艺复兴时期的艺术风格。在塞尔梅茨巴瑙于 1506 年建成的玛利亚教堂的祭坛上的绘画具有哥特式风格。匈牙利建筑上的巴洛克绘画风格中最著名的有：奥地利画家毛尔贝奇·安东·弗朗茨在多瑙河附近教堂所绘制的一系列绘画；克劳克尔·约翰在埃格尔会堂的图书馆画的壁画。这一时期肖像画也很繁荣，画家马诺基·阿达姆给拉科齐·费伦茨二世的肖像画特别著名。

17 世纪教堂艺术比较普遍。在阿尔帕什教堂的一幅《穿斗篷的玛利亚》最具代表性。这一时期最著名的画家有：亚诺什·斯皮勒恩贝格，他在教堂祭坛上的绘画很有特点；亚卡布·博格达尼是这个时期在技法上最出名的画家，著名的《鸟》是为他带来成功的一幅画。18 世纪的绘画主要是耶稣画像。其中最著名的是克里斯托夫·陶什所画的耶稣画像；波若尼的三一教堂圆顶的绘画在匈牙利迅速闻名，它的作者是安东尼奥·G·比比埃纳。18 世纪上半叶被公认为最漂亮的教堂在埃格尔和埃斯泰尔戈姆，主要是因为它们内部的装饰和绘画。阿达姆·马尼奥基是18世纪上半期最著名的画家，他给费伦茨·拉科齐二世所画的画像使他声名远扬。18世纪早期的绘画作品保持了17世纪早期的巴洛克艺术风格，为巴洛克艺术风格的成熟奠定了基础。直到19世纪末，匈牙利许多画家都缺乏一种专业训练，他们都是按照自己的方式进行创作。卡罗伊·基什法卢迪的肖像画表明他是一个很有天分的画家。米克洛什·鲍劳巴什是匈牙利真正受到普遍欢迎的第一位画家。他尝试各种画派和各种技法，在肖像画上取得了最终的成就。《比托夫人像》是他1874年的作品，技法娴熟细腻。他给匈牙利独立战争中的英雄们画的肖像画非常著名，还有一幅名为《罗马尼亚一家人去市场》的画是他最著名的作品。马尔科·卡罗伊是维谢格拉德著名的风景画画家。巴林特·基斯是一位肖像画画家，他主要致力于历史画，他的作品成为匈牙利国家博物馆的镇馆之宝。同时代的画家还有博尔绍什·约瑟夫，他的风景画具有印象主义风格。这一时期，风俗画、风景画和肖像画比较盛行。

匈牙利教堂内部

匈牙利教堂内部

匈牙利教堂内部

匈牙利独立战争后最知名的画家是浪漫主义画派的劳茨·卡罗伊，他主要致力于室内建筑装饰绘画，其最著名的作品是剧院顶的修饰画；毛道拉斯·维克托尔的一幅名为《哀悼亚盖隆·拉斯洛》的画获得了巴黎沙龙的大奖；塞克伊·贝尔塔兰的《埃格尔妇女》是一幅历史题材的画作；陶恩·莫尔的绘画装饰了国家博物馆的四壁；杰出的历史绘画成就是本丘尔·久拉的《征服布达城堡》。

20 世纪新出现的后印象主义画派作家中，科斯特卡·蒂沃道尔是这一画派的第一人，代表作品是《朝圣黎巴嫩的雪松》。这一时期出现了纳吉巴尼亚派艺术家，代表人物是豪洛什·什蒙和匈牙利色调朴素画法之父费伦齐·卡罗伊。来自大平原的画家托尔瑙伊·亚诺什和鲁德瑙伊·久拉代表了现实主义。古拉齐·拉约什创造了一个独特的境界，但这种独特的画法主要归功于利普罗奈·约瑟夫。他们获得了国际声誉，加入了欧洲后印象主义的潮流。

纳吉巴尼亚学派是新一代画派，这些年轻的画家们受欧洲自然主义和现实主义艺术风格的影响。最突出的画家卡罗利·费伦齐在匈牙利现代画派中具有独特的风格，他的艺术作品和教学影响了这个时代年轻的画家们，其作品主要有《园丁》《自画像》《鸟的歌声》和《十月》等。这个时期还有索尔诺克画派。

匈牙利现实主义画派最著名的是大平原画家，在格德洛发起成立了名为“八个人”的画家团体；佐贝尔·贝洛和科尔恩什托克·卡罗伊引进了先锋派画法，而考萨克·拉约什和乌伊茨·贝洛则进一步发展了先锋派画法。20 世纪 20 年代“正统”画派是新古典主义，代表人物是奥鲍—诺瓦克·维尔莫什；新一代的印象主义画家包括贝尔纳特·奥雷尔、索尼·伊斯特万以及巴拉顿画派的埃格里·约瑟夫等。1928 年开始了新的艺术画派——山丹丹画派，代表人物是佐贝尔·贝洛和构成主义画派的鲍尔索伊·耶诺。第二次世界大战之后的主流画派是构图艺术，乌尔兹·阿达姆、考斯·亚诺什、阿尔诺德·格罗斯莱克·卡罗伊成为构图艺术的先驱。最有名的当代画家包括：塞尔穆什·蒂博尔、马赛·伊斯特万；印象主义画派的克利莫·卡罗伊、欧尔萨格·利利、纳德勒尔·伊斯特万、伊罗瑙·凯舍卢、戴姆·帕尔、费尔迪·彼得和萨斯·恩德雷。

2. 雕刻

罗马时代最有名的雕刻作品是亚克教堂大门的形象，留存至今的木制雕刻是 14—15 世纪的圣尼可圣坛。匈牙利哥特式雕刻由马尔顿·科勒兹瓦里和久尔吉·科勒兹瓦里完成，该雕刻是骑在马上的圣约翰打败龙的形象。文艺复兴时期的雕刻中最杰出的是由意大利工匠雕刻的马加什国王和王后贝亚特丽斯的浮雕。18 世纪建筑中大部分的雕刻是木刻，少部分是石刻。这个时期的建筑雕刻包括布达的圣安妮教堂和圣伊丽莎白教堂的作品。而质量上乘的作品是约翰·A·克劳斯的作品。约瑟夫·海本什特莱特是一位木刻和石刻雕刻家，其作品系塞切尼的圣弗朗西斯教堂以及埃格尔的小兄弟会教堂高祭坛的雕像。18 世纪，在公共场所树立教会雕刻非常普遍，如布达以及各地的圣三一柱。整个 18 世纪，在匈牙利各地树立起许多雕刻，其中含有匈牙利的民间艺术风格，如各地的十字架。同时在许多宫殿顶上还有石膏雕塑。石刻艺术家主要为教堂工作。这个时期在肖像雕塑上有了初次的尝试，但对肖像的需求也非常少，其中匈牙利肖像雕塑家安道尔·马绍尔在 1796 年为自己塑的雕像比较知名。

匈牙利国家大剧院内部绘画

约瑟夫·胡贝尔是 19 世纪最重要的人像雕塑家，他主要制作墓碑；罗林茨·杜奈斯基的主要作品是讲道坛；费伦茨·伊斯特万以《牧羊女》的雕刻奠定了浪漫主义的基础；随后，伊佐·米克洛什的《伤心的牧羊人》成为匈牙利浪漫主义代表人物；19 世纪的最后 10 年，纪念碑雕刻占有主流地位，代表人物有：胡萨尔·阿多尔弗、什特罗布尔·奥罗约什、霍洛·鲍尔瑙巴什、佐洛·久尔吉和法德鲁斯·亚诺什。

19 世纪末，最有影响的建筑雕刻作品是英雄广场的千年纪念群体雕塑，由佐洛·久尔吉和阿尔伯特·施克丹兹进行规划。20 世纪的雕塑主要是印象派的造型艺术，现保存在匈牙利国家画廊里的西格蒙德·K·斯特罗布制作的大卫雕塑、贝尼·费伦奇的《站立的女孩》和麦杰希·费伦茨的《播种者》。第二次世界大战之后，匈牙利出现了许多纪念碑，如布达佩斯的《解放纪念碑》《科苏特纪念碑》和《流浪中的裴多菲》等。

匈牙利雕刻建筑

匈牙利雕刻建筑

匈牙利雕刻建筑

匈牙利雕刻建筑

6.2 居　民

6.2.1 人口

19 世纪末，匈牙利人口呈增长趋势。匈牙利中央统计办公室资料显示，1880 年的人口比 1870 年增长了 0.56%；1890 年的人口比 1880 年增长了 1.21%；而 1900 年的人口比 1899 年增长了 1.25%。此后，人口的增长速度相对缓慢。1949 年人口首次出现了负增长，但 1960 年人口又开始增加。20 世纪 80 年代初，匈牙利的人口一直是负增长，出生率也呈下降趋势。匈牙利人口呈下降趋势，主要是出生率下降所致。匈牙利的人口在欧洲排第十七位。第二次世界大战后，人口出生率开始下降，此后就一直保持低水平增长状态。20 世纪 80 年代以前，匈牙利人口一直呈增长趋势，1980 年全国人口达 1 070.5 万人，但此后逐年下降。从 20 世纪 80 年代开始，人口连年递减，每 1 000 人平均少生 10～12 人。从 1990 年起，随着社会福利的提高，人口出生率有所回升。由于生活与医疗水平的提高，人口死亡率降低，平均寿命延长，出现老龄化人群增多的现象，其数量占人口总数的 1/5。近 20 年来，匈牙利的人口总数变化见图 6－1。近几年，匈牙利新生儿出生率逐年降低，很多育龄夫妇都不愿生育子女，主要原因首先是匈牙利政府对生育子女的经济补助越来越少；其次是社会工作压力增大；最后是很多年轻人不愿承担抚养、教育子女的责任。

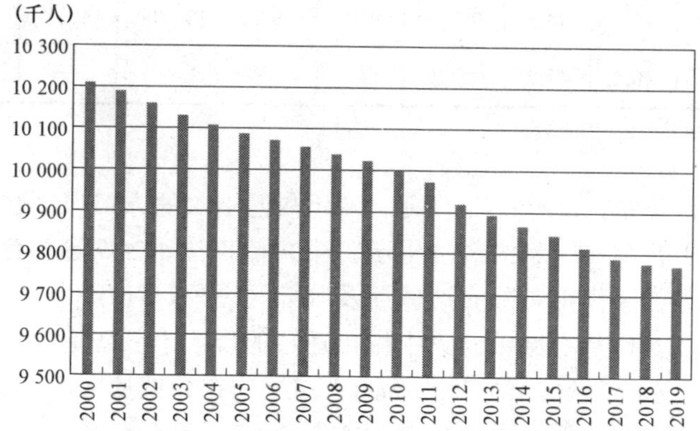

图 6－1　2000—2019 年匈牙利人口总数

资料来源：匈牙利统计局。

匈牙利2019年人口总数为976.9万，居世界第91位，人口密度为105人/平方千米。总人口中的男女比例分别为47.7%和52.3%。与2000相比，匈牙利人口减少了24.1万人。2020年匈牙利人均寿命为：男性72.2岁，女性78.7岁。匈牙利65岁以上人口占19.5%。为扭转人口老龄化，匈牙利推出多重政策鼓励生育，2019年实行《家庭扩张政策》，包括巨额的“妈妈贷款”以及多子化补助。2020年，匈牙利政府在家庭支持措施上的支出占GDP的6.2%，是经济合作与发展组织平均水平的3倍。匈牙利人口概况如表6－1所示。

表6－1　　2010—2019年匈牙利人口概况

年份	人口（千）	平均年龄			出生率		死亡率		人口自然增长	
		男性	女性	总计	总计	每千人	总计	每千人	总计	每千人
2010	10 014	38.7	43.0	40.9	90 335	9.0	130 456	13.0	－40 121	－4.0
2011	9 986	38.9	43.2	41.1	88 049	8.8	128 795	12.9	－40 746	－4.1
2012	9 932	39.3	43.5	41.5	90 269	9.1	129 440	13.0	－39 171	－3.9
2013	9 909	39.5	43.7	41.7	88 689	9.0	126 778	12.8	－38 089	－3.9
2014	9 877	39.7	43.9	41.9	91 510	9.3	126 308	12.8	－34 798	－3.5
2015	9 856	39.9	44.1	42.1	91 690	9.3	131 697	13.4	－40 007	－4.1
2016	9 830	40.0	44.2	42.2	93 063	9.5	127 053	12.9	－33 990	－3.5
2017	9 798	40.2	44.4	42.4	91 577	9.4	131 674	13.5	－40 097	－4.1
2018	9 778	40.3	44.5	42.5	89 807	9.2	131 045	13.4	－41 238	－4.2
2019	9 773	40.5	44.7	42.7	—	—	—	—	—	—

资料来源：匈牙利统计局。

匈牙利人口分布，如图6－2所示。匈牙利近18%的人口居住在布达佩斯及其郊区，主要由于首都在国家的经济生活、公共行政管理、高等教育和交通基础设施等方面发挥着首要作用。除布达佩斯及其郊区之外，匈牙利还有大量人口集中在大中型城市，人口从小城镇向大中城市迁移的现象十分普遍。相比国际水平，匈牙利的城镇化水平较高，约70.45%的人口居住在城镇地区。截至2020年底，匈牙利人口总数为975万，人口密度105人/平方千米。

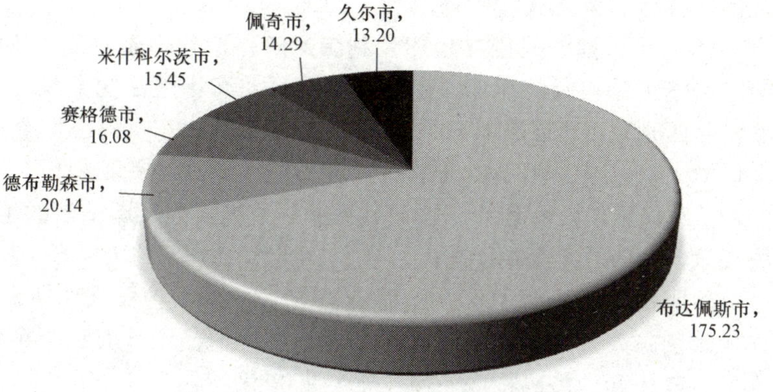

图 6–2　匈牙利主要城市及人口分布（单位：万人）

资料来源：匈牙利中央统计局。

6.2.2　语言

匈牙利语，又称马扎尔语（匈牙利语：magyar），是一种乌拉尔语系芬兰–乌戈尔语族乌戈尔语支的语言，为马扎尔人的语言。匈牙利语主要分布在匈牙利，是该国的官方语言，也是欧盟 24 个官方语言之一。此外匈牙利语还分布在罗马尼亚、斯洛伐克、乌克兰、塞尔维亚、克罗地亚、奥地利、斯洛文尼亚等国家。

6.2.3　民族

匈牙利主要民族为马扎尔族（即匈牙利族），约占 90%。少数民族有茨冈、德意志、斯洛伐克、克罗地亚、罗马尼亚、乌克兰、塞尔维亚等民族。匈牙利人绝大多数都是马扎尔人。由于马扎尔人来自靠近亚洲西伯利亚地区，其传统习俗中保留了亚洲民族的某些特征，又受到欧洲民族的深刻影响。匈牙利人举止文雅、谈吐礼貌、性情幽默、爱开玩笑、处世认真、待人真诚。

1. 马扎尔族

马扎尔族是匈牙利的主体民族，其母语属于乌拉尔语系，发展自原本生活于乌拉尔山脉的游牧民族。马扎尔族亦分布于罗马尼亚、波兰、捷克及乌克兰，少数生活在美国、加拿大、巴西与澳大利亚。9 世纪，由数个来自东方的游牧民族组成的马扎尔族从乌拉尔山西麓和伏尔加河一带向西迁徙。自 896 年起，在族长阿尔帕德的领导下在喀尔巴阡盆地上陆续定居，并建立了阿尔帕德王朝。1000 年，匈牙利大公伊斯特万一世正式建立匈牙利王国。

1526年，奥斯曼帝国的入侵导致匈牙利国家解体，分裂成为三个部分：受到奥地利的哈布斯堡王朝控制的西部、受奥斯曼土耳其帝国统治的中部，以及东南部半独立的特兰西瓦尼亚（现属罗马尼亚）。奥斯曼帝国对东欧的征服直接导致了马扎尔族人口的大量减少。由于奥斯曼与欧洲人的主要战场就是匈牙利所在的欧洲中部地区，因此马扎尔人受到的影响尤其严重。受奥斯曼帝国统治的150年间，连绵不绝的战争、洗劫、饥荒以及瘟疫，导致18世纪末马扎尔族人在整个潘诺尼亚平原人口中的所占比例降至39%。18世纪开始，欧洲其他民族如斯洛伐克人、塞尔维亚人和德意志人开始涌入喀尔巴阡盆地。在奥斯曼土耳其和哈布斯堡王朝的双重影响下，匈牙利的民族构成发生了很大的变化。

第一次世界大战之后，当时作为战败国的匈牙利签署了《特里亚农条约》，匈牙利3/4的领土与2/3的人口割让给了捷克斯洛伐克、罗马尼亚和塞尔维亚－克罗地亚－斯洛文尼亚王国。马扎尔族人从而再度成了匈牙利人口结构中绝对的主体。然而，由于领土的分割，也有大批马扎尔族人被归入上述诸国。例如原本居住于特兰西瓦尼亚的大量马扎尔族人被归为罗马尼亚。目前，除了匈牙利以外，马扎尔族人也大量分布于罗马尼亚、斯洛伐克、塞尔维亚及乌克兰等地。

值得一提的是，在文化上，马扎尔族人与东亚文化圈在一些方面较为相近。例如，匈牙利人名命名方式是先姓，后名，最后身份。这在欧洲国家中是独一无二的。这一方式与周围的印欧语系完全相反，但和东亚地区的一些民族相同，皆以前姓后名为序。

2. 罗姆族人

匈牙利的罗姆族人常被称为罗姆匈牙利人，被认为是罗姆族人的后裔。罗姆族人又经常被称为吉卜赛人，被认为起源于印度北部的旁遮普和拉贾斯坦邦。14—15世纪，罗姆族人从土耳其逃往匈牙利，并于此定居。18世纪，匈牙利受到奥地利的哈布斯堡王朝统治。为了使奥地利从中世纪封建国家转变为近代中央集权国家，女皇玛丽亚·特蕾莎实施了一些推进国民近代化的政策，其中包括对罗姆族人的同化政策。1773年12月，玛丽亚·特蕾莎下令将普雷斯堡以及富伦多夫领地内所有五岁以上的罗姆族小孩全都运至遥远的村庄，以每年支付一定的津贴交由农夫抚养长大。此外，还推行定居化政策，试图让流动性较强的罗姆族人成为农民。1782年，玛丽亚·特蕾莎的儿子约瑟夫二世重新颁布59项政令，强迫罗姆族儿童就学、参与宗教服务，并禁止罗姆族语言、服装及音乐。这一系列法令意在通过改变罗姆族人的生活习性，加速他们与其他民族的同化。罗姆族人是匈牙利最大的少数民族。进入21世纪之后，罗姆族人的人口增长迅速。目前，匈牙利1/6～

1/5 的新生儿为罗姆族人后代。根据目前的人口发展趋势估计，至 2050 年，罗姆族的人口将增加一倍，占到全国总人口数的 14%～15%。

3. 德意志族人

在匈牙利的德意志族人或日耳曼族人，又被称为德意志匈牙利人或多瑙河斯瓦比亚人。996 年，伊斯特万大公迎娶了出生于德国的巴伐利亚亨利二世的女儿吉塞拉，一批德国骑士跟随吉塞拉进入匈牙利。之后，伊斯特万还在教会和德国骑士的帮助下平定了原部落首领寇帕尼等人的叛乱。之后，数批说德语的移民开始陆续迁徙至匈牙利，他们主要生活于上匈牙利（匈牙利王国北部地区，大致相当于现在的斯洛伐克）以及南部的特兰西瓦尼亚。奥斯曼土耳其帝国撤出匈牙利领土之后，又有一大批德语移民进入匈牙利。

自 1711 年至 1780 年，德语移民迁徙至匈牙利南部，主要集中于巴纳特、巴奇卡一博德罗格、巴兰尼亚、托尔瑙等地区。至 18 世纪末，匈牙利王国的德意志族人的人口数量超过 100 万人。整个 19 世纪，德意志族人在匈牙利的石造业、吹制玻璃、锻造业等产业取得了长足发展。这被认为是以马扎尔人为主体的政府在文化上同化德意志族人的同时，又保持其经济生产力的做法。第二次世界大战之后，23 900 名德意志族人因为其与纳粹德国的联系被驱逐出匈牙利。不过那些加入匈牙利国籍的德意志族人免于被驱逐，并逐渐彻底融入匈牙利社会。

4. 斯洛伐克族人

斯洛伐克族人是匈牙利的第三大少数民族。9—10 世纪，在被归入匈牙利之前，斯洛伐克人占领了大摩拉维亚等地的一些领土。当匈牙利王国因为奥斯曼土耳其的入侵而被一分为三之后，斯洛伐克族人占领的大部分领土受奥地利哈布斯堡王朝的统治。18—19 世纪，斯洛伐克族人移居至目前为匈牙利北部的一些省份，另一些则在南部地区定居。第二次世界大战之后，匈牙利与捷克斯洛伐克之间进行人口互换。匈牙利约有 73 000 名斯洛伐克族人迁徙至捷克斯洛伐克，捷克斯洛伐克约有 74 000 名匈牙利族人被迁入匈牙利。

5. 罗马尼亚族人

匈牙利的罗马尼亚族人主要分布于特兰西瓦尼亚、巴纳特、马拉穆列什县等地区。罗马尼亚族人被认为起源于瓦拉几亚人，中世纪时期生活于多瑙河的北部与南部。1400 年前后，在特兰西瓦尼亚和巴纳特地区有 76 个村落属于罗马尼亚族人，约占整体比例的 4.3%。近代早期，罗马尼亚族人的人口比例开始急剧上升。16 世纪奥斯曼土耳其帝国入侵时，拥有大量罗马尼亚族人的特兰西瓦尼亚地区处于半独立状态。1700 年，罗马尼亚族人的人口比例占到了特兰西瓦尼亚总人口的 40%。并且在整个 18 世纪，这一比例还在不断上升。

第一次世界大战后，匈牙利签署《特里亚农条约》，特兰西瓦尼亚和大部分巴纳特被归入罗马尼亚。在第二次世界大战期间，希特勒曾通过第二次《维也纳仲裁裁决》，将特兰西瓦尼亚的北部划给匈牙利。1941 年的人口普查结果显示，罗马尼亚族人占总人口的 7.2%，成为当时匈牙利第一大少数民族。但第二次世界大战结束后，1947 年，战胜方同盟国与轴心国签署的《巴黎和平条约》又废除了《维也纳仲裁裁决》，并将特兰西瓦尼亚的北部归还罗马尼亚。第二次世界大战之后，随着大量德意志族人被驱逐出匈牙利，以及匈牙利与捷克斯洛伐克之间的人口交换导致斯洛伐克族人减少，罗马尼亚族人所占比例一度与匈牙利其他主要少数民族持平。

6. 克罗地亚族人

克罗地亚族人为南斯拉夫人的一个分支，主要分布于匈牙利的南部以及多瑙河沿岸，包括布达佩斯等地。1102 年，克罗地亚与匈牙利签订条约，与匈牙利结盟，并同意让匈牙利国王担任克罗地亚君主，自此克罗地亚即成为匈牙利的一部分。但克罗地亚仍保持其本身的体制，设有自己的议会、军队和货币。内政由总督管辖。担任总督的既有匈牙利王室成员，也有克罗地亚贵族，对外关系则由共同的国王控制。克罗地亚和匈牙利的这种特殊关系一直持续到 1860 年。18 世纪，匈牙利全国有近 6 万克罗地亚族人，占总人口的约 4%。根据 2011 年的人口普查，匈牙利约有 26 774 名克罗地亚族人。

匈牙利民族服装

6.2.4 宗教

匈牙利居民主要信奉基督教、犹太教和伊斯兰教。

1. 基督教

（1）罗马天主教

1000 年，匈牙利国王伊斯特万一世将天主教定为国教，并且获得教宗加冕成为首任匈牙利国王，一时间举国上下改宗天主教。此后很长一段时间，天主教是匈牙利最为主要的宗教。1526 年，奥斯曼帝国的入侵改变了匈牙利原有的信仰格局。由于国家被一分为三，居民分别信奉其所归属国家的宗教。这对匈牙利的天主教势力造成了严重的影响，同时也为新教的发展提供了宽松的环境。各地区统治者为寻求更多支持，实施相对宽容的宗教政策。同时，战乱带来的心理创伤使许多匈牙利人从新教中寻求精神救赎。在种种因素作用下，新教在匈牙利迅速传播，最终于 16 世纪末占据优势地位。16 世纪后半叶，为了对抗新教势力，天主教会开始进行改革。为了振兴天主教会而新成立的耶稣会在这次反宗教改革运动中成了中坚力量。耶稣会的传教活动在匈牙利取得了极大的成功。他们在匈牙利建立了一系列教育机构，包括创于 1635 年的帕兹马尼·彼得大学——匈牙利现存最古老的大学。至 17 世纪，天主教又重新成为匈牙利的主体宗教。罗马天主教在匈牙利共设有五个教省：艾斯特根－布达佩斯教省、埃格尔教省、考洛乔－凯奇凯梅特教省、维斯普雷姆教省以及豪伊杜多罗格教省。每个教省设一位总主教。这些教省又进一步被分为十个教区和五个总教区，由主教或总主教负责管理。这十五个教区和总教区组成了匈牙利主教团。

（2）新教

在 2011 年的人口普查中，匈牙利有超 137 万国民为新教信徒。在匈牙利的新教信徒群体中，加尔文宗（又被称为归正宗，或改革宗）教徒占大多数，其信徒总数是路德宗信徒的近 6 倍。在匈牙利的东部，尤其是德布勒森等地依然在一定程度上保留着较强的新教传统。在 16 世纪宗教改革兴起时，德布勒森较早推行改革，居民大多信奉加尔文宗派，该地甚至被称为“加尔文主义的罗马”。匈牙利的归正教会是匈牙利第二大教会，其信徒超过 162 万名。该教会拥有 1 249 个团体，27 个长老会以及 1 550 名牧师，并在德布勒森、布达佩斯、沙罗仕保陶克、帕波等地设有神学院。相较于加尔文宗，路德宗信徒群体的规模要小得多。匈牙利全国信奉路德宗的教徒仅占国民总数的 2.2%。16 世纪初期，特兰西瓦尼亚的撒克逊移民将路德宗传入匈牙利。然而，天主教会的反宗教改革运动使其于 17 世纪后期几乎在匈牙利销声匿迹。之后，通过中部地区的撒克逊和斯洛伐克族人，路德宗又重新传入匈牙利。目前，匈牙利的路德宗派信徒约为 215 000 人。尽管信徒群体规模相对较小，但在匈牙利从哈布斯堡王朝独立之后，路德宗对匈牙利的国内政治曾经产生过重要影响。

（3）正教

匈牙利信奉正教的教徒主要为该国的少数民族，包括罗马尼亚族人、塞尔维亚族人、乌克兰族人等。他们最初集中在现在的匈牙利东北部地区，大多数是为了躲避奥斯曼土耳其的统治而从塞尔维亚等地逃往匈牙利的东正教徒。在 18 世纪，大批匈牙利正教信徒改宗天主教，但使用拜占庭礼，并使用匈牙利语。1912 年 6 月 8 日，教宗庇护十世将 162 个使用匈牙利语的拜占庭礼堂区组成匈牙利希腊礼天主教豪伊杜多罗格教区。第一次世界大战之后，《特里亚农条约》使部分特兰西瓦尼亚成为罗马尼亚领土，斯洛伐克成为捷克斯洛伐克一部分，导致匈牙利正教信徒人数大量下降。在 20 世纪初期，匈牙利有 13%的国民信奉东正教或希腊正教，而 1920 年后，这一比例骤降至 0.6%。豪伊杜多罗格教区管理面积也减小，堂区由战前的 168 个减少至 90 个。

2. 犹太教

11 世纪下半叶，来自德国、波希米亚和摩拉维亚等地的犹太移民进入匈牙利。16 世纪，奥斯曼土耳其帝国占领匈牙利时，布达佩斯成为奥斯曼帝国最重要的犹太社区之一。18 世纪末期，在匈牙利大部分地区处在哈布斯堡王朝统治下时，国内仅剩少量古老的犹太社区。与此同时，犹太人向匈牙利移居，主要来自摩拉维亚，部分来自波兰。1941 年的人口普查结果显示，匈牙利 6.2%的国民被认为是犹太人。1973 年匈牙利有 8 万名犹太人，其中 6.5 万人住在布达佩斯，开办有 30 座犹太会堂，还有犹太中学、宗教小学、拉比学院和犹太博物馆。布达佩斯的犹太社区出版犹太杂志。

3. 伊斯兰教

伊斯兰教在匈牙利有着悠久的历史。10 世纪，早在奥斯曼土耳其入侵匈牙利之前，伊斯兰教便已传入匈牙利。在奥斯曼土耳其帝国统治时期，伊斯兰教的势力得到了显著扩大，很多基督教堂被改建成清真寺。虽然奥斯曼土耳其帝国统治匈牙利长达 150 年，但生活在匈牙利的土耳其人大部分都逐渐被马扎尔人同化，因此伊斯兰教并没有对匈牙利的基督教传统造成太大影响。奥匈帝国时期，基督教势力迅速恢复，许多奥斯曼帝国统治时期建造的清真寺都被改造成教堂。匈牙利仅有五千多名穆斯林，只占总人口的 0.056%，其中 42%为阿拉伯人。该国的穆斯林大部分为逊尼派教徒。由于匈牙利国民的主体为信仰基督宗教的信徒，加之从1541年到1699年长达158年的时间内匈牙利王国的中南部一直被奥斯曼帝国所统治，对匈牙利国民造成了一种“创伤性体验”。因此，匈牙利在2015年的难民危机中，坚决抵制欧盟的难民安置方案，并公开宣称拒绝接受穆斯林难民。匈牙利甚至还在其与塞尔维亚边界地区架设带刺的铁丝网围栏，阻止难民涌入。

6.3 日常生活与社交

6.3.1 饮食

匈牙利的饮食，兼受东西方文化习俗的影响，其中意大利、法国、奥地利的地道欧洲风味与土耳其风味混而有之，可谓世界性的风味荟萃。游牧生活时期，注重食品的烘干和保存，从而干粮、肉食和糕点、最初的浓汤、酱白菜、原始的香肠产生并普及；到更为成熟的农业和畜牧业形成时期，匈牙利人开始用新的方法酿酒；马提亚斯王朝，新国王的意大利妻子将意大利的餐饮风格带到匈牙利，创造出了许多的肉、鱼及其他禽类的烹饪方法；16、17世纪，土耳其占领期间，土耳其人为匈牙利的饮食添入红辣椒、番茄和土豆等新鲜元素；同一时期，匈牙利人引入和发展了法国复杂的烹饪方法，引入了口味较淡的、脂肪更少的菜品，同时传统的匈牙利烹饪方法也得到了极大的发展。

在欧洲，匈牙利的烹饪是非常有特色的，比其他西欧国家的食品口味更强烈，有辛辣、油腻、含有丰富的辣椒和脂肪等特点。匈牙利美食特色是使用简单的菜色调制出美味，以多样化的肉类及鱼类为主，搭配当地丰富盛产的水果、蔬菜及调味料。匈牙利菜主要是以洋葱、番茄和青椒及红椒粉佐色与调味。肉类取自牛、猪、羊、鹿、家禽等丰富的肉类。另外，匈牙利因为拜多瑙河、提萨河和中欧最大内陆湖巴拉顿湖所赐，有丰富的鱼类，匈牙利鱼汤非常有名。有名的匈牙利菜有匈牙利牛肉汤、甘蓝菜肉卷、红椒鸡、鱼汤、金黄色鸡汤等。

1. 土豆牛肉汤

土豆牛肉汤可谓是一道匈牙利国菜，是来到匈牙利不可错过的当地美食。正宗的土豆牛肉汤醇香无比，牛肉鲜嫩筋道，色香味俱全。肉的胶质和各种食材完全融化在汤里，醇厚而不油腻，入口后便令人难忘，搭配疙瘩面或者面包食用口感更佳。

土豆牛肉汤

2. 渔夫汤

匈牙利鱼汤也叫作渔夫汤。其独特之处在于，是用红辣椒粉炖制，出锅时颜色鲜红，色香味俱全。红辣椒粉香而不辣，完美地衬托出鱼肉的鲜美。正宗的匈牙利吃法是搭配面条食用。

3. 鹅肝

在匈牙利，鹅肝常以烤或煎的形式作为主菜或者热头盘。上好的烤鹅肝里嫩外不焦，吃时只需加少许海盐，便能提升美味，口感如丝般细腻，入口即化，再配上水果片，有解腻吸油的作用。匈牙利是欧洲主要的法式鹅肝和其他鹅产品提供国之一，所呈现出来的菜品自然赏心悦目，又口感极佳。

鹅肝

4.“保劳钦道”饼

匈牙利小吃中最有名的是“保劳钦道”饼，这种用面粉、酸奶油、猪油和鸡蛋混合烤制的薄饼里面放了果酱，巧克力酱和奶渣等，趁热撒上白糖吃，非常香甜。

“保劳钦道”饼

开胃酒巴林卡（Palinka）是匈牙利特有的一种蒸馏的水果白兰地，主要产地是在凯区凯梅特（Kecskemet），以 barack（Kecskemet apricot 杏子酒）、cseresznye（cherry brandy 樱桃白兰地）、korte（pear 梨子酒）及 szilva（kosher plum brandy 李子白兰地）四种最有名。另外，甜烈酒主要有 Bon Bon meggy（甜樱桃白兰地）和 Kakao likor（巧克力甜白兰地）两种。乌尼昆草药酒（Zwack Unicum）已经有150 年历史，略带苦味儿的药酒含有 40 多种药草成分，圆圆似炸弹的瓶身上有个金十字标志。除了托卡伊葡萄酒和公牛血葡萄酒外，乌尼昆草药酒也是最有名之一的匈牙利酒类产品。

匈牙利路边餐厅

6.3.2 交通

1. 自驾车出行

中国驾照经匈牙利翻译局翻译公证后半年内可在匈牙利境内使用，但务必提前熟悉其交规和交通标识。匈牙利车辆靠右侧行驶，交规要求车辆行驶时必须全程开启前车灯，前排座位的司机及乘客必须系安全带，驾车时不能打手机；道路有主、次路之别，次路车辆上主路必须避让主路车辆。在无交通信号灯和主、次路标志的路口，右侧车辆具有优先通行权；车辆在道路行驶中如遇警车、消防车、急救车鸣笛通过时必须主动避让；标有“BUSZ”的公交专用道不能驶入；有行人通过人行横道时车辆必须停车礼让；主要高速公路和城市部分道路要求车辆在每年 11 月至次年 3 月间强制使用冬季防滑轮胎。

2. 公共交通

布达佩斯有黄（M1）、红（M2）、蓝（M3）、绿（M4）四条地铁线路，主要通向市区。短途火车（HÉV）通往郊区。市区内另有公共汽车和有轨电车，非常便捷。公共交通工具如地铁、公交车、电车等均无人售票。可在地铁站或固定售

匈牙利自由桥上的电车

票点购买次票、日票、月票、季票或年票。购买单次票的，应在上车或进入地铁站时立即给票打码（或打孔），查票员可能会上车或在站台抽查持票情况，无票或未打码（打孔）均会被罚款。后四种车票在购买时需要输入个人证件号码，使用时也要携带相应证件。过马路请勿进入地铁站穿行，否则可能被视为无票乘车。

3. 市内交通

布达佩斯有公交汽车、无轨电车、有轨电车、地铁、出租车等常规交通工具，也有 UBER（优步）等网络订车服务。公共交通工具统归布达佩斯运输公司（Budapest Public Transport Company，BKV）经营。车票可在报亭和地铁站购买，有单次票、周票、月票、半年票及年票供选择。单张购买价格最贵，购买 10 张有一定优惠。购买一张布达佩斯卡不仅在布达佩斯乘坐公共交通免费，还可以享受其他许多优惠。

6.3.3 节日

在匈牙利，重要节日有新年、泼水复活节、国庆节、圣马丁节、圣诞节等。匈牙利有三个国庆节，分别是 3 月 15 日，8 月 20 日和 10 月 23 日。

（1）新年——1 月 1 日

新年是匈牙利的传统年节，此前离家的人尽量回到家中与亲人团聚。节庆活动从新年前夜开始。人们在新年前夜大都走出家门，走上街头，认识的和不认识的人们在一起等待新年的来临。当新年的钟声响起时，守候的人们相互拥抱，共同祝愿新的一年。

（2）1848 年自由斗争纪念日——3 月 15 日

1848 年，匈牙利人民在革命领袖科苏特和裴多菲的领导下，展开了争取民族自由和独立的斗争。1849 年 4 月，匈牙利国会通过《独立宣言》，废除奥地利哈布斯堡王朝在匈牙利的统治，建立匈牙利共和国。

1989 年，匈牙利将 3 月 15 日这天定为节日。从 1990 年开始，3 月 15 日成为匈牙利正式的国庆节。这一天，匈牙利颁发国家最高艺术和科学奖——科苏特奖和塞切尼奖。首都布达佩斯会举行庆祝活动，纪念 1848 年的革命和自由斗争的胜利。

（3）泼水复活节——4 月 14 日

在匈牙利，复活节更像是“泼水节”。每年，匈牙利的男女们都会用传统的方式——“向女孩泼水”来庆祝复活节。这是匈牙利起源于公元 2 世纪的复活节古老习俗。

（4）匈牙利国庆节（圣·伊什特万开国日）——8 月 20 日

896 年，匈牙利先民马扎尔人在阿尔帕德族长的带领下，辗转迁徙，在多瑙河盆地定居。997 年，圣·伊什特万一世成为民族的首领（阿尔帕德族长的后裔）。在圣·伊什特万一世统治时期，马扎尔人完成了从游牧部落向封建国家的转变。圣·伊什特万一世废除了旧有的按氏族划分人民的办法，实行行政区制度（设立国王省）。他在马扎尔民族中强制推行信仰天主教。1000 年 8 月 20 日，罗马教皇为圣·伊什特万一世加冕，从此匈牙利升格为王国。圣·伊什特万一世也成为匈牙利历史上第一位国王。因此，匈牙利人将这意义重大的一天称为“圣·伊什特万开国日”。1949 年，匈牙利正式将这一天定为国家的国庆日。每年 8 月 20 日，匈牙利人民都要举行各种活动，纪念这位开国国王的功勋。

（5）1956 年革命和自由斗争纪念日暨 1989 年匈牙利共和国宣告成立日——10 月 23 日

1956 年 10 月 23 日，匈牙利首都布达佩斯爆发了声势浩大的群众示威游行，随后演变为流血冲突。匈牙利国家政权摇摇欲坠，国内陷入混乱之中。匈牙利人为了纪念这次历史事件，把这一天定为“革命和自由斗争纪念日”。

1989 年 10 月 23 日，匈牙利国会通过宪法修正案，国会主席絮勒什宣布将“匈牙利人民共和国”改名为“匈牙利共和国”，并于 1990 年成立新政府，从此匈牙利成为欧洲传统意义上的议会制共和国。10 月 23 日也就被匈牙利政府定为“共和国宣告成立日”。 1990 年 5 月 2 日，匈牙利国民议会举行首次会议，决定将 10 月 23 日定为国庆节。

每年 10 月 23 日，不仅是匈牙利革命和自由斗争纪念日，而且还是匈牙利共和国宣告成立日。

（6）圣马丁节——11 月 11 日

匈牙利在 11 月 11 日庆祝圣马丁节，以歌颂圣马丁的善良和高尚。传说马丁为了避免成为主教而躲进了鹅圈中，但鹅的叫声却出卖了他。在临近圣马丁节的日子，布达佩斯的餐馆为了庆祝该节日提供鹅类特色菜。除了吃鹅肉外，教会的小朋友也会提着灯笼游街。这也成为圣马丁节的另一项特色。

（7）圣诞节——12 月 25、26 日

匈牙利语的圣诞节是 Karácsony，意思是冬天最冷的时间，同希腊和斯拉夫语的词义接近。在匈牙利，人们将一种特别的糖果挂在圣诞树上。

匈牙利街上的圣诞树

匈牙利街上的圣诞老人

6.3.4 日常社交与禁忌

1. 社交礼仪

匈牙利人性格热情开朗，爱说笑话，但是他们在社交生活中也有严肃的一面，人们十分注意自己举止得体，体态端庄。他们不用手指着别人的脸部，认为那样是不礼貌的。他们避免做出伸懒腰等不礼貌的动作。

匈牙利人的姓名，姓在前，名在后。他们的姓名由两节组成，称呼匈牙利人时，只称姓不称名。匈牙利人社交场合与客人相见时，一般是行握手礼，有时也行拥抱礼，妇女则通常行屈膝礼。

匈牙利亲人和朋友相见时一般行贴面礼，相互碰一下两侧面颊，异性、同性之间均可以。在社交场合与客人相见时，一般行握手礼，并坚持“女士优先”原则，比如进出屋要为女士开门，电梯要让女士先上，聚会时为同行或熟识的女性拿、穿大衣等，但在进餐馆时男士可以先入门，因为按传统要由男士付款。

2. 服饰礼仪

在正式社交场合，匈牙利人着装很注意整洁，男子多穿保守式样的西服，也有的穿双排扣西服；女子则多是裙子配上衣，也有的穿款式新颖的连衣裙。在平时，人们穿着较为随便，青年男女穿牛仔服的不少，对衣服的颜色和衣料质量也不很讲究。

匈牙利居民区

匈牙利居民区

匈牙利居民区

匈牙利居民区

匈牙利居民区

匈牙利居民区

匈牙利居民区

匈牙利居民家中的猫

3. 餐饮礼仪

匈牙利人请客时不强行劝酒，主人要等客人吃完才能放下刀叉。吃饭时咂嘴巴或喝汤时发出声响被认为是不雅之举。如应邀到匈牙利人家中做客，可带上一瓶酒或一束鲜花作为礼物。匈牙利人饮食习惯上以西餐为主，也喜欢中餐。

4. 习俗禁忌

在日常生活中，匈牙利人认为大蒜和食盐具有消灾避邪的功效。他们往往会将大蒜放在孕妇床上，将盐撒在新房里。匈牙利人不吃奇形怪状的食物，认为吃了这些东西，吉祥就会像鱼一样溜走。他们视白色为吉祥，而黑色仅适于丧葬。他们见了白猫会欣喜，见了黑猫会被视为倒霉。打碎了玻璃和镜子也是不祥之兆。他们讨厌“13”和“星期五”，安排座位时忌讳出现单数。在方位上讲究“右高左低”，出门时先迈右腿，递东西要用右手。谈到自己心情不好时，他们往往会说：“我今早起来时左脚先着地”。说一个匈牙利人是“左撇子”，就如同骂他是“笨蛋”一样。出门之后如果发现自己忘了携带某种物品，他们一般不会回去取，认为这会凶多吉少。在匈牙利不要给士兵或军事设施拍照，不要与匈牙利人谈论政治或宗教。

6.4 教育医疗

6.4.1 教育体系

匈牙利教育体系完善，教育水平居世界领先地位，匈牙利国民素质较高，约1/3 就业人口受过高等教育。1986 年 9 月，匈牙利实施新《教育法》，扩大各类学校业务上和经济上的自主权，促使学校生活民主化。1993 年，匈牙利通过了第一部《高等教育法》。

1. 公共基础教育

匈牙利实行 12 年义务教育制，小学 8 年（当于中国小学一年级到初中二年级）加上中学 4 年（相当于中国初中三年级到高中三年级），义务教育阶段不收取学生学杂费。公立学校的教学语言为匈牙利语，同时开设英语、德语等外语课程。除公立中小学之外，匈牙利还设有各种私立学校、不同语种的国际学校、教会学校。匈牙利儿童 3 岁进入幼儿园，6～7 周岁起开始接受义务教育，直到满 18 周岁成年之时结束（年满 18 周岁的那一学年仍享受义务教育）。匈牙利传统的小学和中学教育采用 8+4 模式，即小学 8 年，中学 4 年，但近年来 6+6 和 4+8 两种组合模式也越来越广泛。但无论是哪种模式，小学加中学教育总年份都是12年，另外学生在中学毕业时还须参加毕业考试。除了普通中学以外，匈牙利的学生还可以选择上技术中学。技术中学采用4+1（2）模式，学生在接受4年基础教育之后还可以学习1～2年职业技能。

2. 高等教育

匈牙利于1999年加入了“博洛尼亚”进程。2006年9月1日，“博洛尼亚进程”新的学位体制被采用。在加入“博洛尼亚进程”以后，自2005年以来，匈牙利的高等教育已经渐渐由传统的大专3～4年、大学4～6年的一体化模式转变为三级体系了。在这一新的体系中，一部分大学生在完成3～4年基本高等教育之后，可以通过选拔继续进入为期1～2年（师范专业2.5年）的硕士教育。最高级别的高等教育是4年制的博士教育。传统的一体化高等教育模式不分基本阶段和硕士阶段，而是作为一个整体一起完成，并根据学校类型颁发大专或大学文凭。现在，医学、牙医、医药、兽医、法律和建筑6个专业仍旧采用传统的一体化教育模式。在高等教育学生中，专业以社会科学、商学和法律、技术工程、健康和社会服务、人文科学、数学、计算机和自然科学等为主。匈牙利在医学、经济和技术方面有卓著的成就。迄今为止，匈牙利已经培养出14位诺贝尔奖获得者，其中有10位的研究领域为医学、生物、化学等科学领域。

匈牙利一学年分为两个学期，秋季学期共15周，从九月中旬开始到圣诞节为教学期，从12月下半月持续到一月底为考试期。春季学期从二月初开始到五月中旬为教学期，五月中旬到六月底为考试期。两个学期之间，大学和学院允许放假一周，而夏季的七八月，学校普遍放假。截至2019年6月，匈牙利现有国家承认高等教育机构65个。2019—2020学年，全国大学在校本科生和硕士生共20.36万人，其中18.68万人为全日制学生。

匈牙利教育体制基本结构，见表6－2。

表6－2　　匈牙利教育体制基本结构

年限	教育模式	年龄
3～4	幼儿园	3岁起
4/6/8	小学	6岁起
8/6/4或4/5/6	中学或技术中学	10/12/14岁起
3/4	高等教育本科阶段	18岁起
2/1	高等教育硕士阶段	21岁起
4	博士教育	23岁起

6.4.2 医疗体系

近10年来，匈牙利进行大规模的现代化医疗改革，但其公共医疗服务仍然面临很多挑战，例如由于公立医院医生工资不高，许多医生选择在私立医院工作，导致公共医疗服务人员数量有限，影响服务质量。匈牙利的公共医疗服务主要由国家健康保险基金（Health Insurance Fund）资助。该基金由公共捐款和国家资金共同构成。匈牙利实行法定医疗保险。通过法律规定公民要参加医疗保险。在匈牙利有居留权的中国公民可在当地按有关规定参加医疗保险。临时赴匈牙利的人员应在国内购买国际上认可的旅行保险，或向国际保险公司购买国际旅行保险，也可在匈牙利当地购买旅行及人身意外保险。在卫生防疫方面，匈牙利仅对非洲和南美地区公民有特殊要求，中国公民只需出示国内出具的国际旅行健康防疫证明即可。

匈牙利医疗服务主要有3个层次，即全科医师与家庭保健医生、综合性门诊和专科门诊、医院。家庭医生是负责多个家庭健康的医生，目的是缓解大型医院就诊的拥挤状况。居民在取得医保卡后，需在社区所在地选择一位全科医生或家庭医生，有小孩的家庭同时要为孩子选择一位儿科医生。医院共分为4个级别：国家医院、地区医院、教会医院和私人医院，各级医院的检查费、手术费等在法律上都有统一规定，医疗保险覆盖范围有所差别。患病时，病人应首先向家庭医生寻求基本医疗服务，如家庭医生无法给予诊疗，会将病人送往医院接受治疗。病人如寻求牙医、分娩等专业医疗，可前往综合性门诊和专科门诊。以牙科为例，匈牙利的牙科治疗专业水平高且治疗费用较西欧国家便宜，大多数人会选择牙科诊所进行治疗。据世界卫生组织统计，2016年，匈牙利全国经常性医疗卫生支出占GDP的7.4%，按照购买力平价计算，人均经常性医疗卫生支出2 046.9美元。2018年，人均寿命为：男性72.40岁，女性78.99岁。2018年，全国人口平均年龄：男性40.3岁，女性44.5岁。

6.5 科技文化

6.5.1 科技成就

匈牙利重视科技与经济的结合，加大对科技型创新企业的支持力度。匈牙利政府科技创新主管部门为总理府下属的国家研发和创新署，负责制定国家科技创新战略和政策，协调与欧盟、周边国家和国际组织的多双边科技合作等。匈牙利科学院、高校和企业是匈牙利社会的主要科研力量，承担各项科技研发项目。匈牙利科技研发优势领域包括数学、脑科学、信息技术、工程技术、环境技术、农业科学等。

匈牙利在自然科学领域取得杰出的成就，如创立了绝对几何学，发明了化油器、冷凝塔、放射线追踪仪、黑钨丝电灯泡和充氪气灯泡、电力火车头、圆珠笔、全息照相技术、第一种计算机语言——Basic 语言等，其科学家奥尔博特•森特•久尔吉（1893—1986）还是维生素 C 的首位发现者，对人类社会的发展和进步做出了重大贡献。进入 20 世纪 90 年代以后，匈牙利在高技术领域取得了新的进展。首先在计算和计算机科学、通信和信息系统、电子技术和信息应用等方面有很大的发展。例如，在大型数据库的处理方法、人工智能的基础、专家系统、数据保护和编码的数学方法、现代高速通信系统的通行模型和容量研究、大型通信和信息系统的设计方法、新型计算机结构及系统配合的研究、结构设计中应用先进的软件技术和测量技术、声学和工业电子仪器中应用信号加工技术以及对通信网络信息通行的分析和设计等领域都取得了很大的进步。在生物学领域，主要开展细胞破坏程序、部分病因的基因测试和诊断、遗传及育种等的研究。此外，在能源、工业和新材料方面的进展也很大。

2018 年，匈牙利将其 GDP 的 1.53%用于研发。虽然这一数据远低于欧盟 27 国的平均水平，但在过去几十年中，匈牙利研发支出占 GDP 的比重已经发生了积极的变化（1995 年为 0.71%，2005 年为 0.92%，2015 年为 1.35%）。从表 6－3 可以看出，在维谢格拉德国家集团中，捷克的研发支出占 GDP 的比重高于匈牙利，而波兰和斯洛伐克较低。而提高这一比重是欧盟的主要目标之一。

表 6－3　　维谢格拉德国家研发的基本数据

国家	比重（%）
捷克	1.93
匈牙利	1.53
波兰	1.21
斯洛伐克	0.84

资料来源：欧盟统计局。

匈牙利在数字经济和创新方面的表现落后于欧盟平均水平，尽管这两个因素是追赶更先进国家的关键。欧盟委员会发布的《欧盟创新记分牌 2020》(*Innovation Scoreboard 2020*）报告将国家分成四个梯队：创新领先国家、创新强势国家、中度创新国家和低度创新国家。匈牙利属于中度创新国家。从中欧和东欧地区来看，只有爱沙尼亚被列为创新强势国家。具体见表 6－4。

表 6－4　　中东欧国家的基本创新指标

	以国内生产总值计算的研究和开发支出（%）	数字经济与社会指数排名	创新计分牌 2020 的排名
欧盟 27 国	2.18	—	—
保加利亚	0.76	28	26
捷克	1.90	17	16
爱沙尼亚	1.41	7	11
克罗地亚	0.97	20	25
拉脱维亚	0.64	18	23
立陶宛	0.94	14	19
匈牙利	1.53	21	22
波兰	1.21	23	24
罗马尼亚	0.50	26	27
斯洛文尼亚	1.95	16	15
斯洛伐克	0.84	22	21
黑山	0.59	—	—
北马其顿	0.37	—	—
塞尔维亚	0.92	—	—

资料来源：欧盟统计局数据库；欧盟委员会。

从与科学和技术有关的单独活动来看，匈牙利的总体情况有所改善，但某些要素显现出了不足之处：在生产效率、高等教育效率和专利活动方面稍显薄弱，而在研发强度、制造业附加值和高科技密集程度方面则占据一定的优势（见表 6－5）。

表 6－5 匈牙利彭博创新指数

指数的各项构成元素	2019 年世界排名	2020 年世界排名
总分	32	28
研发强度	30	25
制造业附加值	12	13
生产效率	50	40
高科技密集程度	26	18
高等教育效率	50	54
研究集中度	33	30
专利活动	50	48

资料来源：美国彭博社。

6.5.2 中匈科技合作

中匈科技合作良好，富有成果。合作领域涉及电子、化工、通信、电力机械、交通工具生产、制铝、真空技术等。合作方式从交换技术资料、种子、苗木，发展到互派专家考察组、共同研究、互换科技成果等。

匈牙利与中国政府间于 1953 年签署了《中华人民共和国和匈牙利人民共和国科学和技术合作协定》，同意建立政府间科技合作委员会。

1993 年 9 月，为庆祝两国科技合作协定签署 40 周年，中方在布达佩斯举办了“中国科技报告展示会”。

1996 年 8 月，中匈科技合作委员会第三十一届会议在北京举行。

1997 年 11 月，匈牙利国家技术发展委员会主席尼里访华并参加中匈科技政策研讨会。

1998 年 3 月，中国专利局副局长、中国发明协会副会长明廷华赴匈参加“发明者与信息技术国际研讨会”和“发明者奥林匹克竞赛暨天才 98 国际发明展览会”。

1999 年 6 月，中国科学院院长路甬祥率中国代表团出席在布达佩斯召开的世界科学大会。

2000 年 8 月，匈牙利科学院院长格劳茨访华。

2002 年 6 月，两国签署了中匈科技合作协定。12 月，重签协定后的中匈科技混委会第一次会议在布达佩斯举行。为实施这一协定，双方已建立双边政府间科技合作联合委员会，委员会由双方分别派出的政府官员和专家组成，每两年召开一次会议。联合委员会确认，双方在以下科技合作领域有项目双边合作机会：自然科学、医学、生命科学、工程学、农业科学、环境科学。

2003 年 1 月，匈牙利农业与乡村发展部部长伊姆雷访华，双方签署了中匈两国政府间《动物、植物检疫协定》。

2004 年 5 月，中国国家环境保护总局局长解振华、科技部副部长李学勇、水利部副部长鄂竞严、交通部副部长冯正霖访匈，匈信息通讯部国务秘书冉布里克访华。10 月，信息产业部部长王旭东访匈。11 月，中匈科技混委会第二次例会在京召开，全国人大常委会副委员长、中国科学院院长路甬祥应匈科学院邀请访匈。

2005 年，中国科学院院长路甬祥、农业部副部长牛盾、司法部副部长范方平等先后访匈。匈信息和通讯部部长科瓦奇·卡尔曼访华。

2006 年 3 月，匈牙利信息通讯部国务秘书裴多菲访华。8 月，中国科技部副部长尚勇赴匈出席中匈政府间科技合作委员会第三届例会。

2007 年 4 月，中国国家质检总局局长李长江访匈。11 月，匈牙利农业与乡村发展部部长格拉夫访华。

2008 年，中国水利部副部长周英、农业部副部长陈晓华、气象局局长秦大河、地震局局长陈建民等先后访匈。

2008 年 11 月，中匈政府间科技合作委员会第四届例会在北京举行。

2009 年，中国民政部副部长罗平飞访匈，匈牙利农业部国务秘书格戈什、国务秘书希尔蒙、环境和水利部国务秘书劳约什、国务秘书拉斯洛等访华。11 月，全国人大常委会副委员长、中国科学院院长路甬祥赴匈出席第四届世界科学大会。

2010 年 6 月，中匈科技合作委员会第五届例会在匈召开，通过 2010—2012 年中匈政府科技合作计划。

2013 年 4 月，中匈科技合作委员会第六届例会在北京召开，讨论并通过了新的双边政府间科技合作计划。

2016 年 11 月，中国水利部部长陈雷出席 2016 年布达佩斯水峰会并做主旨发言。12 月，中匈合计合作委员会第七届例会在布达佩斯举行。

2018 年 4 月，中匈水管理合作联委会第一次会议在京举行。

2019 年 4 月，中匈水管理合作联委会第二次会议在匈举行。6 月，中国水利部与匈驻华使馆在京联合举办首届中匈水行业高层论坛。

2019 年 4 月，中国—匈牙利政府间科技合作委员会第八届例会在北京举行。双方总结委员会第七届例会项目的执行情况，确认并通过了 4 个双边政府间联合研发项目及 11 个例会人员交流项目计划，涉及生命科学、材料科学、物理学、农业与食品技术等领域。

匈牙利还促进了双方在学术、大学和企业级的双边合作，并取得丰硕成果。在与中国的关系中，国家研发和创新署（NRDI）科学研究与开发活动的首要目标仍是增强国内公司的国际竞争力。因此，NRDI 已开始着手尽其所能地将匈牙利丰富的知识和专业技能应用于商业，增加在国内和中国的市场份额。其总体目标在于加强两国间的科技合作，并在上述基础上进一步确认未来发展方向。

2012 年，NRDI 为计划在中国合作伙伴或资金参与下将项目推向市场的匈牙利中小企业召开了以“到东方去！”为主题的立项研讨会。2013 年 9 月，由上海市科学技术委员会和 NRDI 在布达佩斯联合主办了“中匈科技项目交流研讨会”，共有 22 家中国企业和 10 多家匈牙利企业参会。参会企业代表生物医药、水资源开发、医疗设备生产、可再生能源、信息与通信技术、生物以及畜牧业等多个领域。中国与匈牙利的创新者们都提出了具有竞争力且可在国际市场间转移的自主开发的创新概念。2014 年 11 月 15 日，匈牙利国家研发创新署代表团访问物联天下科技集团（WIOT）。物联天下科技集团与匈牙利国家研发创新署在物联天下科技集团成功举行签约仪式。2017 年 5 月 13 日，在国务院总理李克强和来华进行正式访问并出席“一带一路”国际合作高峰论坛的匈牙利总理欧尔班的共同见证下，中匈双方正式签署《中华人民共和国科学技术部与匈牙利国家研发与创新署关于联合资助中匈科研合作项目的谅解备忘录》。

6.5.3 中匈文化领域合作机制

匈牙利—中国文化交流协会（Hungary－China Cultural Association），简称匈中文化交流协会（HCCA），成立于 2015 年 12 月，是在匈牙利法院正式注册的非营利性社会组织。会员单位包括匈牙利《新导报》、匈牙利钻石传媒旅游咨询服务公司等。

匈中文化交流协会以促进两国文化交流为目的，在十多年的媒体平台基础上，与匈牙利总统府、总理办公室、外交部、文化部、经济部、国家警察局、记者协会等机构有着良好的关系，累积了丰富的文化、艺术及人脉资源，为开展中匈两国各类活动奠定了坚实的基础。

随着中国“一带一路”倡议相关政策的加速落地和匈牙利“向东开放”政策的实施，匈中文化交流协会积极响应中国加快文化产业发展的决策部署，以媒体宣传为载体，立足匈牙利，发挥匈牙利在欧洲和中国间的桥梁作用，加强文化、经贸友好交流互动，促进中国对外文化产业的繁荣发展。

中匈两国在文化教育领域合作密切。1991 年 1 月，中国国家体委代表团应匈国家体育局邀请访匈，并签署1991年两国体育交流议定书。9月，文化部部长助理高运甲在布达佩斯同匈文教部国务秘书比斯戴尔斯基签署了两国政府1991—1992年科学、教育和文化计划。

1992年1月，匈塞盖什白堡举办中国工艺和图片摄影展览。

1993年5月，签署了两国文化部1993—1994年文化合作计划。

1994年2月，中国国家体委副主任刘吉率团访匈，双方签订了1994年体育交流协议。4月，匈牙利国家体育运动局国务秘书莱基访华。

1995年2月，国家体委主任伍绍祖同匈体育运动局局长莱基在布达佩斯签署了体育运动合作协议书。6月，中国国家教委副主任王明达与匈文教部负责人在布达佩斯签署了国家教委和匈文教部1995—1997年教育合作工作计划。

1996年10月，匈文教部行政国务秘书洪蒂访华。

1997年11月，匈文教部长毛焦尔率团来华进行工作访问，双方签署了关于相互承认学历、学位证书的协议。

1999年1月，匈牙利民族文化遗产部政治国务秘书瓦尔海基访华。9月，匈牙利民族文化遗产部部长哈莫里正式访华。

2000年6月，匈牙利教育部政治国务秘书巴林嘎什率团访华，与中国教育部签署了两国2000—2003年教育合作执行计划。

2004年4月，中国文化部部长孙家正访匈。7月，匈牙利卫生部部长戈盖尼访华。9月，布达佩斯匈中双语小学正式开学。

2005年9月，匈牙利文化周在北京举行，匈牙利总理久尔查尼出席开幕式。

2006年6月，中国卫生部副部长黄洁夫访匈。2006年12月，孔子学院在罗兰大学设立。

2007年9月，“匈牙利节”开幕式在北京和上海举行，匈牙利久尔查尼总理出席；中国卫生部副部长蒋作君访匈。11月，匈牙利文教部部长希莱尔访华。

2008年4月，中国作为主宾国参加第十五届布达佩斯国际图书节，中国新闻出版总署副署长邬书林出席。6月“匈牙利节”闭幕式在深圳举行，匈牙利国会主席西里出席。

2009年10月，中国文化部副部长王文章率团访匈，签署了两国文化部年度合作计划。同月，中国文化部在匈举办了“中国文化节”。

2010年2月，云南省歌舞剧院赴匈参加“文化之桥”春节演出活动。6月，匈当代艺术展在中国美术馆展出。

2012年10月，匈牙利第二所孔子学院在塞格德大学设立。

2013 年 3 月，匈第三所孔子学院在米什科尔茨大学设立。2013 年 6 月，中匈互设文化中心协定在匈签署。

2014 年 8 月，中东欧第一所中医孔子学院在佩奇大学设立。10 月，《美丽中国—美丽匈牙利》画册首发仪式在匈举办。

2015 年 1 月，匈著名画家蒙卡奇作品在华举办。“华夏瑰展”和“天然之趣——北京画院‘齐白石’精品展”分别于 2 月和 4 月在匈举办。11 月，中国电影展在匈举办。

2016 年 4 月，匈牙利举办“布达佩斯之春”中国主宾国活动，歌剧《图兰朵》、舞剧《青衣》、“丝绸之路时装展”等多场表演在匈上演。5 月，首届“中国—中东欧国家文学论坛”在匈举办。8 月，“匈牙利狂想曲——‘钢琴之王’的浪漫主义”战略在华举办。10 月，匈作为第十八届中国上海国际艺术节主宾国在上海举办“匈牙利文化周”活动。11 月，匈中双语学校升建高中。

2017 年 4 月，“匈牙利 2017 中国电影展”在布达佩斯举办。

2017 年 9 月 15 日晚，“丝路花语”中国民族音乐世界巡回演出在布达佩斯十区侨玛文化中心拉开首站序幕。

2018 年 2 月，“欢乐春节”系列活动在匈成功举行。3 月，《日月桥——中国人的匈牙利记忆》图书首发仪式在匈举办。4 月，“2018 中国（辽宁）· 匈牙利文化交流周”活动在沈阳成功举办。5 月，匈牙利文物展览“茜茜公主与匈牙利”在陕西历史博物馆开展。6 月中国“瓷”文化展在匈展出。9 月，“百年西泠 · 中国印”西泠印社布达佩斯特展在匈举行。

2019 年 1 月，“文化陕西”旅游推介会在匈举办。5 月，第四届中国—中东欧国家创意文化产业论坛在匈举行。9 月，匈外交与对外经济部举行中匈建交 70 周年晚会，大型原创民族舞剧《粉墨春秋》在匈演出。10 月，《光阴的故事——万里为邻》纪录片首播仪式在匈举办。

6.6 旅　　游

匈牙利境内山河秀美、建筑壮丽、温泉遍布、四季分明，是欧洲最受欢迎的旅游目的地之一。匈牙利气候宜人，自然和人文建筑环境优美，文化底蕴深厚。首都布达佩斯坐落在多瑙河畔，是欧洲著名的古城，被誉为“多瑙河上的明珠”。数千年中的多次历史变迁为匈牙利留下了古罗马帝国遗址、土耳其式建筑、欧洲中世纪教堂和城堡等不同时期风格各异的建筑遗产，其中帕农哈尔玛修道院、布达城堡和霍洛克坡等都已被列入《世界遗产名录》。匈牙利不仅有美若霍尔托巴吉国家公园和阿格泰列克洞穴这般的世界自然遗产，更有优越的自然旅游资源——温泉。匈牙利是世界上除了冰岛之外地表温泉最多的国家，匈牙利全国共有 1 300 多眼温泉，温泉洗浴、疗养、游泳等已成为匈牙利最具吸引力的休闲项目之一。匈牙利地处中欧，属温带大陆性气候，四季分明，最佳的旅游时间是七八月份。其大众运输系统具有国际级水准，是欧洲最好的运输系统之一。

匈牙利共有 8 处遗产列入《世界遗产名录》，分别是布达佩斯（多瑙河两岸、布达城堡区和安德拉什大街）（1987，2002）、霍洛克古村落及其周边（1987）、阿格泰列克洞穴和斯洛伐克喀斯特地貌（1995，2000）、潘诺恩哈尔姆千年修道院及其自然环境（1996）、霍勒托巴吉国家公园（1999）、佩奇基督教陵墓（2000）、新锡德尔湖与费尔特湖地区文化景观（2001）、托卡伊葡萄酒产地历史文化景观（2002）。其中两项世界遗产是与其他国家共建：与奥地利共建的新锡德尔湖与费尔特湖地区文化景观，与斯洛伐克共建的阿格泰列克洞穴和斯洛伐克喀斯特地貌，后者也是匈牙利唯一的世界自然遗产。1987 年，布达佩斯老城，包括多瑙河裴多菲桥至链桥之间，布达一侧盖尔雷特山至布达山一线及多瑙河边的长条区域，包括布达古城和城下的陶班与水城部分，被认定为匈牙利的第一处世界文化遗产。同年，与布达世界文化遗产区域相对应的佩斯一侧，南北从链桥延长至玛尔吉特桥，也被列入世界文化遗产，同时被批准的还有保留了几百年独特文化传统的霍洛格村和村中的 50 多处老房。1995 年，阿格泰列克洞穴和斯洛伐克喀斯特地貌被列入世界文化与自然遗产。该地区有欧洲最大的鲍劳德拉岩溶洞穴群，总长度 25 千米，大部分在匈牙利境内。1996 年，匈牙利最古老的修道院鲍诺哈尔马本笃会总隐修院，被列为世界文化遗产。该修道院在匈牙利建国之前就已奠基，已有 1 000 多年历史，部分建筑至今仍保留原样。1999 年，霍勒托巴吉被列入世界文化与自然遗产，这是中欧最大的一处原始草原，位于匈牙利东部，生长着珍稀的匈牙利水牛、匈牙利灰牛和欧洲羚羊。2000 年，匈牙利南部城市佩奇的一处古罗马时期的基督教古墓穴，被列为世界文化遗产。2001 年，匈奥边境的费尔德湖被列为世界文化与自然遗产。费尔德湖是中欧第三大湖，总面积约 300 平方千米，由于位居两国边界，人为开发较少，水草密集，是鸟类的天然王国。匈牙利一侧虽只有 70 平方千米湖面，但包括了湖南侧 10 000 多公顷的费尔德—豪沙格国家公园，两座贵族庄园也在其内，从而使匈牙利在这处世界文化遗产中占有 1/3 的面积。2002 年，拥有几百年葡萄栽培与酿酒历史的托卡依地区被列入世界文化遗产，这里有一条长达 4.5 千米，位居中东欧第一的超大型葡萄酒窖。

除了世界遗产之外，匈牙利还有 9 处国家公园，分别是：多瑙依波伊、费尔德—豪沙格、上巴拉顿、多瑙—德拉瓦、基什库恩沙格、格勒什—毛洛。独特的自然风光和人文景观使匈牙利成为旅游大国，也使旅游业成为匈牙利重要的外汇来源之一。2008—2019 年匈牙利旅游业收入如图 6－3 所示。

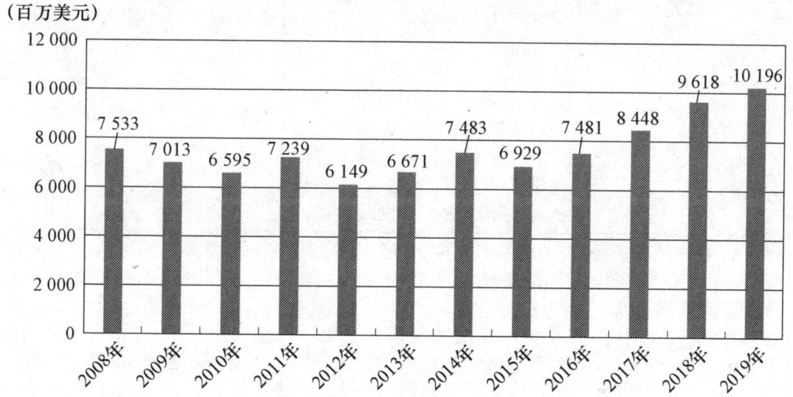

图 6－3　2008—2019 年匈牙利旅游业收入

6.6.1　与中国旅游交往情况

中匈两国在旅游领域的交流与合作持续发展。2002 年 12 月，匈牙利成为中国公民出境旅游目的国。2003 年全面开展相关业务。自 2012 年起，中国连续邀请中东欧国家旅游部门负责人率团出席中国国际旅游交易会，并协助中东欧国家举办了“中国—中东欧国家专场旅游产品推介会”。2014 年 5 月，中国与中东欧 12 个国家的旅游部门负责人共同签署了《中国—中东欧国家旅游促进机构与企业联合会行动计划》。2015 年 3 月，中国国家旅游局与中东欧 16 国旅游部门代表举行中国—中东欧国家旅游促进年启动仪式、中国—中东欧国家旅游合作网站开通仪式、千名中国游客赴匈牙利访问等活动（见表 6－6）。中国已与匈牙利缔结互免签证协定，中国公民持外交和公务护照在匈牙利进行短期旅行通常无须事先申请签证。

表 6－6　　中匈旅游推介活动

双方合作地区	合作背景	活动事件	意义性成果
布达佩斯——重庆	重庆与匈牙利的佩斯州于 2010 年 10 月 22 日分别在重庆和佩斯州签订友好协议	2016 年 4 月 21 日，重庆举行了首届“布达佩斯文化之春”系列主题活动，带来了一场“匈牙利文化之旅”	重庆民众不仅享受到具有浓郁匈牙利民族特色的菜肴、葡萄酒及果酒文化，还在匈牙利发明、摄影、音乐、电影等多个主题活动中一览匈牙利文化
布达佩斯——成都	作为“一带一路”和长江经济带的重要节点，成都为更好地利用中欧班列战略通道，让更多企业和民众共享通道红利，意在加强蓉欧之间的广泛合作	2018 年 8 月 27 日，成都市旅游局局长多央娜姆率旅游推广团在匈牙利布达佩斯举办旅游推介会	成都和布达佩斯旅游企业共同签署了《2018—2019 旅游营销推广合作备忘录》，期待实现境内、境外两种旅游推广资源的最大限度配置和利用
布达佩斯——贵州	进一步拓展国家旅游局关于匈牙利与贵州的“关于扩大双方旅游文化交流”指示精神	2015 年 3 月 25 日至 4 月 1 日，贵州省组织大型民族歌舞《多彩贵州风》及部分旅游企业负责人赴匈牙利进行旅游文化推介交流活动	2016 年 6 月，来自匈牙利等中东欧 16 国知名画家赴中国贵州写生创作，贵州丰富的旅游资源和鲜明的民族特色吸引了越来越多国家的游客
巴拉顿菲兹弗市——青岛	巴拉顿菲兹弗市被称为“欧洲性价比最高的绝美度假胜地”，与青岛旅游城市定位相似，两地区旅游资源丰富，水上运动发达，具有全方位开展深度合作的条件和基础	2016 年 3 月 29 日至 30 日，青岛代表团对匈牙利进行了友好访问。双方代表考察了菲兹弗帆船俱乐部，就帆船制造、维修以及帆船运动开展进行了深入的交流探讨	双方签署了经济合作伙伴关系城市备忘录，以及加强帆船、旅游合作的备忘录，相关知名企业还共同签署了欧亚经贸合作园区战略合作协议。来自巴拉顿菲兹弗市政府、社区中心、教育等机构的负责人表示希望进一步加强双方在旅游和人文领域的交流合作
布达佩斯——甘肃	2015 年，匈牙利应邀担任了敦煌行・丝绸之路国际旅游节的主宾国，并多次组织相关人员参加由甘肃省与国家旅游局共同举办的敦煌行・丝绸之路国际旅游节	2016 年 11 月 28 日，甘肃官方代表团在布达佩斯举行“精品丝路・绚丽甘肃”推介会。甘肃省在旅游产业政策方面有着不可比拟的优势，先后多次组团赴匈牙利开展旅游宣传推介与交流活动	匈牙利国家旅游局国际司长奥利尔・福多致辞时表示，中国疆域辽阔，很多优美的景点并不为匈牙利人所知，每一次中国的推介意义重大。甘肃和匈牙利之间可以在更深度文化认同的基础上，实现多方位的旅游合作与交流
布达佩斯——杭州	2017 年适值中欧建交 40 年，2018 年正值“中欧旅游年”杭州市延续 G20 峰会效应，紧抓“后峰会前亚运”的契机	2017 年 11 月 20 日，“新丝路・新杭州”中国杭州旅游（布达佩斯）推介会在布达佩斯成功举行。展示了杭州旅游 VR 新科技体验、“最忆是杭州”全球限量版产品以及 G20 体验之旅的旅游核心产品，包括“最忆是杭州”演出、奥体博览中心、手工活态展示、元首杭帮菜系、城市智慧旅游环境等	杭州的独特韵味以及多元化国际特色引起了在场匈牙利民众的极大兴趣，双方相关企业在活动现场进行了广泛而深入的对接洽谈。杭州市随团旅游企业共接触直接客户 100 余人，意向合作单位 30 余家，合作成果丰硕

6.6.2 主要城市

1. 布达佩斯

首都布达佩斯是匈牙利最受欢迎的旅游目的地。在布达佩斯可以看到从巴洛克式到新古典主义再到新艺术风格的奇妙建筑，优雅的渔人堡垒和宏伟的国会大厦只是其众多亮点中的两个。布达佩斯被称为欧洲温泉之都，有许多美丽的热浴池供你放松。温泉洗浴、疗养、游泳等已成为布达佩斯最具吸引力的休闲项目之一。

2. 埃格尔

埃格尔美丽的巴洛克式建筑，在其山顶城堡建筑群中，有一些奇妙的博物馆和展览，提供了一个有趣的土耳其围攻和占领城市的景象。它迷人的街道上设有一些很棒的餐厅和酒吧。埃格尔以其葡萄酒而闻名，所以游客们只要在山谷中那些充满情调的酒窖前驻足，就可以一一品尝。埃格尔有土耳其浴池、一座巨大的长方形教堂，还有几条蜿蜒曲折的山间小道，当然还有很多有趣的东西。

3. 塞格德

塞格德坐落在匈牙利的蒂萨河沿岸的东南部，因其宜人的气候而被称为“阳光之城”。塞格德到处都是绿树成荫的公园和热闹的街边咖啡馆。塞格德是周边地区的经济和文化中心，而且它是一个大学城，这里有许多美好的夜生活，还有许多很棒的咖啡馆、酒吧和餐馆。塞格德是匈牙利第三大城市，有着生动的文化景观。在夏季，这里会举办许多节日活动，其中露天剧院节是一年中的重头戏。塞格德在老城区拥有许多可爱的建筑，优雅的大厦和许多温泉浴场。塞吉德绝对值得一游。

4. 佩奇

佩奇位于匈牙利西南部，历史悠久，2 000 多年前由罗马人建立，是匈牙利最受游客欢迎的旅游城市之一。市中心有许多有趣的考古遗址供游客探索，还有一座美丽的建于 11 世纪的大教堂，一座古老的清真寺和一些迷人的匈牙利艺术博物馆。佩奇周围环绕着连绵起伏的丘陵，葡萄园和果园覆盖着的山脉。

佩奇市大教堂

佩奇市大教堂

5. 德布勒森

德布勒森位于匈牙利大平原上，是匈牙利的第二大城市。除了一些伟大的博物馆之外，还有许多值得一看的宗教遗址。它曾经被称为“加尔文主义的罗马”。其闪闪发光的金色大教堂是这座城市的象征。旁边是美丽的圣安妮大教堂和德里博物馆，收藏了许多匈牙利的手工艺品和艺术品。

6. 杰尔

杰尔与奥地利和斯洛伐克接壤，坐火车到布达佩斯只有一个多小时的路程。因此是一日游不错的选择。杰尔是该地区最重要的城市，历史悠久的老城区位于三条河流的交汇处。城区里有一些古老的建筑值得一看，市政厅尤为突出。鹅卵石铺成的街道上遍布着餐馆、商店和咖啡馆。其重要的地理位置意味着许多人在前往匈牙利邻国的途中会在这里停下脚步。

杰尔市政厅

7. 肖普朗

肖普朗位于奥地利边境，距离维也纳只有一个多小时的路程，其历史可以追溯到罗马时代。它曾经是奥匈帝国的一部分，当地市民会说匈牙利语和德语。这里有许多有趣和令人印象深刻的建筑可供观赏，其中宏伟的守望塔是主要景点，旁边是美丽的巴洛克式建筑排列在主广场上。附近有原始森林，还有闪着微光的费尔托湖，漫步在肖普朗，游客们仿佛置身在中世纪，沉浸在大自然中。

8. 米斯科尔茨

米斯科尔茨位于美丽的布克山脉的边缘，风景优美。冬天，人们可以在高山上滑雪。市中心很适合漫步。游客们还可以去塔波卡附近宏伟的洞穴浴池泡一泡。温泉水被石墙所包围，为游客提供了一个宁静而又特别的放松场所。

9. 塞克什白堡

塞克什白堡曾经是匈牙利国王和皇后的故乡，在中世纪是一个非常重要的城市。它坐落在许多贸易路线上，但其中许多都在 16 世纪被入侵的奥斯曼帝国摧毁。在哈布斯堡王朝的重建下，这座城市拥有许多优雅的宫殿和大厦，还有许多美丽的教堂，其中最壮观的是圣安娜大教堂。虽然市中心非常漂亮，但塞克什白堡最受欢迎的景点博瑞城堡坐落在郊区，并拥有可爱的建筑和郁郁葱葱的花园。

6.6.3 旅游览胜

1. 著名景点

（1）阿格泰列克洞穴和斯洛伐克喀斯特地貌

阿格泰列克洞穴和斯洛伐克喀斯特地貌位于斯洛伐克南部和匈牙利北部交界处，横跨喀尔巴阡山脉南部的丘陵地带。阿格泰列克洞穴于 1978 年被匈牙利环境与自然保护部门首次列为风景保护区，后于 1985 年以立法形式被重新确定为国家公园；斯洛伐克喀斯特则是在 1973 年被斯洛伐克文化部列为风景保护区。二者先后于 1977 年和 1979 年被联合国教科文组织列入“人与生物圈计划”。

阿格泰列克国家公园占地面积为 19 708 公顷，斯洛伐克喀斯特风景保护区占地面积为 36 165 公顷，但被列入“世界自然遗产”的部分仅包括洞穴本身。阿格泰列克洞穴和斯洛伐克喀斯特是欧洲喀斯特地形研究的最大地区，迄今为止已确定有 712 处洞穴。许多形成于高地边缘的较为年轻的洞穴中都有滤石作为天然装饰，而其中最引人注目的是世界上最高的石笋（32.7 米）、文石以及泉华形成物和布满冰雪的深渊（考虑到该地所处的海拔高度，这真是中欧地区的一大奇观）。

阿格泰列克洞穴和斯洛伐克喀斯特地貌以独特的喀斯特地形和自然的、生物的形成物而闻名于世，无论是从科学研究还是艺术欣赏的角度，其价值都是难以估量的。自从 1806 年建成第一批台阶和栅栏之后，陆续有游客来匈牙利洞穴参观游览。如今阿格泰列克国家公园只有 3 个洞穴常年开放，每年来此的游人数不胜数，络绎不绝。

（2）渔人堡

渔人堡位于匈牙利首都布达佩斯布达一侧多瑙河河畔的城堡山，邻近马加什教堂。渔人堡与匈牙利国会大厦、国家歌剧院一起被誉为匈牙利令人震撼的三大建筑，也是俯瞰多瑙河，眺望佩斯区景致的瞭望点。它修建于 1895 年到 1902 年之间，设计师是弗里杰·舒勒克。第二次世界大战期间，渔人堡近乎毁灭。1947 年至 1948 年之间，弗里杰·舒勒克的儿子亚诺什·舒勒克负责了修复工程。从塔和观景台，可以看到多瑙河、玛格丽特岛、东面的佩斯，以及盖勒特丘陵的全景。七座塔代表七个马扎尔人部落在 896 年定居喀尔巴阡盆地。渔人堡得名于渔民行会，他们在中世纪负责守卫这一段城墙。伊什特万一世的骑马铜像立于 1906 年，位于渔人堡和马加什教堂之间。底座是奥洛约什·施特罗布尔的作品，在弗里杰·舒勒克规划的基础上改进，为新罗曼式风格，表现国王的生活插曲。

渔人堡设有很多台阶和人行步道，拾级而上时可以欣赏沿途风光。渔人堡拥有多座高塔观景台，观景台的拱形回廊是很好的避雨和避暑处。5—10 月是最佳的旅游月份。冬天比较寒冷，不建议在室外久待参观。

渔人堡夜景

渔人堡夜景

渔人堡夜景

渔人堡夜景

渔人堡夜景

（3）匈牙利国会大厦

具有典型新哥特式风格的匈牙利国会大厦建于 20 世纪初，是匈牙利较为宏伟庄严的建筑之一。如果想了解匈牙利的历史文化，匈牙利国会大厦便是必访之处了。匈牙利国会大厦姿态伟岸，有两座用白石镂空挺拔俏丽的高塔，内部随处可见匈牙利历史名人的肖像以及描绘匈牙利历史事件的巨幅壁画。匈牙利国会大厦由匈牙利知名设计师设计并监修。大厦总共有 691 间厅室，通向 10 个庭院的建筑群共有 27 座门，楼梯总长超过 20 千米。主要厅室里装饰的都是匈牙利历史上的名人肖像及壁画。外墙饰有 88 座雕塑。穆尔 – 卡兹（Mun – kacsy）大厅还展示有匈牙利知名画家的大幅绘画。

匈牙利国会大厦

匈牙利国会大厦

（4）英雄广场

英雄广场是布达佩斯最宏伟的建筑群之一，有极高的历史、艺术价值。英雄广场位于东北部安德拉什大街的末端，为庆祝匈牙利建国 1 000 周年而建，来纪念经战争浩劫的匈牙利人民和民族英雄。每逢重大节日，广场都会有盛大的庆祝仪式。整个建筑群壮丽宏伟，象征着几经战争浩劫的匈牙利人民，对历史英雄的怀念和对美好前途的向往。具有历史纪念意义的英雄广场，现在已成为国内外游人参观游览的胜地。每当重大节日或外国元首来访时，都要在英雄广场举行盛大的仪式。

匈牙利英雄广场

漫步英雄广场，可以先驻足欣赏广场上精美的建筑。广场中心矗立着高达 35 米的千年纪念碑，顶端是大天使加百列雕像，加百列手持加冕王冠，驱车前行，

匈牙利英雄广场

威风凛凛。纪念碑的底座上有七座匈牙利祖先马扎尔民族部落首领的雕像。纪念碑的后方环绕着对称廊柱建筑，廊柱间并列放着 14 尊青铜像，他们当中有匈牙利的历代国王，也有为独立战争做出巨大贡献的王侯将相。广场的西侧是美术博物馆，东侧是布达佩斯艺术宫，两座新古典主义风格的建筑简洁大气，遥相呼应，门廊的科林斯圆柱很有希腊神庙的感觉。广场的地面用青白两色水磨石铺成，开阔无比，足能容下 20 万人。

英雄广场雕塑

英雄广场雕塑

（5）布达城堡

布达城堡，原来也称作“王宫”或“王家城堡”，位于匈牙利布达佩斯城堡山之上，占整个区域 2/3 的面积。布达城堡始建于 1247 年，是匈牙利国王贝拉四世为了抵御蒙古金帐汗国的入侵而兴建。其后神圣罗马帝国皇帝西吉斯蒙德将原来的建筑物改建为哥特式王宫。1541 年至 1686 年期间，奥斯曼土耳其占领了布达佩斯，布达城堡被用作军营及清真寺。直至 17 世纪，哈布斯堡王朝赶走了土耳

布达城堡

布达城堡

其人，布达城堡被重建成巴洛克式。现在，布达城堡成为匈牙利国家美术馆，供游人欣赏。布达城堡于1987年被联合国教科文组织列入世界遗产。

布达城堡

布达城堡

布达城堡夜景

布达城堡

2. 旅游注意事项

匈牙利物价较高。生活日用品，如蔬菜和肉类等，价格均比中国高好几倍。1 元人民币约合匈牙利货币 26 福林。匈牙利日常用品供应充足，无须从中国携带物品。

（1）小费：在匈牙利，一般而言，小费是必要的开支。搭乘出租车，小费约占费用的10%。搬运工的小费，大约是一二百福林。

（2）气候：匈牙利属大陆性气候，冬季寒冷，尤以1月最为酷寒，宜穿着厚重的御寒大衣。

（3）购物：对旅游者来说，火车西站处的西区城市中心（West End City Center）是最方便的购物中心。五区的步行街有传统的匈牙利工艺品和名牌专卖店。

（4）其他注意事项：匈牙利由于外汇短缺，美元在当地极受欢迎。外来游客走在布达佩斯街上，随时会有人上前探问是否要兑换钱币。由于黑市交易在当地系违法行为，且外国游客因此受骗上当者不在少数，故国人宜在当地规定处兑换钱币，勿贪小失大而得不偿失。

附录 匈牙利中资企业商会、主要中资企业和华人社团一览表

匈牙利中资企业商会、主要中资企业和华人社团联系方式见下表：

名称	电话
匈牙利中资企业商会	0036－30－6199088
中国银行（匈牙利）	0036－1－4299200
华为匈牙利公司	0036－1－5552300
中兴通讯匈牙利公司	0036－1－3280080
万华集团匈牙利办事处	0036－1－4748270
中欧商贸物流合作园区	06－30－9378182
商务部投资促进局驻欧洲代表处	0036－1－2122416
匈牙利温州商会	0030－30－9330525
匈牙利青田同乡会	0036－30－9917528
匈牙利福建同乡会	0036－30－9416298
匈牙利明溪商会	0036－1－6989666
匈牙利广东商会	06－30－7846856
匈牙利山西商会	06－30－5658573
匈牙利福清同乡会	0030－30－2410098
匈牙利华人妇女联合总会	0036－30－9604082

参考文献

[1] 项佐涛，李家懿．认同政治与利益政治的双建构——波兰、匈牙利和捷克民粹主义政党的崛起［J］．欧洲研究，2020，38（4）：50-70+6.

[2] 马骏驰．制度、组织与激励—论匈牙利“非自由的民主”［J］．欧洲研究，2020，38（4）：71-94+6-7.

[3] 蒋小红．中国企业在中东欧国家贸易和投资面临的欧盟法风险及应对——基于对塞尔维亚、匈牙利和波兰的考察［J］．欧亚经济，2020（2）：101-110+128.

[4] 余南平，夏菁．区域价值链视角下的中东欧国家经济转型——以波兰、匈牙利、捷克和斯洛伐克为分析对象［J］．欧洲研究，2020，38（1）：104-131+7-8.

[5] 张佳威，高奇琦．匈牙利国家治理体系重建研究：基于政党制度化的视角［J］．国际论坛，2019，21（6）：140-154+160.

[6] 马骏驰．匈牙利产业的历史、现状与发展［J］．欧亚经济，2019（2）：112-124+126+128.

[7] 孔田平．欧尔班经济学与经济转轨的可逆性——匈牙利经济转轨的政治经济学分析［J］．欧亚经济，2016（6）：2-15+122+124.

[8] 宋利芳，方荷琴．日本对匈牙利的直接投资及启示［J］．现代日本经济，2021（04）：71-84．DOI：10.16123/j.cnki.issn.1000-355x.2021.04.006.

[9] Meczó Csenge．“一带一路”倡议背景下的中国和匈牙利关系研究［D］．北京外国语大学，2021．DOI：10.26962/d.cnki.gbjwu.2021.000146.

[10] 崔可．匈牙利民族之魂——裴多菲［J］．中外文化交流，2021（01）：92-96.

[11] 郤浴日. 匈牙利 1989 年宪法修订圆桌谈判研究 [J]. 社会科学，2020（11）：139-149. DOI：10.13644/j.cnki.cn31-1112.2020.11.014.
[12] 郑江河. 简述匈牙利的音乐及音乐家 [J]. 艺术大观，2020（27）：20-21.
[13] 王雪彤，王治江，吕宝军，韩占东. “一带一路” 背景下的中国和匈牙利关系 [J]. 华北理工大学学报（社会科学版），2020，20（04）：127-132.
[14] 孟蕾，环小丰. 匈牙利农业发展情况及中匈农业合作前景展望 [J]. 安徽农业科学，2020，48（11）：234-242.
[15] 柯建龙. “一带一路”背景下匈牙利农业土地投资法律风险防控研究 [D]. 兰州大学，2020. DOI：10.27204/d.cnki.glzhu.2020.002873.
[16] 张佳威，高奇琦. 匈牙利国家治理体系重建研究：基于政党制度化的视角 [J]. 国际论坛，2019，21（06）：140-154+160.DOI：10.13549/j.cnki.cn11-3959/d.2019.06.010.
[17] 苑承丽. 匈牙利产业的历史、现状与发展 [J]. 学术交流，2019（08）：188.
[18] Lebor A. Invasion of Hungary [J]. World Today，2015，71（5）：41.
[19] Kornai J. Hungary's U-Turn [J]. Capitalism and Society，2015，10（1）：1-24.
[20] 陈新. 2018 年中资企业在匈牙利商业环境调查报告 [J]. 欧亚经济，2018（4）：25-41+125+127.
[21] 孙玉琴，卫慧妮. “一带一路” 背景下中国与中东欧国家开展数字贸易的思考 [J]. 国际贸易，2022（01）：76-87. DOI：10.14114/j.cnki.itrade.2022.01.006.